菊と刀

〔美〕露丝·本尼迪克特 著

北塔 译

北方文艺出版社

译者序

北 塔

一

我译的《菊与刀》又要再版了。这次，我个人强烈要求在正文前写几句。当年，我在翻译时就有很多想法曾想写出来，可惜，当时约我译的是一个书商，他们急于求成，忙于卖钱，不容我从容写作，遂作罢。"二战"期间和"二战"之后，美国人谈起日本人，脑袋会摇得像拨浪鼓。第一是因为他们不同意日本人的很多言行，第二是因为他们对日本的不了解。本尼迪克特的这本书几乎回答了当时盘绕在人们心头的绝大部分疑问。当年，最为这些疑问所纠结的是占领日本的美国当局，他们因为不懂而不知道如何来管理日本。《菊与刀》一书不仅解疑释惑，而且还指明了方向、建议了方法。所有这些智力支持都起到了立竿见影且影响深远的效果。时至今日，如此"学以致用"的著述例子依然不多。

因本书最早问世于 1946 年，所以，现在的日本社会与当时的已是天壤之别，但是，就日本文化的根本，尤其是日本人的本性而言，几乎没有太大变化。本尼迪克特在本书的最后，曾对战后日本发展的路线进行了预测，而她的预测基本上是应验了的。她的预言是："如果日本的预算中没有军事化这一项，如果她愿意，那么，不消几年，她就能使自己成为东方商贸体系中不可或缺的角色之一。她可以把她的经济基础建立在和平的利益上，并能提高人民的生活水平。这样一个和平的日本将在世界各国中得到一个可敬的位子。如果美国继续利用其影响，支持这样一项计划，那将起到莫大的帮助作用。"二战之后，美国确实帮助了日本，而日本也的确在军费上投入很少的开支，并且没过多少年就真的重新实现了经济繁荣的局面。

如果本尼迪克特只准确预言了日本的战后重建，那么，她还不算是伟大的预言家，本书也算不得是伟大的著作。这本书的真正口碑在于她对日本文化特征和日本人性格的绝佳概括。

在翻译这部书之前，我虽然仅学过一丁点儿日语，但却读过相当多日本的书和描写日本的书，同时也接触过不少日本人；但我承认我对日本的了解还远不及我对美国的了解。翻译是最深入细致的阅读，甚至是研究。在翻译过程中，我对日本的很多不解得到了解决。

自从 2007 年本书初版以来，日本发生了覆地翻天的变化，中日关系也急转直下。日本人的性格本来就让我们这些邻居难以理解，现在似乎变得更加古怪了。

趁着再版和写序的机会，也为了检验本书对当前日本人的所作所言是否依然具有解释力，我反复重读了本书。读罢，我发现，它的解释力依然是强大的，因为现在的日本人跟 70 年前甚至 700 年前的日本人，从根本上说，几乎没有太大差别。

也就是说，本书依然有助于我们认识日本人，依然有助于我们了解日本人习惯和做法的缘由，因而，我强烈地向读者推荐本书。

二

在推荐的同时，关于作者和本书，我还有几个小问题要与读者沟通。

1. 本尼迪克特不仅仅是个优秀的学者，还是思想家和诗人。只有思想家，才能那么条分缕析，洞微察幽；只有诗人，才会那么敏感，那么深地抵达人心的底部，去设身处地地探查人的心理轨迹。

关于本尼迪克特的诗人身份，我还想补充一些资料。她早露诗才，7岁就开始写作短诗。在青春时期，她曾与一个生化学家相恋，在爱情的激发下，曾用多个笔名写作并发表了不少诗作。在中年时期，她曾经一度有一个须眉知己，叫萨丕尔，两人都致力于研究人类学，却都喜欢诗歌。他们互读互评对方的诗作，还曾一起向出版社投稿，结果双双被退回。后来，她把诗人的激情、睿智和创造力用于学术的研究和写作，当然是成就斐然了。

2. 也许正是因为从小喜欢舞文弄墨，本尼迪克特大学时期主修的专业是英语文学，1919 年，32 岁的本尼迪克特才改行入哥伦比亚大学研究人类学。文学背景对她的人类学研究的特点、方向和方法都产生了巨大的影响。

大而言之，人类学分为两类：文化人类学（英国称为"社会人类学"）和体质人类学。本尼迪克特做的是文化人类学，这不仅因为欧洲大陆基本上从事的是体质人类学，英美则致力于文化人类学；更因为她作为一个文学出身的人，恐怕不能也不愿做体质类研究。

无论是文化人类学还是体质人类学，两个领域的学者共同的方法都是所谓的田野调查，即要到实地去生活、观察、记录当地人的日常言行，这些当地人一般还是比较原始落后的亚非拉地域的村落乃至部落。田野调查，尤其是到颇具异国情调的地方去生活考察几个月乃至一年，可以说是对平常呆板的学院生活的反向性补充，因此深受人类学者，尤其是女学者的钟爱。我想，这是人类学领域多出女学者，尤其是优秀女学者的一个原因。

本尼迪克特本来也热衷于做田野调查，重视活生生的一手资料。但是，她在研究本课题时，美日处于交战状态，不可能到日本去生活。她基本上只能依赖于二手资料，即文献。她最多能做一些访谈，而访谈的对象也局限于生活在美国的日本人，甚至是他们的后裔。

有人称本尼迪克特的这种研究方法为远程人类学研究法（Anthropology at a Distance）。远程法本来是人类学研究的短处，他们更喜欢或者说更倾向于脚踏实地的所见所闻、所思所想。不过，远程法是文学研究的强项。文学学者们擅长隔山打虎，尚友千古。无论多么远的时空距离，都能够被他们的同情心和想象力所弥补。本尼迪克特的文学天赋和素养起到了至关重要的作用。

当然，这还要感谢她对文本化的历史和现实的超强处理能力。在我的阅读视野内，她是历代以来少数几个具有那么强的抽象、概括和思辨能力的女学者之一。她的弟子兼闺蜜玛格丽特·米德同为知名人类学家，而且比她更加强调男女在思维能力上的所谓旗鼓相当。但米德在抽象、概括和思辨方面的能力远逊于她，相较于米德张牙舞爪的女权主义形象，她显得知书达理、秀外慧中。我在上大学时几乎同时读了米德的《三个原始部落的性别与气质》和本尼迪克特的《文化的模式》，感觉颇为不同。《文化的模式》虽然从尼采那里借用了术语、思想和方法，但是有深度和复杂性。而《三个原始部落的性别与气质》则卑之无甚高论，而且显得单调。米德擅长的只是观察和描述，而不是对现象进行超越时空的洞察和探究。这是大部分依赖于田野调查的学者的通病。

3. 本尼迪克特擅长文本分析，但更拿手的是比较研究。她是人类学学者中少有的博雅之士，而且能融会贯通。在本书中她比较的最多的是美国人和日本人的异同——主要是异；其次，是比较了日本人和中国人。当然，她对美国人与欧洲人、日本人与欧洲人也有所比较。在比较中，她道出了许多前所未有、发人深省的观点。

关于日本与欧洲文化的比较研究，是一个悠久的传统话题，可以追溯到 16 世纪葡萄牙传教士路易斯·弗洛伊斯（1532 年—1597 年）所撰的《欧日比较文化》（Kulturgegensatze Europa—Japan，日本语译名为《日欧文化比较论》）。而关于中国与日本的文化比较，则历史更加久远，而且不是她的专长，所以她说得不那么多。

我在翻译时，曾经处处觉得，她讨论的日本文化有太多的方面，尽管她没有说那也是中国文化的特点，但我真的感同身受。尽管有些日本人强调他们早已脱亚入欧，但他们毕竟还在汉字文化圈里思考生活，中国文化是他们文化的母体，他们想挣脱，谈何容易。两个国家的文化观念重合度相当高。比如说中国社会也是人情社会，人际关系是大家最需要严肃谨慎对待的，我们的一生都在人情债的网络里，始终在借和还人情。比如，中国人也认为面子比里子更重要，名声比实际更要紧。跟日本人比，有过之而无不及，我们的好面子到了可以随时与最近的亲属撕破脸的程度，我们的好名甚至到了准宗教（所谓"名教"）的地步。对这样永远还不清的人情债，本尼迪克特深表同情，也略有微词。她主要讨论的是日本传统社会尤其是乡村社会的情况（她对日本的现代城市社会了解太少，也是本书被某些人诟病的重要原因）。

我是20世纪80年代从乡村来到城市的。那个时候的中国乡村跟20世纪40年代的日本乡村相比，在日常生活的方式和观念上，何其相似乃尔。乡村社会比城市社会更注重人情。因为传统的乡村社会结构更加脆弱、更加无依，农民没有失业金，没有养老金，没有医疗保险，他们只能依靠家庭、亲属织造起来的关系网的互助。无论是子女幼小时候对父母的依赖，还是父母病老之时对子女的依靠，都具有不确定性，比方说疾病或者能力不足都会导致家庭的贫困。如此再没有亲朋的帮助救济，很多人真的可能连生存都保障不了，更不要说发展了。

我刚离开乡村那些年，曾经为能逃出那沉重的人情债而感到庆幸，但最近几年，我反思了再反思，尤其是通过患难见真情，我明白并明确：人情债从表面上、短暂地来看，是负担；但全面、恒久地来看，其实是必需的，实际上是个人安全和社会稳定的保障措施。哪怕是在社会保障措施日益完善的将来，也会是有力的补充。因此，这是传统社会的美德，我们应该珍惜，而不是排斥。再如，书中说，在日本传统的乡村社会里，宗族势力大于政府，甚至国法。我不知道现在日本乡村是否还如此。在中国，20世纪50年代之前，也是如此；不过，经过新中国60多年的治理，宗族势力现在已经高度萎缩，基本退出了历史舞台。但问题是：行政和法治没有接上，出现了有政难施、有法难依的正常权力真空状态。这导致了许多治理乱象，甚至出现了恶狠狠的拳头政治和赤裸裸的金钱政治，甚至有大量黑社会势力渗透进了乡村治理结构中。

十年前，中国人在国外，经常被误认为是日本人。的确，在外国人尤其是欧美人的眼里，东亚人相互长得相似，行为举止、语调语气也相像，日本文化和中国文化都属于中国人喜欢说的汉字文化圈或者日本人喜欢说的东亚文化圈，能有什么区别呢？本尼迪克特的难能可贵之处就在于，她能看出两者之间的差异。比如，她认为，日本社会具有根深蒂固的封建等级制，而中国没有。再如，日本人伦理观念中"忠"被认为是最高的美德，而"忠"的对象是天皇，所以天皇是至高无上、神圣不可侵犯的，更别说是取而代之了，所以千秋万代，日本只有一个皇室；但中国人伦理观念中"仁"才被认为是最高的美德，皇帝当然也要臣民忠于他，但他必须遵王道，行仁政，否则子民可以背叛他，把他赶下台，甚至杀死他，所谓"诛一夫"而已。因此，中国历史上才会有那么多次改朝换代。

本书的直接目的是要让美国人了解并正确对待日本文化。所以，作者时时不忘比较美、日文化之差异，那是她说得最头头是道，最精彩纷呈的。在对中、日文化进行比较时，她既说同也说异，但对美、日文化进行比较时，她一般只说异。比如，她认为，日本文化是"耻感文化"（"shame culture"），强调行为的道德性是由外人决定的，日本人始终在别人的注视下生活，活在别人的价值观体系里；美国（实际上指的是西方的基督教）文化是"罪感文化"（"guilt culture"），强调的是个体内在的良知。前者提倡道德标准的相对性和移动性，后者提倡道德标准的绝对性和固定性。正是这种相对性和移动性，使日本人的性格特征和文化品格显得暧昧，不容易让人把握。比较而言，西方文化是有章可循、有迹可查的。再如，跟这种文化区别相关联的是两国人对"真诚"有着不同的理解和要求。美国人说某人"真诚"，指的是他做事诚实牢靠，按照自己的爱憎、决断甚至迷惑而说话或行动，从而达到心口一致。日本人则相反，他们会嘲笑心口一致，他们有两句谚语说明他们对真正的诚实是充满戒备的。"瞧那只青蛙，把嘴张开，暴露了肚子里的一切。""像只石榴，嘴巴一张，心里的一切就暴露无遗。"他们把"诚实"等同于"暴露"，而暴露，尤其是自我暴露，让他们感到羞耻甚至恐惧，因此是他们要竭力避免的。他们宁愿口是心非、遮遮掩掩，在他们看来，那反倒是"真诚"的表现！

也许是因为本书是政府定制的产品，也许是因为内心深处的爱国主义思想在起规约性作用。本尼迪克特处处在比较美、日，每一处的结论都是美国文化优于日本文化，如"罪感文化"优于"耻感文化"，连美国读者都认为她有说教的嫌疑，日本读者更表示了不满。

4. 关于书名，读者中也存在着某些误解或不解。很多中国人会疑问：书名为何不是《樱与刀》？他们都认为日本的国花是樱花，其实日本并无宪法所定之国花。樱花是日本大众所认可的国花，而菊花是日本皇室所定的国花。本尼迪克特拈出菊花而非樱花，是出于对日本社会本质的一个认定。她认为，日本是封建等级制社会，处于最高端的是皇室，具有绝对的权威，不容置疑，不可更改。明治维新固然具有资产阶级性质，但我们并不能因此而说这场改革使日本从一个闭关锁国的封建国家逐步转变为资本主义国家。或许，在经济体制上，为资本主义发展松了绑，提供了动力。但在政治体制和社会机制上，并没有发生根本性的变化。等级制并没有被废除，只不过在内部做了比较大的调整；而这调整不仅没有削弱天皇的权威，反而加强了皇室的尊贵。本尼迪克特精辟地指出："明治政治家们……施行的自上而下的强力统治，那种统治不必跟随舆论的方向。因为政府掌握在等级制的最高层手中，那一层面的人物绝对不会包括被选举出来的人。在这样的制度水平上，人民不可能拥有发言权。""国会下院的议员都是选举产生的，他们代表的是人民的声音，具有质问并批评高官的不可小视的特权，但是，在任命、决策和预算等方面却没有真正的发言权，而且不能发起立法工作。下院甚至受到上院的钳制，而上院议员不是选举产生的，他们中有一半是贵族，另有四分之一是天皇任命的。"樱花只是让老百姓自娱自乐的一种消遣或寄托之物而已，真正至高无上的作为国家象征的是菊花，因为在皇室语境里，国和家是一体的。也因此，日本国徽是一枚皇家徽记——"十六瓣八重表菊纹"，用的是菊花而非樱花。

有人帮本尼迪克特概括性地释名："菊"是日本皇室家徽，"刀"是武士道文化的象征。"菊"与"刀"象征日本人的矛盾性格，亦即日本文化的双重性，如爱美而黩武、尚礼而好斗、喜新而顽固、服从而不驯等。这种概括是多么模糊而笼统、简单而粗率！"菊"真的象征着爱美、尚礼、喜新和服从吗？"刀"真的象征着黩武、好斗、顽固和不驯吗？

本尼迪克特的确是把两者作为日本文化的象征物。那么，它们分别象征什么呢？

　　菊花象征天皇及其皇室。那么，从文化上它又有什么象征含义呢？本尼迪克特没有明说，只是做了诗意的描绘。"菊花生长在花罐里，是为全日本举行的一年一度的花展准备的，每一片完美的花瓣都单独由栽培者布置好，其位置往往用一根看不见的丝线固定，那丝线就插在活生生的鲜花里。""那菊花曾被栽培在小花罐里，它不得不让自己的花瓣被人小心地摆弄；后来，它发现，处于自然状态，能得到纯粹的快乐。"笔者以为，菊花象征的是一种日本人的普遍心态，这种心态属于皇室，也属于臣民；在那种上下一致的社会里，处于等级制最顶端的天皇和最底层的百姓，在心态上其实能有多大的差别。大家都处于一种非自然的状态（花罐而非田野甚至原野），被高度人为地控制着。花罐则象征着组织体系非常严密的社会机制。"菊"可能象征着美，但更准确地说，它象征的是一种已经被认为伤害了的病态的美，有如三寸金莲。

　　关于刀的象征含义，本尼迪克特说得比较明确，刀虽然是武士道文化的象征，但"不是进攻的象征，而是理想化的自我负责的人的一个比喻"。日本人认为，人如刀，也会生锈，这锈可能是指他的弱点、他的缺乏恒心、他的劳而无功。"正如佩刀者要对刀的闪闪发光负责，一个人必须对他自己行为的结果负责。"

　　作为序，尤其是译序，篇幅不能更长了，许多问题无法展开，大家还是去看书吧。

　　不过，最后，我还是要对本书的文体风格和我的翻译原则做一点交代。因为现在此书的译本有了好几个，有好事者也在进行所谓的比较。我想，这样的交代是有必要的。

　　一本书的命运有时很怪诞。当它成为名著，家喻户晓时，在人们的阅读期待里，它应该是一部畅销书，甚至是大众读物，往往被想象甚或被要求通俗易懂。本书虽然本来是一个美国政府定制的文化报告，但本尼迪克特毕竟不是畅销书作家，更不是大众语言趣味的打工者。她写的是一部专业性很强的学术著作，严肃端正，有些叙述性的段落像小说，但更多论述性的段落却像论文，其内涵的复杂性和深刻性，可能不是每个读者一下子就能读懂的。但是，我们的大众读者偏要它通俗易懂。

这就产生了矛盾。是迎合大众进行通俗化处理呢，还是保留原作者的文风？有些译者可能会选择前者，但我的选择是：宁愿在某种程度上冒犯中国读者的阅读期待，我也要尽力尊重作者。

我之所以没有选择通俗化译法的另一个原因是：一开始这个译本是以双语的面目出版的。双语对照版，有如照妖镜，是最考验译者功夫和翻译质量的一种出版模式；任何问题，被它一照，就昭然若揭。我如果擅自改动原著风格，如何让专业读者对照起来还觉得可靠？事实证明，我的小心谨慎的处理法还是收到了作为双语读物预期该有的效果。有一回，我到广东中山大学英语诗歌研究所去跟他们那里的师生进行学术交流。其间，有一位专攻文学的硕士生说，他比对过我的译文和原文，也比对过我的译文和其他人的译文，还是觉得我的译文是靠谱的。

当然，我趁这次再版的机会，也对个别字句做出了一些调整。如还有问题，请读者具体指出，为完善译本群策群力，是我最期待的。

2014 年 7 月 22 日
于京郊颖慧寺

致 谢

在战争期间，生于或学于日本但住在美国的日本人被置于最困难的境地。许多美国人不相信他们。我在为本书搜集材料的过程中，见证了他们的乐于助人，为此，我感到特别高兴。我非常乐意在此向他们表达谢意，尤其要感谢我的战时同事：罗伯特·羽岛。他生于美国，长于日本，1941年决定回到美国。他曾在一个战争安置营里当实习医师。我见到他时，他刚来华盛顿，就职于联邦战争部门。

我还要感谢战争情报办公室，是他们给了我这个研究日本的任务。我要特别感谢情报办公室远东部副主任乔治·E·泰勒教授和外国民心分析部的领导亚历山大·H·雷顿指挥官。

我还要感谢那些已经全部或部分读过本书稿的人：雷顿指挥官、克莱德·克拉克霍恩教授和纳森·雷提斯博士，这几位都曾供职于战争情报办公室，在我做日本研究期间，曾在多方面帮助过我。我还要感谢康拉德·阿仁斯伯格教授、玛格丽特·米德博士、格里高利·贝特森和 E. H. 诺曼，感谢他们所给予我的建议和帮助。

我要向那些允许我从他们的出版物中引用材料的出版商表达谢意：阿伯顿—世纪出版公司允许我引用阿蒲墩·克劳斯所著《日本表面的背后》中的材料；爱德华·阿诺德公司则允许我引用查尔斯·艾略特爵士所著的《日本佛教》中的材料；约翰·戴仪公司允许我引用三岛澄江（Sumie Mishima）所著的《我的狭小的岛屿》；邓特父子公司允许我引用冈仓由三郎（Yoshisaburo Okakura）所著的《日本人的思想和生活》；双日公司允许我引用杉本钺子（Etsu Inagaki Sugimoto）所著的《武士家的女儿》（A Daughter of Samurai）；企鹅图书公司和《步兵杂志》允许我引

用《日军如何作战》一书中哈罗德·都德上校所写的文章；贾罗滋出版公司（伦敦）允许我引用 K·野原（Nohara）所著的《日本的真面目》；麦克米伦公司允许我引用 E·奥博林·斯坦尼尔伯所著《日本的佛教派别》和拉夫卡狄奥所著的《日本一解》；莱恩哈特公司允许我引用约翰·F·安布雷所著的《日本国》；芝加哥大学出版社允许我引用约翰·F·安布雷所著的《须惠村》（Suye Mura）。

露丝·本尼迪克特

目录
JUYUDAO
菊与刀

第一章　任务：日本研究

　　美国曾与日本发生全面战争，发现日军与自己迥然不同。在与其他任何强敌的战争中，从来没必要考虑其如此截然不同的行为方式和思维方式。跟沙皇俄国在我们之前（1905年）所遭遇的一样，我们与之战斗的日本是一个全民皆兵且训练有素的国家，这不属于西方的文化传统。西方国家业已接受的符合实际人性的那些战争惯例，对日本人而言，显然不存在。这使太平洋上的美日战争不仅仅是一系列岛屿滩头的登陆和无法克服的后勤补给问题。我们得明白他们的行为方式，从而对付他们。

　　这很难。自从日本封闭的大门被打开的75年间，人们描写日本人时用的是"但是"和"也"之类的词汇；当这些词汇被用来描写其他任何国家时，会显得荒谬无比。一个严肃的观察家在描写其他非日本的民族时，不会在说了"他们前所未有的彬彬有礼"之后，再加上这样一句："可是，也很傲慢、专横。"当他说该民族在为人处世上无比顽固后，不会再加上这样一句："但是他们乐意调整自己，去适应极端的革新。"当他说某个民族温顺时，不会同时解释说："他们可不服上级的控制。"当他说他们忠诚和宽厚时，不会声称："但他们也有背叛和怨恨。"当他说他们生来勇敢时，不会又细数他们的怯懦。当他说他们做事不考虑别人的意见时，不会继而说："他们的心胸真宽广。"当他描写一个国家的军队如何像机器一样训练时，不会继而描写那支军队的士兵如何像马咬着嚼子一样不服管教，甚至反抗上司。当他描写一个民族如何满怀激情地投向西方学术时，不会渲染他们狂热的保守主义。当他写书论述一个国家具有普遍的审美崇拜，如何给予演员和艺术家很高的荣誉，如何在菊花栽培的技艺上愿意费时费力时，一般而言，他不会另写一书补充说：

"那个民族也崇拜刀，并把最高的声望献给武士。"

然而，所有这些矛盾的论述都是关于日本的书籍的核心。的确如此，刀与菊都是这一画面的组成部分。日本人生性既好斗又和善，既尚武又爱美，既蛮横又有礼，既顽固又能适应，既驯顺又恼怒于被人推来推去，既忠诚又背叛，既勇敢又怯懦，既保守又好新。这些特点全都有极端的表现。他们十分在乎别人对他们行为的看法，但是，当别人对他们的劣迹一无所知时，他们又会被罪恶感战胜。他们的士兵既被彻底驯服，也会反抗上级。

美国要了解日本。当这一点变得极为重要时，我们就无法把这些矛盾以及许多其他同样闹得人心神不宁的矛盾推向一边。危机接二连三地出现在我们面前。日本人将要做什么？如果不进攻日本本土他们会投降吗？我们该不该轰炸皇宫？我们对日军战俘能有什么期待？为了挽救美国人的生命，同时削弱日本那种宣誓要战斗到最后一人的决心，对日本军队和日本国民，在宣传上我们该说些什么？在那些了解日本的人士中，存在着严重的分歧。一旦和平来临，为了维护秩序，是否需要对他们实施永久性的军事管制？我们的士兵是否得准备在日本的每一座山头的每一个要塞与那些顽抗到底的亡命之徒展开激战？在国际和平可能到来之前，日本会不会步法国革命和俄国革命之后尘，发生一场革命？谁会领导这场革命？或者日本民族只有走向衰落？我们做出什么样的判断，所导致的后果将迥然不同。

1944 年 6 月，我被委任进行日本研究。我被要求以文化人类学家的身份，——说出日本人是什么样的人。在那年初夏，我们对日本的大规模反攻刚刚开始显示其实力。美国人还在说，对日战争将持续三年，也许十年，或更长。在日本，人们说，它将持续一百年。日本人说，美国人虽然取得了某些局部的胜利，但是新几内亚和所罗门群岛离他们的岛国尚有数千英里。日本的公报几乎不承认海军的失利，所以日本人还自以为是胜利者。

然而，到了 6 月，情况出现了变化。盟军在欧洲开辟了第二战场，两年半来，最高司令部给予欧洲战场的军事优先权已经见效。对德战争的结局已经可以预见。而在太平洋战场，我们的军队在塞班岛登陆，这场大规模军事行动预示着日本最终的失败。从那之后，我们的士兵经常与日本短兵相接。通过在新几内亚、瓜达尔卡纳尔、缅甸、塔拉瓦和比亚克等的战役，我们深知自己已深陷与劲敌的对抗之中。

于是，在 1944 年 6 月，回答许多关于我们的敌人——日本的问题变得十分重要。不管这是军事问题还是外交问题，也不管提出这问题关乎高层决策，还是关乎将要撒在日军前线阵地的传单，重要的是要有洞见。日本在进行的是一场全面战争，我们要知道的，不仅是东京的当权派的目标和动机，也不仅是日本的漫长的历史，甚至不仅是经济与军事的统计数字，还包括他们的政府能从他们的人民那儿取得哪些期待。我们得力图了解日本人的思维和感情的习惯，以及这些习惯所落入的套路。我们还得知道支持这些行为和观念的背后的因素。我们得暂时把我们作为美国人的行为前提抛在一边，而且得尽可能轻易地、武断地下结论——在某种情形下，我们会做的事，他们也会那样做。

我的任务很难完成。美日正在交战，在战时，进行大规模的谴责是容易的，但是，力图要弄明白你的敌人是如何通过他自己的眼睛看待生活的，就难多了。不过，我必须完成这个任务。问题是：日本人将如何行动，而不是假如我们处于他们的境况将如何行动。我得努力把日本人在战争中的行为当作有助于了解他们的有利条件，而不是不利条件。我得观察他们打仗的方式，暂时不把它看作军事问题，而是文化问题。在战争中与在和平中一样，日本人的行为都有其特点。在处理战争事务的方式中，他们留下了什么样特殊的生活方式和思维方式的迹象呢？他们的领导人鼓舞士气、打消迷惑者的疑虑和在疆场上调兵遣将，所有这些方式展现出他们自己认为的可利用的力量到底是什么？我得跟踪战争的细节，以弄明白日本人是如何逐步展露他们自己的。

然而，我们两国正在交战，这一事实不可避免地意味着严重的不利因素，即我不得不放弃文化人类学家最重要的手段：实地考察。我无法到日本去，住在日本人的家里，观察他们在日常生活中的种种倾向和压力，用我自己的眼睛去辨别哪些是至关重要的，哪些不是那么重要。我无法观察他们在做出决定时的复杂情况。我无法看着他们的孩子成长。约翰·F·安布雷所著的《须惠村》是一个人类学家对一个日本村庄进行实地研究的成果。可是，在安布雷撰写那部专著时，我们在1944年面对的许多关于日本的问题都没有被提及。

作为一名文化人类学家，尽管有这些不小的困难，但是，我相信那些可以利用的手段和条件。人类学家在很大程度上依赖于与研究对象面对面的接触，至少，我可以不放弃这样的接触。在美国，有许多生长于日本的日本人，我可以就他们亲身经历的具体事情向他们提问，弄清楚他们是如何判断那些事情的，并且用他们的描述填补我们知识上的许多空白。作为人类学家，我相信，对于我们理解任何文化，那样的知识都具有本质的意义。其他社会科学领域的学者在研究日本时，往往利用图书馆来分析过去的事件或统计资料以及跟踪书面或口头的日本宣传品在字里行间的演变情况。我相信，他们所索求的许多问题都隐藏于日本文化的种种规则和价值之中，通过那些真正生活于其中的人来探究那种文化，会取得更加满意的效果。

这并不意味着我不读书，或者我不用时时感谢那些曾经生活在日本的西方人。关于日本的文献汗牛充栋，曾经生活在日本的优秀西方观察家也数不胜数。这是我的优势。有些人类学家前往亚马逊河源头或新几内亚高原去研究没有文字的部落，他们全都没有我的这一优势。由于没有文字，这些部落从未在纸上显露自己。西方人对于那些部落的讲解又少又肤浅。没有人知道他们的历史。实地调查者必须在没有前辈学者的任何帮助下，发现那些部落的经济生活是如何运行的，社会是如何分层，以及宗教生活中至高无上的是什么。在日本研究界，我是许多学者的继承人。在好古者的笔下藏匿着对生活的细枝末节的描写。欧美人民记下了他们活生生的经历，日本人自己也曾写下了许多不寻常的自我记录。跟许多东方人不一样，日本人热衷于把自己写出来。他们既写生活琐事，也写在全世界扩张的计划。他们的率真让人感到迷惑。当然，他们并没有将计划和盘托出——没有人会那样做。日本人在写日本时，会略去一些真正重要的东西，那些东西像呼吸的空气一样，让人习而不察，但他熟悉它们。美国人在写美国时也是这样。尽管如此，日本人仍然喜欢自我表露。

我阅读这些文献，和达尔文为了创立物种起源理论而阅读文献时一样，要特别注意那些我还不了解的事情，为了弄懂国会演说中那些并列在一起的观念，我需要了解什么？他们会为某个看起来无可厚非的议案猛烈争论，而对某个看起来令人难以容忍的议案却轻而易举就接受了。那隐藏在他们的态度后面的会是什么？我读着，一直在问：这样的情景到底出了什么问题？为了弄懂它，我需要了解什么？

我也看一些在日本编写并制作的电影——宣传片、历史片、描写当代东京生活的都市片，以及农村片。之后，我跟一些在日本看过同样影片的日本人讨论它们；在任何情况下，他们都以普通日本人的眼光看待男女主人公和反面角色，而我的看法则不同。当我迷惑不解时，他们显得很明白。他们对情节和动机的理解跟我也不一样，但他们是从结构方式上理解影片的。如同对小说的理解，我和那些在日本生长的日本人对同一部影片的理解比表面的差异还要大。他们中有些人会动辄为日本的习惯进行辩护，另一些则讨厌日本的一切。我从哪个团体了解得最多？这很难说。在日本，人们是如何规范自己的生活的？无论他们欣然接受，抑或痛加排斥，他们最终都同意给我描绘一幅隐秘的图景。

至于人类学家在研究某种文化时，去寻访与那种文化中的人直接相关的材料和洞见，他只是在做所有曾经住在日本的能干的西方观察家所做过的事儿。假如这就是一名人类学家所能做的一切，那么他就不可能为日本研究增添些有价值的东西；那些留居在日本的外国人已经对日本做出了颇有价值的研究。然而，一名文化人类学家所受过的训练必然要开花结果，因此，他往往具备别人所不具备的特殊才能；在一个已经拥有许多学者和观察家的领域里，他力图添加他自己的贡献，这似乎也是值得的。

人类学家了解亚太地区的许多文化类型。在日本，有许多的社会习俗和生活习惯甚至与某些太平洋岛屿上的原始部落的习俗和习惯极其相似。有些跟马来西亚相似，有些跟新几内亚相似，另有些则跟波利尼西亚相似。了解这些文化相似性对我而言是有意义的。它们是否显示古代的迁移和接触？这问题当然非常有意思。不过，这种可能存在的历史关系问题并不能说明我对这些文化的了解是有价值的，它们的意义在于有助于我了解风俗习惯在简单的文化中如何起作用，并且使我能凭借我所发现的相似性和差异性找到线索，去了解日本的生活状况。对亚洲大陆上的暹罗 ①、缅甸和中国我也略知一二，因此，我能把日本与其他国家进行比较。那些国家的文化都是亚洲重要文化遗产的组成部分。人类学家在研究原始部落时已经一次次地表明，这样的文化比较是如何的价值非凡。一个部落可能与邻近部落分享 90% 的正式习俗，不过，它可能会对这些习俗进行修补，以适应某种生活方式和自己的一套价值观念；它不与任何周边部落分享那种生活方式和那套价值观念。在修补过程中，它可能丢弃一些基本的习俗，尽管这些习俗占整个社会习俗的比例很小，但可能会使它未来的发展途径转到某个独特的方向上。某些种族在整体上相互分享很多特性，人类学家能在这些种族之间找到相互对比的差异；再也没有比研究这些差异更有益的了。

　　人类学家还得让自己最大限度地去适应他们自身文化和其他民族文化之间的差异，他们的手段也得加以琢磨，以解决这一特殊问题。他们由自己的经验知道，不同文化中的人所必须面对的情景是迥然不同的，不同种族和民族在定义这些情景的含义时所用的方式也截然不同。在某个地处北极的村落或热带沙漠里，他们碰见过血缘责任或财物交换的部落习俗；哪怕是他们的想象力处于最大胆的时刻，他们也无法杜撰出那样的习俗。他们必须进行调查，不仅要调查血缘关系或交换关系的细节，还要调查这些习俗在部落的习惯中产生了什么样的影响，以及每一代人是如何从儿童时期就被要求以此为条件传承那些习俗，就像他们的祖先曾经做过的那样。

　　人类学家关注差异及其制约性和结果，我们在对日本的研究中可以加以利用。美、日之间的文化差异根深蒂固，没有一个人不清楚这一点。

---

　　① Siam，泰国的旧称。

在美国民间甚至有一个关于日本人的传闻，说无论我们做什么，他们都会对着干。如果一个学者满足于简单地说，这些差异太奇异了，以至于我们不可能去了解这样的民族，那么，这一对于差异的成见是危险的。人类学家自身的经验能很好地证明：即便是怪异的行为也无碍于我们对其有所了解。人类学家从专业的角度把差异当作优势而不是劣势，这一点他比任何其他社会科学家做得都好。表象离奇的习俗和种族最能引起他强烈的注意。对部落生活方式的一切，都不会想当然，这使他不仅关注少数一些挑选出来的事例，而且关注全部。在研究西方国家时，如果研究者没有受过比较文化研究方面的训练，他就会对某个习俗的整体性视而不见。他会如此地想当然，以至于不会去探索日常生活中那些细小的习惯，也不会去探索所有那些被家庭成员普遍接受的、关于家庭事务的裁决。然而在一个民族的大屏幕上，这些习惯和裁决会被大面积地投射放映，它们对该民族未来的影响，远远超过外交官签订条约的作用。

　　人类学家必须改善研究日常琐事的手段，因为在他研究的部落里，那些平常琐事与他自己社会的琐事迥然不同。当他力图去理解某个部落的极端的恶毒或另一个部落的极端的胆怯时，当他力图描绘出他们在某个特定情境中的行为方式和感受方式时，他发现，他在很大程度上得依赖于观察和细节。在文明国家，这些观察和细节不会经常被注意到。他有很好的理由相信它们很重要，并且也知道，什么样的研究方法会把它们挖掘出来。

　　在日本研究方面我们不妨一试。因为只有当我们注意到了某个民族生活中带有强烈人性色彩的日常琐事时，我们才会在很大程度上赏识人类学家的这一假定，即在任何一个原始部落或任何一个处于文明前沿的国家中，人类行为都是在日常生活中学来的。一个人的行为或想法无论有多么怪异，他的感受方式和思维方式都跟他的经验有一定的关联。我越是对日本人的某些行为感到困惑，越是设想：在日本人生活中的某个领域，存在着某种使这样的奇怪行为得以发生的平常条件。假如这一探询把我带入日常交往的琐碎细节，那就更好了。那正是人们学习的途径。

　　作为文化人类学家，我一开始还有这样的一个假定，即最孤立的行为相互之间也有某种系统性的关联。我曾经认真研究过把数以百计的细节纳入几种普泛模式的途径。人类社会必须为自身的生存做出某种规划，这种规划会成为支持人们在遭遇并评估某些情形时所采取的方法。在那个社会中，人们把这些解决问题的方法看作全世界的基础要素。无论多么困难重重，他们都会整合这些方法。人一旦接受了一套价值观念，并根据这套价值观念生活，就无法根据一套相反的价值观念思考和行动，那是一种被隔离的生活状态，无法长久维持而又不招致失效和混乱。他们力图获取更多的和谐一致，给自己装备某种共同的理论和动机。某种程度的一致性是需要的，否则整个局面就会崩盘。

因此，经济行为、家庭安排、宗教仪式和政治目标变得相互勾连，某个领域的变化可能比其他领域的变化出现得更快些，并且使其他领域屈从于很大的压力。不过，压力本身来自对一致性的需要。在史前社会，人们就追逐控制他人的权力，这种权力意志在宗教活动中的表现不亚于在经济交往和与其他部落交流中的表现。文明国家拥有古老的书面经文，在这些国家，教会必然会保留过去数百年的习语，而没有文字的部落却做不到这一点。但是，在某些领域，公众越来越认可经济和政治的权力，教会就放弃了与之相左的权威。词语保留了下来，但意义却改变了。宗教教条、经济活动和政治行为并不待在由堤坝拦起来而互不掺杂的小池塘里，而是溢出了各自圈定的边界，不可避免地相互掺杂。因为这一切总是如此，所以，一名学者越是在表面上把他的观察力分散到经济、性和宗教，以及婴孩抚养等领域，他就越能跟踪他所研究的那个社会中发生的事情，越能在生活的任何领域提出有益的假说并得到有利的数据。任何一个民族，无论是用政治、经济还是伦理的术语提出要求，他都能进行观察；他还会观察人们的表达习惯和思维方式，这些东西都是在社会实践中学得的。因此，本书并不专门论述日本的宗教或经济生活或政治或家庭状况。我所考察的，是日本人在生活举止上的一些先入之见。无论当时的活动如何，我所描写的是这些先入之见自身所表露的情形。本书所论述的是日本之所以成为日本人的国家的诸多因素。

20世纪的一大障碍是：我们仍然怀有一些模糊的、极为偏颇的观念，不仅在讨论日本之成为日本人的国家时如此，而且在讨论美国之成为美国人的国家、法兰西之成为法国人的国家和苏联之成为俄国人的国家时，莫不如此。由于缺乏这一认识，每一个国家都误解别的国家。有时只是兄弟之间的小麻烦，我们却担心是不可调解的分歧。有时一个民族因为拥有一整套属于他们自己的经验和价值体系，所以他们所构想的行动方针与我们所认为的截然不同，而我们还在谈与他们的共同目标。我们不给自己一个机会，去弄明白他们的习惯和价值观到底意味着什么。假如我们给了这个机会，我们就有可能发现，那套行动方针未必出于恶意，只是因为我们不了解它而已。

完全依赖于一个民族自己所说的思维习惯和行动习惯，是不可能的。每一个民族的作家都力图说明那个民族，但这并非易事。一个民族用来观看生活的眼光与另一个民族所用的不一样，而且人们很难意识到自己用来观察的眼睛的存在。每一个国家都认为这是理所当然的。聚焦和透视的诸般诀窍使一个民族拥有全民族的生活景观，对那个民族来说，这些场景似乎都是上帝做出的安排。在任何情况下，我们都不指望那个戴眼镜的人会知道镜片的度数，也不能指望任何国家会分析他们看待世界的观点。当我们想要了解眼球的情况时，我们会找来一位眼科大夫，给他验明镜片度数，写出我们带给他的任何眼球的规格。有朝一日，我们会毫无疑问地承认：分析当今世界的国家，是社会科学家的工作。

这项工作既需要某种程度的硬心肠，也需要某种程度的慷慨。有时，怀有良好愿望的人们会指责那种硬心肠。这些"同一世界"的拥趸者们打赌似的发愿，要让地球各个角落的人们相信：东方和西方之间、白人和黑人之间、基督徒和穆斯林之间的所有差异都是表面上的，事实上整个人类的心理都相差无几。这一观点有时被称作"四海之内皆兄弟"。让我无法理解的是，为什么一个人一旦相信这一观点，就不能说日本人有他们自己的生活方式，美国人则有美国人的？有时，软心肠的人们似乎认为，除非世上所有的民族都是由同一张底片印出来的，否则出于良好愿望的说教无从说起。但是，要求这种单一性，作为尊重其他民族的条件，就如同要求自己的妻子和孩子跟自己一模一样，是神经质的表现。

硬心肠的人们满不在乎地认为差异应该存在，他们尊重差异。他们的目标是建立一个能容得各种差异的安全世界。美国可以从头到尾都是美国而不威胁世界和平；在同样的条件下，法国和日本也可以如此。差异就是悬在世人头上的达摩克利斯剑，对于自己都不相信这一点的学者来说，试图通过外力干预来阻止这样的人生态度走向成熟，显得很荒唐。他也不需要担心，因为持有这样的立场，他就是使世界凝固成现在这个样子的帮凶。鼓励文化差异并不意味着世界停止发展。英国并没有因为伊丽莎白时代之后有安妮时代和维多利亚时代而失去英国的特征。正是因为英国人如此不同于其他民族的人，所以，在不同的时代，不同的标准和不同的民族心态会宣称自己的存在。

对民族差异进行系统研究，不仅需要坚韧不拔的精神，还需要一定程度的宽宏大量。只有当人们足够坚定地深信自己需要非常宽容时，比较宗教研究才会有所繁荣。研究者可能是基督徒或阿拉伯的专家或不信教者，但他们不会是狂热分子。当人们太注意防护自己的生活方式，以至于对他们而言那种方式似乎就是世上唯一的解决问题的方式时，比较文化研究也不可能繁荣。这样的人永远不会知道，对其他生活方式越了解，他们就越爱自己的文化。他们让自己断然放弃那令人愉悦而且丰富的经历，他们是如此防备，以至于只有一种选择，即要求其他国家接纳他们特有的解决方法。作为美国人，他们把自己偏爱的原则强加于所有的国家。但是我们无法要求别的国家接受我们的生活方式，正如我们无法学会用 12 进位制代替 10 进位制进行计算，或者像东非的某些土著那样用一只脚站着休息。

本书论述的是日本人预期的和想当然的习惯、任何日本人指望别人帮助或不指望的情景。他们何时感到羞愧，何时感到尴尬，他们的自我要求是什么。本书中任何陈述的理想评判者是引车卖浆者流，即普通人。这并不意味着他们曾置身于我所描述的每一种特殊情境，而是意味着他们会承认在那些情形下他们的言行就是那样的。这样的研究目的是要描写那些深埋在思想和行为背后的态度，哪怕达不到目标，这也是本人的理想所在。

在这样的研究中，我们很快就得到这样的观点：你可以拿出证据说你调查了大量的人，但你并不就能得到更多的证据。比如，谁对谁，以及何时鞠躬，就不需要对整个日本做统计学意义上的研究。几乎任何一个日本人都能告诉你那些公认的、习惯性的情境，经过几轮确认之后，就不需要再从上百万的日本人那儿获取同样的信息了。

日本人是靠一些先入之见来营造他们的生活方式的。那些力图挖掘这些先入之见的学者面临一个比统计学意义上的证据更加艰难的任务。我们要求他说明，这些被公认的活动和判断是如何成为他观察人生的镜头的。他得阐述日本人的先入之见是如何影响他们观察生活的焦点和视角的。他得力图说得让美国人明白，要知道，美国人是以截然不同的视角看待生活的。在这一分析工作中，权威的法官并不一定是"田中先生"，即"任何普通人"。因为"田中先生"并没有把自己的先入之见说清楚，对他而言，那些写给美国人看的阐释毫无疑问是极为吃力的。

美国人在研究社会时，并不经常打算研究文明化的文化所赖以建立的那些前提。大多数研究者都先入为主地认为，这些前提是不证自明的。社会学家和心理学家都忙于研究观念和行为的"散布情况"，他们常用的手段是统计。他们把大量调查材料、问卷答案或访谈问答、心理测试诸如此类的东西全都交给统计学分析，然后努力推演出某些事实因素的独立性或相互依赖性。在舆论调查领域，有效的手段是：通过科学选出的抽样调查的人口，在全国范围内进行民意测验。这种手段在美国已经高度完善。通过这一手段，我们能够发现，有多少人支持或反对某个公共职位的候选人或某项政策。我们可以对支持者和反对者进行分类：如乡村的或城市的、低收入者或高收入者、共和党的或民主党的。在一个凡事都要投票决定的国家，法律是由人民代表制定并实施的，所以，这样的调查结果具有重要的实践意义。

美国人可以对美国的事情进行民意调查，并理解调查结果；但他们之所以能做到这一点，是因为存在着一个前提，这个前提是如此显而易见，以至于没有人会注意它：他们了解美国的生活方式，而且以为那种生活方式是理所当然的。民意调查结果只是在我们业已知道的东西之上再多告诉我们一些而已。我们力图理解另一个国家的时候，就必须对人的习惯和成见进行系统的有质量的研究，然后民意调查才能产生良好的效果。通过谨慎的抽样调查，我们能发现有多少人支持或反对政府。但是，除非我们知道他们对国家抱有什么样的观念，否则抽样调查能告诉我们什么呢？只有在了解人们的国家观念之后，我们才能知道各个派别在大街上或国会里争论的是什么。较之党派力量的数字，国民关于政府的先入之见具有更加普遍而长久的重要性。在美国，无论是民主党政府还是共和党政府，几乎必定被认为都是邪恶的，因为它限制个人的自由。除了在战时，政府职位不会给一个人带来私营企业里同等工作所带来的那种身份。这一国家观念迥异于日本，甚至不同于许多欧洲国家。我们首先要了解的就是他们的国家观念。他们的观念体现于他们的社会习俗、他们关于国家历史的神话，以及他们在全国性节日上的演说。我们也可以根据这些间接表现进行研究，当然，我们需要的是系统的研究。

关于生活，任何民族都形成过一些基本的先入之见，而且任何民族都认可一些解决问题的方法；我们可以研究这些先入之见和解决方法。在选举中，我们会聚精会神、细致入微地搞明白人口中有多少比例的人投了赞成票或反对票。我们在做研究时，同样要聚精会神、细致入微。日本人的基本的先入之见很值得我们探讨。当然，我发现，一旦我们明白了西方人的先入之见不符合他们的人生观，又掌握了一些他们所用的范畴和符号，那么西方人眼中的日本人日常行为中的许多矛盾便不复存在了。我开始明白，日本人自己为何会把某些剧烈摇摆的行为看作是某一体系的有机组成部分，与这一体系是完全一致的。我可以全力说明此间的原因。当我跟日本人一起工作时，他们开始用的一些习语和概念让我感到奇怪，但后来证明，那些习语和概念具有很丰富的含义，而且充满了长年累月积累的情感。与一般西方人所理解的美德和邪恶经历了沧海桑田的变化不同，这一体系是独一无二的，既不是佛教的，也不是儒家的，而是日本的——包含着日本的强势和弱点。

第二章　战争中的日本人

在所有的文化传统中，都有一些关于战争的正统观念。不管西方国家之间有什么样的具体差异，有些正统观念是各国共有的，例如，全力参战的号召、局部失败情形下军心的稳定、战死者与投降者的比例的均衡、对战俘的行为准则等。这些在西方国家的战争中是可以预见的，因为它们共有一个大文化传统，这一传统甚至适用于战争。

日本人在很多方面与西方的战争观有偏离，这些偏离的方面是一些数据，可以拿来分析他们的人生观和他们对人的全部责任的坚定信仰。我们的目的是系统地研究日本人的文化和行为，为此，他们那些偏离我们的正统观念的思想是否具有重要的军事意义，是无关紧要的。他们的任何思想都可能是重要的，因为这些提出了关于日本人性格的一些问题，而我们需要回答那些问题。

日本用以证明其战争之正义性的那些前提与美国的完全相反，对国际形势的说明也跟美国不同。美国把这场战争归咎于轴心国的侵略，日本、意大利和德国以其征服行动，冒犯国际和平，是不正当的。无论轴心国是否已经在"满洲国"或埃塞俄比亚或波兰夺取权力，事实证明，他们已经踏上了欺压弱小民族的邪恶征程。他们侵害了一条国际准则，即"自己生存，也让别人生存"，或者，至少是为自由企业"敞开大门"的国际准则。日本是以别的眼光看待这场战争的。只要各国拥有绝对主权，那么世界上就会有政治混乱，他必须为建立等级秩序而战斗——当然，这是日本领导下的秩序，因为只有他代表着一个从头到脚真正具有等级秩序的国家，只有他理解"各就其位"的必要性。日本已经在国内实现了统一与和平，贼寇被镇压下去了，道路、电力设施和钢铁企业建设起来了。根据官方数据，正在成长的一代日本人中，有 99.5% 的人在公立学校里受到了教育。根据日本的等级秩序的理论，他应该扶持落后的小兄弟——中国。由于日本与中国属于同一个大东亚种族，他应该首先把美国，然后把英国和苏联从世界的那个地域排除出去，使之"适得其所"。所有国家都将被安置在一个国际等级秩序中，从而形成世界统一的局面。这一被赋予等级秩序的价值观被认为是高级的，在下一章中，我们将检查它在日本文化中的含义。这是一个有待于日本去创造的一个适合于他的幻想。不幸的是，在他看来，他所征服的那些国家并没有用跟他一样的眼光看待这一点。尽管如此，纵然他失败了，他也没有从道义上抛弃他的"大东亚"这一理想，甚至是那些在外交政策上最不强硬的战俘也很少责难日本在亚洲大陆和西南太平洋上的目的。因为，很久之后，日本必将保持他固有的一些态度，其中最重要的一个就是他对等级秩序的信仰和信任。这与爱好平等的美国人的态度背道而驰，但是，我们必须了解在日本人心目中等级制度意味着什么，以及他已经尝到的与之有关的好处。

同样地，日本人寄托获胜希望的基础也与美国人普遍认可的不同。他叫嚣说，他会以精神战胜物质，美国固然很强大，军备也高级，但那又有什么关系呢？日本人说，所有这一切都早就被预料到，根本没有被放在眼里。"假如我们害怕数字，"日本人在他们国家的大报《每日新闻》上提到，"我们就不会开战。敌人的丰富资源不是这场战争造就的。"

即使是在打胜仗时，日本的国内政治家、大本营和士兵们也会反复说，这压根就不是军备之间竞赛，而是美国人的物质信仰和他们的精神信仰之间的竞赛。当我们胜利时，他们会喋喋不休地说，在这样的竞赛中，物质力量必然会输掉。毫无疑问，在塞班岛和硫磺岛失败的时候，这一信条成了他们的一个顺手拿来的托词，不过，它并不是作为失败的托词而被创立的。在日本节节胜利的所有月份里，这是进军的号角；在珍珠港事件发生之前，它是久已被广为接受的口号。在 20 世纪 30 年代，前陆军大臣、狂热的军国主义分子荒木大将在一本题为《告日本国民书》的小册子中写道，日本国的"真正使命"在于"弘扬皇道于四海，力量悬殊不足惧，吾等何惧于物质哉？"

　　当然，像任何其他准备发动战争的国家一样，他们是有所顾虑的。整个20世纪30年代，他们用于军备的钱在国库收入中的比例直线上升。到了他们攻击珍珠港时，几乎一半的国民总收入用于陆军和海军的装备，在政府的全部开支中，只有17%可以用来花在与民用事业有关的事情上。日本和西方国家之间的差异不在于日本不关心物资装备，不过，舰艇和大炮只是不死的日本精神的外在表现，只是象征物而已，正如武士的佩刀是他的美德的象征。

　　正如美国一向信奉强大，日本总是强调非物质资源。日本跟美国一样，得竭尽全力进行生产，但日本这么做的基础在于他自己特有的一些前提。他说，精神是一切，而且是永久的；物质的东西当然需要，但是次要的，而且渐行渐灭。"物质资源是有限的，"日本电台以前经常说，"理性告诉我们，物质的东西维持不了一百年。"这种对精神的依赖被原封不动地用在战争的日常行动之中。他们的战争手册中有一个口号，一个传统的口号，不是为这场战争定制的——"以吾等之训练有素对抗彼等之人多势众，以吾等之血肉对抗彼等之钢铁。"他们的战争手册一打开就是用粗体字印出来的这么一行："必读必胜。"他们的飞行员驾驶着小型飞机以自杀方式撞击我们的军舰，就是精神优于物质的一个极端案例。日本人称这些飞行员为"神风特攻队"，因为，在13世纪，成吉思汗侵略日本时，"神风"吹散并吹翻了他的运输船，从而拯救了日本。

　　甚至在民用领域，日本当权者也不折不扣地认为，精神能统御物质环境。在工厂里连续劳作12个小时，加上整夜的轰炸，人们会感觉很累吧？"身体越沉重，意志就越高昂，精神总是在物质之上。""越感到疲劳，训练效果就越好。"在冬天的防空洞里，人们不是感到冷吗？大日本广播体育文化学会在广播中发出指示，让人们做热身体操；这种体操不仅能替代取暖设施和床上用品，而且更佳的是，能替代已经不可能得到的食物，从而能让人们保持正常的体力。"当然，有人可能会说，鉴于当前的食品短缺现象，我们不想做体操。不！食品越是短缺，我们越是要通过其他方式来加强自己的体力。这就是说，我们必须通过更多地消耗体力，来增加体力。"美国人关于体能的看法总是伴随着这样的计算，即决定他有多少体力可以使用的因素是，头天晚上他是否睡了 8 个或 5 个小时，他的饮食是否正常，他是否受了凉。这与日本人的计算方式是冲突的，他们不看储存的能量，认为那是物质主义。

战争期间，日本的广播甚至说得更离谱，说在战斗中，精神甚至能超越死亡这一物理事实。有一家广播电台这样描写一个英雄飞行员和他征服死亡的奇迹：

> 空战结束之后，日本飞机以三或四架小型编队的方式回到基地。一名大尉是首批返回的飞行员之一，他从飞机上下来之后，站在机场上，用双筒望远镜注视天空。在他的部下返回时，他数着人数。他看上去脸色相当苍白，但非常镇定。在最后一架飞机返回之后，他写了份报告，然后走向总部。在总部，他向司令官做了汇报。然而，他一做完报告，就突然倒在了地上。在场的军官们冲上去想帮助他，但是他已经死了。人们一检查就发现，他的身体已经冰凉，他的胸部有一颗子弹，而且枪伤是致命的。一个人如果刚刚死，他的身体不可能马上就变得冰凉，但这名大尉的身体的确凉了。大尉肯定已经死了很久了，他的精神支撑他做了汇报。这是一个奇迹，但又是事实；这名死去的大尉之所以能创造这一奇迹，是因为他怀有庄严的责任意识。

对于美国人来说，这当然是无耻而无稽的奇谈；但是，哪怕是受过教育的日本人也不会嘲笑这种广播。他们相信，在日本，听众们不会认为这是个传奇故事。首先，他们指出，广播确实说过，大尉的事迹是"一个奇迹般的事实"。但为什么不是呢？他的灵魂可能受到了训练，很显然，大尉是自我训练的高手。如果所有日本人都知道"镇定的精神能延续一千年"，那么，为什么它就不能在一个空军大尉的身体里多待几个小时呢？那大尉把"责任"看作他整个人生最重要的准则，而日本人相信，利用技术训练，一个人能够使他的精神至高无上。那个大尉学到了这一点，而且从中受了益。

作为美国人，我们完全可以贬低日本人的这些极端行为，把它们看作是一个穷国家的托词或是一个鬼迷心窍者的孩子气。然而，假如我们真那么认为，那么，我们就会降低自己在战争时期或和平时期与他们打交道的能力。通过某些禁忌和抵制，通过某些训练和修炼的方法，他们的信条会深入内心。这些信条不只是孤立的怪癖。只有美国人了解了这些东西，才能明白日本人在战败时说的话是什么意思；他们会承认说，光有精神是不够的，"用竹矛守卫阵地"是幻想。更重要的是，当他们承认他们的精神不够时，而且承认他们的精神在战场上和工厂里受到了美国人的精神的挑战时，我们能有所领悟。正如他们在战败后所说的：在战争期间，他们"犯了主观主义的错"。

在战争期间，日本人对各种事情有各种说法，不仅如等级秩序的必要性，还有精神的至高无上；对一名比较文化学者来说，这些说法都有启迪意义。他们总是谈论安全和士气，但他们说的只是预警问题。无论灾难是什么，平民受到轰炸、塞班溃败、菲律宾失守，日本军方总是对人民说，这一切都是预料之中的，因此，没什么好担忧的。广播里播送着长篇大论，很明显，当局指望人民一再地相信，他们仍然生活在一个完全已知的世界上。"美国占领基什加岛后，使得日本处在了美国轰炸机的有效轰炸范围之内。不过，我们对这一虽说意外的事故早已了如指掌，而且已经做了必要的准备。""毫无疑问，敌人会以海陆空联合行动的方式攻击我们，但我们在计划中已经考虑到了这一切。"日本战俘，哪怕是那些巴望着日本在无望的战争中早点败北的人，也确信，美军的轰炸不会削弱日本本土的精神，"因为有过预警"。当美军开始轰炸日本的城市时，日本飞机制造者协会的副会长在广播里说："敌机终于来到了我们的头顶；不过，我们是飞机制造业的业内人士，我们早已预料到这种事情的发生；为了应付这一切，我们已经做好了全面的准备。因此，没什么可担忧的。"只要一切都是预知的，一切都通盘计划好了，日本人就能继续宣称，一切都是他们自己这方主动愿望的结果，没有人曾经强加给他们任何东西。这样的宣称，对他们而言，是非常必需的。"我们应该认为，我们不是被动挨打，而是主动把敌人引向我们。""敌人，你们要来就来吧。我们不会说：'要发生的事终于发生了。'而会说：'我们期待的事情发生了。为此，我们感到很高兴。'"在国会演说中，海军大臣引用了伟大武士西乡隆盛 1870年的训词："有两种机会，一种是撞大运撞来的，另一种是自己创造的。在大难来临时，我们不应该气馁，而应该创造机会。"电台报道说，当美军开进马尼拉市中心时，山下将军"带着明朗的笑容评论道：'现在，敌人已落入我手……'""敌人在仁牙因湾登陆后不久，马尼拉迅速陷落；这是山下将军战术部署的结果，跟他所计划的完全一致，山下将军指挥的行动目前正在持续展开。"换句话说，没有失败，就没有成功。

美国人跟日本人一样，也爱反其道而行之。美国人之所以把自己抛入战争，是因为我们被迫起来反击。我们被攻击了，因此要让敌人知道我们的厉害。发言人总是筹划着他们怎么说才能恢复美国老百姓的信心，但没有一个发言人在谈到珍珠港或巴丹半岛时会说："这一切在我们的计划已经完全考虑到了。"我们的官员会说："既然敌人自找苦吃，那就让他们瞧瞧我们能做什么。"美国人会调整人生中的一切，以适应一个总是充满挑战的世界——而且时刻准备着接受挑战。日本人安心的基础是一种提前计划并安排好的生活方式，在日本，最大的威胁来自始料未及的事情。

在日本的战争行为中，还有一个恒常的主旋律，它也显露了日本的生活方式。他们一个劲儿地谈到"世界的眼睛注视着他们"，因此，他们必须充分表现出日本的精神。当美军在瓜达尔卡纳尔岛登陆时，日军接到的命令是，现在，他们处于全世界的众目睽睽之下，应该让世人看看他们是什么材料制成的。日本海军被警告说，万一他们中了鱼雷，接到放弃舰船的命令，他们应该以最好的仪态转移到救生船上，否则"世人会嘲笑你。美国人会给你拍电影，并在纽约播放"，这关系到他们想给世人留下一个什么样的印象。他们对这一点的重视也是日本文化中固有的一种表现。

在关于日本人态度的问题中，最受人关注的问题与天皇陛下有关。天皇对其子民实行什么样的统治？有些美国权威人士指出，纵观日本所有七个世纪的封建历史，天皇一直像船头雕像一样，是一个有名无实的傀儡元首。每个日本人直接忠实的对象是其主子，即大名，以及大名之上的军事元帅，即将军。对天皇的忠心几乎不被当回事儿。天皇被幽禁在与世隔绝的宫廷里，各种仪式和活动都严格受到将军所制定的各种规定的制约，哪怕是一个势力很大的封建领主，如果他向天皇表示敬意，也是对将军的背叛，从此他很难在日本存身。这些美国分析家坚持说，我们只能由日本的历史看日本，而日本又是一个保守国家，在仍然活着的日本人的记忆中，天皇怎么可能被从默默无闻的状态中拉出来，成为号令全民的中枢？他们说，日本的宣传家们一再重申天皇对其子民具有永远不会失去的统治权。这样的断言太过了，他们的坚持只能证明他们的论说是没有力量的。因此，在处理天皇问题时，美国的战时政策没有理由对他心慈手软。相反，针对这近期才编造出来的邪恶的"元首观"，我们有种种理由进行最猛烈的攻击。这一观念是近代日本具有国家主义性质的神道宗教的核心；如果我们削弱并挑战天皇的神圣性，那么敌国日本的整个结构就会土崩瓦解。

许多有才干的美国人相当了解日本，在看了来自前线的报告和日语资料之后，都提出了具有说服力的相反的意见。那些曾经在日本生活过的美国人清楚地知道，最容易刺痛日本人，并鞭策起他们的士气的，是任何针对天皇的蔑视性语言或直接攻击。他们相信，如果我们攻击天皇，那么在日本人的眼里，我们就不是在攻击军国主义。他们看到，在第一次世界大战之后的那些年头里，对天皇的崇敬跟之前的同样强烈，而"德谟克拉西"的口号在当时已经是一个很响亮的口号，军国主义则已经名誉扫地，以至于东京的军人们在出门上街前，要小心翼翼地换上便装。但这些日本的老住户坚持认为，日本人对他们的皇帝陛下的尊崇是无与伦比的，"希特勒万岁"那样的崇拜不能与之相提并论，后者是纳粹党命运的晴雨表，与法西斯所犯下的所有罪恶绑在一起。

日本战俘的证词也正好证实了这一切。跟西方的军人不同，这些俘虏没有人教过他们在被抓时应该说什么、不应该说什么，他们对所有问题的回答都明显缺乏组织。之所以没有人教过他们这些，当然是因为日军奉行的不投降政策。直到这场战争的最后几个月，只剩下某几支部队或地方武装时，这种状况也没有得到改善。这些俘虏的证词之所以值得我们关注，是因为他们代表着日军中的一个横断面。士气低落会导致投降，从而可能成为并不典型的日本士兵，但他们不是那样的军人。几乎所有的士兵在被抓住时，都是受了伤或者说失去了知觉，是没有能力抵抗而被俘的。

那些苦战到底的日本战俘把他们的极端军国主义归根于天皇，说自己是在"贯彻天皇的意志""让天皇放心""为天皇的命令而死""天皇把人民带入战争，我的职责是服从"。但是，那些反对这场战争以及未来日本的征服计划的人，也惯常把他们的和平主义思想归因于天皇。天皇是一切人的一切。那些厌倦战争的人称他是"爱好和平的陛下"，他们坚持说"他一直是个自由主义者，一直反对这场战争"。"他是被东条骗了。""在满洲里事件发生期间，他表现出了反对军部的样子。""战争是在天皇不知情而且不同意的情况下被发动的。他不喜欢战争，而且不会同意他的人民被拖进战争。他不知道他的士兵受着多大的虐待。"这些供述与德国战俘的不同，无论后者如何抱怨希特勒手下的将军们或高级指挥官们背叛希特勒，但是，他们把战争和备战都归因于希特勒那个最高级别的煽风点火者。日本战俘则相当直率地说，他们对皇族的尊崇跟军国主义和侵略战争政策是两码事。

对他们来说，天皇与日本密不可分。"没有天皇的日本不是日本，是无法想象的。""日本天皇是日本民族的象征，是日本人宗教生活的中心。他是超宗教的信仰对象。"如果输掉了这场战争，他也不会受到谴责。"日本人并不认为，天皇应该对这场战争负责。""战争失败时，内阁和军方领导人会受到谴责，而不是天皇会受到谴责。""纵然日本输掉了战争，但所有的日本人依然崇敬天皇。"

美国人习惯于认为没有人能免于怀疑的审视和批判，对他们来说，日本人一致认为天皇凌驾于批评之上的想法似乎是个骗局。但是，毫无疑问，这就是日本的声音，哪怕是在战败时，他们也会这么说。那些在审问俘虏方面最有经验的人给出这么一个判断：没必要在每份审讯录上填上"拒绝说天皇的坏话"，所有俘虏都拒绝，哪怕是那些愿与盟军合作的、愿为我们在日军中造势的人，也是如此。在集中起来的所有审问战犯的记录中，只有三份温和地表示反对天皇，只有一份说到这样的程度："保留天皇的位子将是一个错误。"另一份说，天皇是"一个软心肠的人，一个傀儡而已"。还有一份只不过猜测说，天皇可能为了他儿子的利益而退位，假如皇权被废，日本的年轻妇女就有希望取得她们所嫉妒的美国妇女那样的自由。

因此，日军指挥官们利用日本人的这种高度一致的崇拜心理，把"天皇恩赐"的香烟分发给士兵，或者，在天皇生日时，带着他们朝东方三鞠躬，同时高呼"万岁"。甚至在"部队日夜受到轰炸时"，他们也会和所有士兵一起，早晚两度唱诵"圣旨"——那是天皇本人在军人《敕谕》中向军队颁布的——"那唱诵声和着轰炸声，回荡在整个森林"。军国主义分子以一切可能的手段利用这种对天皇的忠诚诉求，他们号召手下"实现天皇之愿""驱散天皇之虑""尊重天皇之仁""为天皇献身"。但是，这种对天皇意志的绝对服从是把双刃剑。正如许多俘虏所说，"如果天皇颁布命令要臣民投入战斗，那么日本人会毫不犹豫，哪怕手里只有竹竿。如果天皇命令停止战斗，那他们会立即停止。""假如天皇颁布停战令，那么整个日本明天就会放下武器。""甚至驻扎在满洲里的关东军"——那支最好战而暴烈的部队——"也会放下手中的武器。""只有天皇的话能使日本人民接受失败，并为重建家园而勉强活下去。"

这种对天皇的忠诚是无条件、无限制的，但日本人喜欢批评除了天皇之外的所有人和团体，两者形成鲜明的对比。无论是在日本的报纸杂志上，还是在战俘的证词中，都有对政府和军方领导人的批评。对他们所属部队的指挥官，尤其是那些没有分担战士们的危险和苦难的指挥官，战俘们会肆意谴责。他们尤其批评那些自己坐飞机逃跑、撇下士兵让他们战斗到底的军官。他们常常赞扬一些军官，而辛辣地批评另一些。没有迹象表明，他们对本国事务缺乏分辨好坏的意愿。甚至在他们的岛国内，报纸和杂志也会批评"政府"。他们呼吁更强的领导才能和更好的协同努力。我要提醒人们注意，他们并没有从政府那儿得到他们所需要的东西。他们甚至批评政府对言论自由的限制。一个很好的例子是，1944 年 7 月，在一份东京的报纸上刊登了一篇报道，是关于一些新闻记者、前国会议员和日本极权主义政党——大政翼赞会主事者参加的座谈会的记录。有人发言说："我认为，要唤醒日本民众，有许多方法，但言论自由是最重要的。这些年来，民众没法做到想什么就说什么。他们害怕，假如他们谈论某些事情，他们可能会受到谴责。他们犹犹豫豫，致力于解决表面问题，因此，公众的心理委实变得胆怯起来。我们永远不可能用这种方法提高民众的整体力量。"另一人延伸这同一个话题说："几乎每天晚上，我都要跟选区的选民一起开会，我问他们许多问题，但他们全都害怕得不敢说话。言论自由被剥夺了。这当然不是激发他们的战斗意志的合适方法。民众极大地受制于所谓的《战时特别刑法》和《国家安全法》，从而变得非常胆小，犹如在封建时代。因此，本来可以得到发展的战斗力，就这样到现在也没有发展起来。"

如是，哪怕是在战争期间，日本人也批评他们的政府、大本营和顶头上司。他们没有毫无疑问地承认等级制的好处，但是，天皇是例外。这是怎么回事呢？要知道，直到最近，他才享有至高无上的殊荣。日本人性格中的什么怪癖使他得以拥有如此神圣的地位？日本战俘宣称，只要天皇下令战斗，日本人会"拿着竹竿"战斗到死；如是，只要他下令停战，他们就会和平地接受失败和占领。他们说得对吗？这是真的吗？抑或是一派存心想误导我们的胡言？

所有这些关于日本人的战时行为的重要问题，从反物质主义的偏见到对天皇的态度，都跟前线也跟日本本土有关。还有一些态度与日本军队有着更加特定的关联。其中之一是关于他们的战斗力的消耗程度的。乔治·S·麦凯恩将军曾指挥一支部队完成撤离台湾海峡的任务，因此而获得了海军的勋章；一家日本电台在报道此事时，非常惊疑，这与美国人的态度形成了鲜明的对比。他们是这样说的：

乔治·S·麦凯恩将军获得勋章的官方理由，不是他击退了日军；我们不知道，他们为何不那样说，其实，在尼米兹的公报上，明明是那样说的……给麦凯恩授勋的官方理由是，他成功地解救两艘已经被破坏了的美国军舰，并且护送它们安全地回到了它们的母港。这则消息之所以重要，是因为它不是小说，而是事实……因此，我们并不怀疑麦凯恩将军解救两艘军舰的真实性；但关键是，我们要大家看看这一奇怪的事实，即在美国，救两艘破军舰就能得勋章。

对所有的救援行动，对所有帮助那些被逼到墙角的人们的行为，美国人都会感动得发抖。如果解救的是"已经被毁坏的"事物，那么这样的行为比一般的英雄行为更加英勇。日本人的英勇概念则排斥这样的救援行为。甚至我们在 B—29 轰炸机和战斗机上安装一些救生设备，都会引得他们高喊"胆小鬼"。他们的报纸和电台曾经一而再再而三地说过这一话题。只有接受生死考验的，才是英雄好汉，防范措施是没有价值的。他们对待伤员和疟疾患者的态度也是明显如此。这样的士兵是废物，而部队所配备的医疗服务资源不足，甚至不足以应付维持合理的战斗力。随着时间的推移，各种各样的补给困难加重了这一医疗匮乏的局面。但这不是全部的情形。在这件事情上起了一定的作用的，是日本人对物质主义的蔑视。日本士兵被教导的是：死亡本身是精神的胜利，我们对伤病员的照顾——如同轰炸机上的安全设施——则会妨碍他们成为英雄。在日常生活中，日本人也不会像美国人那样习惯于依赖医生。在美国，较之其他福利措施，对伤病员的怜悯更会被认为是当务之急，甚至在和平时期从某些欧洲国家来的游客都常常会对此加以评论。这与日本人的观念当然是背道而驰。在战争期间，在所有情形下，日本军队里都没有安置受过训练的救援小组，以在战火中搬运伤员并实施急救。在前线，在后方，都没有医疗系统，甚至在远离前线的地方，也没有康复医院。他们对医疗供应的关心程度则让人难过。在有些紧急情况下，伤病员干脆被杀掉；尤其在新几内亚和菲律宾，日军常常得从有医院的据点撤离。即便仍然有机会疏散伤病员，他们也没有那样的惯例。只是在部队实际上正式开始执行所谓的"有计划撤退"时，或者在敌人已经快要占领据点时，他们才会做点什么。到那时，负责医疗的军医常常在他自己离开前枪杀伤病员，或者，伤病员们自己用手榴弹自杀。

如果说日本人这种对待伤病员的态度是他们对待本国同胞的基本态度，那么，在他们对待美国战俘时，这种态度显得同样重要。按照我们的标准来看，日本人不仅残暴地对待他们的俘虏，对他们自己人也是如此。哈罗德·W·格拉特里上校是前驻菲律宾军队的军医总管，他在台湾作为战俘被扣留了三年之后，说："美军士兵比日军士兵受到了更好的医疗待遇。在战俘营里，盟军军医能照料盟军士兵，而日军里没有任何医生。有一段时间，他们为自己人治病的唯一一名医务人员是一个下士，后来则全靠一个中士。"这位上校每年只有一两回看到日本军医。

日本人的这套兵员消耗理论可以被推到最极端的地步，那就是死不投降主义。在尽力而为之后，在发现自己面临寡不敌众的无望局面时，任何西方部队都会向敌人投降。他们仍然把自己看作光荣的军人，而且，根据国际条约，他们的名字会被传到他们的国家，以让他们的家人知道，他们还活着。无论是作为军人，还是百姓，还是家庭成员，他们都没有丢脸。但是，日本人对此情景的解释完全不同。荣誉与战斗到死紧密相连。在无望的情况下，一个日本士兵应该用最后一颗手榴弹自杀，或者以集体自杀式攻击的方式手无寸铁地冲向敌人。但他不应该投降，哪怕他是因为受伤或昏迷而被俘虏的，他在日本也再难抬起头来。他丢了脸，对于从前的生活而言，他已经"死"了。

当然，日军有招致这种结果的纪律；但是，在前线，很明显，这种特殊的正式教导根本没有必要。日军是如此严格遵守这条军纪，以至于在北缅战役中，他们的俘虏与阵亡者的比例是142：17166，其比率是1：120。在这被关进俘虏营的142名士兵中，除了一小部分，其他人在被抓时都是受伤了或昏迷了，只有很少的几个是单独或三三两两地"投降"的。在西方国家的军队里，在不投降的情况下，如果阵亡者与全部兵力的比例达到了1/4乃至1/3，就撑不住了，这几乎是条定则。投降者与阵亡者的比例大概是 4：1。在霍兰迪亚，日军投降的人数相当可观，与阵亡者的比例是 1：5，这么大的比例还是第一次，与北缅战役中的 1：120 相比，已是很大的进步了。

因此，对日本人而言，仅仅因为投降而成为战俘这一事实就使美国人颜面扫地。哪怕伤病或赤痢还没有把他们排除在"完整的人"的范畴之外，他们也是"废物"。许多美国人描述过，在战俘营里，美国人的笑声会是多么危险，多么刺激那些看守他们的日本宪兵。在日本人眼里，那些美国人应该感到耻辱还来不及；让他们痛恨的是，美国人居然不知羞耻。日本军官要求美国战俘遵守许多规定，他们也要求看守战俘的本国士兵遵守那些规定。急行军和乘坐密封的运输船对日本兵而言是稀松平常的事。美国俘虏还说，日本哨兵如何严格地要求他们隐瞒规避守则的行为，最大的罪孽是公开规避守则。按照规定，战俘们外出时不能从村子里带食物回营地；但是，在他们走出营地到大路上或工程设施里干活的日子里，那样的规定有时是一纸空文——只要他们把水果和蔬菜藏起来就行。假如这种行为被发现，那么就是不能容忍的冒犯，即美国人轻视哨兵的权威。公开挑战权威，哪怕仅仅是"顶嘴"，也会受到严厉惩罚。针对顶嘴行为，哪怕在日常生活中，日本的规则也是非常严厉的；在军队里，则会受到重罚。在俘虏营里，确实出现过残暴的肆意妄为。我们区分这样的残暴行径和那些作为文化习惯的结果的行为，并不意味着赦免这些暴行。

尤其是在战争早期的几个阶段，由于日军士兵真的相信，敌军虐待并杀害任何俘虏，因此他们一再强调被俘虏就是耻辱。有一个谣言几乎在所有地方流传，说在瓜岛，美军坦克曾碾过日本俘虏的身体。想投降的日本人也有，但我军老是怀疑他们诈降，因而警觉地把他们杀了。这种怀疑往往被证明是对的。一个日本人在除了死亡什么都没有的情况下，往往会以与敌人同归于尽感到骄傲。甚至在他被俘之后，他也会那么做。正如他们中的一个所说的，他决定"宁愿在胜利的祭坛上被烧死，因为在没有取得英勇成绩的情况下死去，是一件丢脸的事"。这种可能发生的行为使我军对日军的投降行为很是戒备，从而也减少了日军投降的数量。

"投降可耻"这一观念被深深地烙在日本人的意识里。他们认为这种思维习惯是理所当然的，但它与我们的战争惯例背道而驰，正如我们的惯例与他们的南辕北辙。当美国俘虏要求日本人把自己的名字报告给美国政府，从而能让家里人知道自己还活着时，日本人表现出了震惊和轻蔑。在巴丹战役中，对于美军的投降，至少普通日本士兵没有思想准备；他们原以为，美军会像日军那样战斗到底。他们无法接受这样的事实，即美国人居然当了战俘，却不表现出耻辱。

西方士兵和日本士兵在行为上有着很大的差异，毫无疑问，其中最戏剧性的差异是日本战俘居然作为战俘能与盟军合作。他们不知道，在这种新形势下，他们该用什么样的生活准则。他们失去了荣誉，作为日本人的生命也就了结了。只是在战争的最后几个月里，有几个日军俘虏幻想着，不管战争如何结束，自己都要回家。有些俘虏自己要求被杀掉，"不过，如果你们的习俗不允许这样做，那么我就来做个模范战俘。"他们比模范战俘表现得还要好。有些军中老兵和多年的极端国家主义者帮我军确定弹药库的位置，认真地解释日军兵力的配置情况，帮我们写宣传材料，跟我们的轰炸机飞行员一起飞行，帮着指点军事目标。就好像他们在生命中已经翻开了新的一页，上面所写与旧页上的正好相反；但是，他们却显示出了同样的忠诚。

当然，这不是对所有日军战俘的描述，有个别人死不投降。在任何情况下，在这样的合作行为可能发生之前，都得提出一些有利于行为人的条件。美军指挥官们在是否接受日本士兵只有表面价值的协助的问题上，往往迟疑不决，这是完全可以理解的。在有些战俘营里，美军压根就不打算用日本人可能会提供的任何服务。然而，在那些接受日军俘虏服务的战俘营里，美军得抛开起初的怀疑，越来越多地依赖日本俘虏的良好信誉。

美国人未曾预料到战俘们会有这样180度的转变。这不符合我们的准则。但是，日本人这样做了，就好像他们在把自己所有的一切投入到一条生活道路上并遭遇失败之后，很自然地选取了另一条道路。

在战后的日子里，这是否是一种值得我们加以考虑的行为方式？抑或这只是个别士兵在被俘虏之后的特殊行为？在战争期间，日军的行为还表现出了其他的特殊性，那些特殊性曾逼迫我们应对。与此相似，这种行为提出了一些问题：那制约他们的是一种什么样的生活方式，他们的各种制度是以什么样的方式发挥作用的，他们学得了什么样的思维和行为习惯？

第三章　各就其位

日本人有一个说法，意思是"各就其位"；任何人要理解日本人的努力都必须从这个说法开始。他们依赖于秩序和等级制，而我们信赖的是自由和平等。两者南辕北辙，所以我们很难把等级制看作一种可行的社会机制，而赋予它正当的权力。在关于人与人之间的关系、人与国家之间的关系的整个观念中，日本人对等级制的信赖是一种基本的信赖。只有通过描述他们民族的一些组织（如家庭和国家等）以及宗教生活和经济生活，我们才能了解他们的人生观。

日本人用同样的眼光看待国际关系问题和国内关系问题，即等级制的眼光。在过去的十年里，他们把自己描写成已经到达金字塔顶端的人，而现在，这一位置却被西方国家给占了；他们接受现在的格局，但前提当然是他们的等级制观念。他们的外交文件总是表明他们很重视这一观念。1940年，日本签署了与德国和意大利的三方条约，其前言说："大日本帝国政府、德国政府和意大利政府认为，使世界各国各就其位，乃长久和平之先决条件。"在签署此条约时所颁布的天皇诏书再度表达了同样的意思：

> 弘扬大义于全球，缔造世界为一家，实乃我皇祖皇宗之大训，亦朕心日夜之所系念。今世局动乱不知胡底，人类蒙祸不知何极。朕所热盼者，在早日勘定祸乱，光复和平……再三国盟约成立，朕心甚悦。
>
> 唯万邦各就其位，兆民悉安其业，此乃旷古大业，前途尚遥……

在攻击珍珠港的当天，日本特使向美国国务卿考德尔·赫尔递交了一份声明，对于这一点，有极为清晰的表述：

> 俾使各国各就其位于兹世……乃大日本帝国不可移易之国策……目前世局一成不变，大日本帝国难以容忍，因其与大日本帝国之国策背道而驰。此国策即俾使各国各享其所。

日本的这一备忘录是对赫尔国务卿几天前所发表的备忘录的一个回应；赫尔在备忘录中调用了一些美国的原则，那些原则在美国是基本的、受尊重的，正如等级制之于日本。国务卿赫尔列举了四条基本原则：主权与领土完整的不可侵犯性；不干涉其他国家的内政；依靠国际合作与和解；平等原则。所有这几点都关乎美国人对平等权利和不可侵犯权利的信奉，而且，我们相信，它们是日常生活和国际关系都应该遵循的准则。平等是最高的准则，是美国人祈望一个更加美好的世界的道义基础。对我们而言，平等意味着摆脱暴政和干涉，不被强迫接受不愿接受的东西，也意味着在法律面前人人平等和人人都有改善自己生活条件的权利。平等是人权的基础，而我们正在我们所知的这个世界上争取人权。哪怕在我们自己违犯平等原则时，我们也举手赞成平等的好处，我们怀着正义的愤慨，与等级制展开斗争。

自从美国建国以来，美国人一直是这么认为的。杰弗逊把它写进了《独立宣言》，而《宪法》中的《权利法案》是以此为基础。这些都是一个新国家的公开文件中的正式词句，它们之所以重要，是因为它们反映了一种生活方式，那种方式是在这个大陆上的人们的日常生活中成型的，对欧洲人而言，却是陌生的。阿列克斯·德·托克维尔是一名法国年轻人，19世纪30年代早期，他曾访问美国，之后就"平等"这个话题写了一篇报道，那篇报道后来成了最重要的国际报道文献之一。他是一个聪明而又富有同情心的观察家，在这个与欧洲大陆截然不同的美洲世界，他能看到许多好的地方。年轻的托克维尔生长于法国的贵族社会，在仍然活跃而且有影响力的人士的记忆中，那个社会先是被法国大革命所动摇，随后又被拿破仑所颁布的猛烈的新法典所打击。在他看来，美国的生活秩序新奇而陌生，他是以一名法国贵族的眼光看待那种秩序，不过，他慷慨地表示欣赏，他的书则向旧世界报道了一些即将来临的事物。他相信，美国在某些方面处在了发展的前哨，尽管欧洲与美国有种种不同，但那些发展也会在欧洲发生。

因此，他对这个新世界做了详细的报道。这儿的人们真正认为自己与他人是平等的。他们的社交建立在一个新的、简易的基础上。他们谈起话来，展现的是一个人对另一个人的平等姿态。美国人不关心等级制礼仪的繁文缛节，他们不要求别人遵从那些礼节，自己也不会那么做。他们喜欢说，他们不欠任何人任何东西。那儿没有旧贵族式的或罗马式的家族，那曾经主导旧世界的社会等级制消失了。除了平等，美国人什么都不信，连自由都不信。他说，他们在生活中常常任凭自由从窗户飞出去，他们却扭头看着别处。但是，平等是他们的命根子。

这个外国人写出了我们在一个多世纪前的生活方式，通过他的眼睛，我们看到了自己祖先的状况。美国人深受鼓舞。我们国家发生了许多变化，但主要的轮廓没有变。在读这篇报道时，我们认识到，1830年的美国已经是我们现在所知道的美国。杰弗逊时代的亚历山大·汉密尔顿曾拥护贵族式的社会秩序，在这个国家，曾经有过，现在也依然有那样的人。不过，哪怕是那样的人也承认，我们的生活方式不是贵族式的。

就在珍珠港事件爆发前，我们向日本宣告了最高等级的道义基础，那些基础是美国的太平洋政策的基础，实际上我们是在宣告我们最信赖的一些原则。根据我们所深信的这些原则，在我们所指出的方向上，每一步都会改善这个仍然不完美的世界。当日本人摆出他们的"各就其位"的信条时，也是求助于某种生活准则，那种生活准则经由他们自身的社会经验早已经深深地扎根于他们的内心。数百年来，不平等一直是他们有组织的生活的准则；就在那些方面，这一准则是最容易被预见并被接受的。认可等级制的习惯思维对他们而言像呼吸一样自然。然而，这不是简单的西方权威主义。控制别人的人和被他人控制的人都按照某种传统行事，那种传统与我们的不同。如今，既然日本人已经承认，在他们国家，美国权力机关处于等级制的高端，我们就更需要尽可能清楚地去把握他们的习惯。只有这样，我们才能在心里明白，他们在目前的处境下，可能会如何行事。

尽管日本最近兴起了西化运动，但它仍然是一个贵族社会。人与人之间的社会地位存在着差距，每一个招呼、每一次接触都必须表示这种差距的种类和程度。对不同的人，或熟悉，或低等，或高等，他们每次在说"吃"或"坐下"时，用的词语都不一样。在每一种情况下，都有一个不同的"你"，动词则有不同的词干。换句话说，日语中有所谓的"敬语"，太平洋地区的许多其他民族也用"敬语"，在使用时还伴随着恰如其分的鞠躬和跪拜。所有这些习惯都受到细微的规则和习惯的制约。人们不仅需要知道向谁鞠躬，还必须知道鞠躬到什么程度。某个鞠躬对这个主人是正确的、合适的，对另一个主人可能是一种冒犯，从而会引起怨恨，因为那个主人与鞠躬者的关系跟这一个的有所不同。鞠躬有多种鞠法，从低头跪下、双手平放在地板上，到只需微微低一下头、动一下肩。日本人必须学会，而且要尽早学会，如何在每一种特定的情况下恰当地鞠躬。

尽管阶级差异是重要的，必须经常以适当的行为来确认，但还不仅仅是阶级差异问题。性别、年龄、家庭关系和双方之间以前的交往情况都必须考虑在内。哪怕是在同样两个人之间，在不同的场合，他们所表现出来的尊敬程度也会不一样。相互熟悉的平民之间可能根本不需要鞠躬，但是，当其中一人穿上了军装，他的穿便衣的朋友就得向他鞠躬。对等级制的遵守是一门艺术，需要平衡难以计数的各种因素，在某个特定情况下，有些因素可能会相互完全抵消，而另一些则可能需要添加进来。

当然，在有些人之间，相对而言，几乎没有任何礼仪。在美国，这些人都生活在自己家的圈子里。当我们回到家庭的怀抱里时，我们可以不顾任何礼仪形式。在日本，恰恰是在家庭里，人们得学习并细致地观察相互尊重的规则。母亲用带子把婴孩捆在自己背上时，要用手把婴孩的小脑袋按下去，教其懂礼节；孩子学步时所学的第一堂课是观摩着学习如何向父亲或兄长表示尊敬。妻子向丈夫鞠躬，孩子向父亲鞠躬，弟弟向哥哥鞠躬，女孩子要向所有的哥哥弟弟鞠躬。这不是空洞的姿态，这意味着，鞠躬者承认，有些事情他可能宁愿自己去处理，但别人有权来干预他的所作所为；受礼者则承认，他负有某些与他的地位相称的责任。基于性别、辈分和长子继承权的等级制是家庭生活的重要组成部分。

当然，孝道是一种崇高的伦理法则，中国和日本都有；早在公元六七世纪，日本在采纳中国的佛教、儒家伦理和世俗文化时，就接受了中国关于孝道的种种说法。然而在日本，孝道的特征不可避免地被修改了，以适应与中国不一样的家庭结构。在中国，哪怕在今天，一个人要忠诚于他那已经扩大了的整个家族，在他所要尽忠的范围里可能有数万人，他也能从这么多人那儿得到支持。在那个幅员辽阔的国家，不同的地方有着不同的情况，但是，在中国的大部分地方，一个村子里所有的人都属于同一个家族。中国有 4.5 亿居民，但只有 470 个姓氏，所有同姓的人都认为在某种程度上他们是一家子。在某一个地区，所有人可能无一例外属于同一个宗族；另外，那些在远方城市里的家庭则是他们的本家。在像广东那样人口稠密的地区，所有宗族成员都联合起来，共同管理庞大的宗族祠堂；在祭奠的日子里，他们向数以千计已经死去的祖先的牌位致敬；那些祖先源于同一个远祖。每个宗族都拥有财产、土地和庙宇，还有宗族基金，用来为任何一个有前途的子弟付教育费。他们与那些散居在各地的宗族成员保持联系，刊印精美的族谱，每十年左右，族谱内容都要更新一次，把那些有权分享宗族特权的人的名字写进去。他们有家法，假如有宗族成员犯了国法，而宗族与官府不能达成一致意见，家法甚至可能禁止大家把罪犯交给衙门。在帝制时代，这些半自治的宗族大社区只是在名义上由朝廷治理；朝廷委任的官员走马灯似的更换，他们在这一地区永远是外人；在宗族的领导下，那些乐得逍遥的官吏尽可能少地去参加宗族事务的治理。

日本的情况完全不同。直到 19 世纪中期，只有贵族家庭和武士家庭被准许使用姓氏。在中国的宗族体系中，姓氏是最基本的要素，没有姓氏或相当于姓氏的东西，宗族组织就无从发展。在某些宗族里，族谱就是相当于姓氏的一种东西。但是，在日本，只有上层社会才保有族谱，而且他们做记录的方式像"美国革命妇女会"一样，是从目前活着的人往前推，而不是往后推，往后推就可以包括源于某个始祖的所有当代人。这两种记录法很不一样。另外，日本是一个封建国家，忠诚的对象不是一大帮亲戚，而是某个封建领主。那个封建领主是常住当地的主君，这与中国那些短暂派驻的官员形成鲜明对比，后者在他们的派驻地永远是外人，他不可能有更好的形象。在日本，重要的是这个人属于萨摩藩，还是属于肥前藩。一个人的联系纽带是他所属的藩。

还有一种使宗族制度化的方式，即在神社或圣地，对远祖或族神表示崇拜。对日本老百姓来说，哪怕没有姓氏和族谱，他们也能做到这一点。但是，在日本，不存在对远祖的祭拜；神社是老百姓朝拜的地方，在那里，所有村民聚集在一起，而不必证明他们有共同的祖先。他们被称为社神的"孩子"，但那是因为他们生活在那个神祇的领地上。这样的乡村朝拜者当然相互有联系，因为世界任何一个地方的村民都是世代定居，但他们不是由同一个祖先传承下来的内部关系紧密的宗族集团。

对祖先的崇拜是在家里进行的，那是设置于客厅的一个与神社截然不同的神龛，只有六七个刚刚去世的先人受到祭拜。日本各个阶层的人每天都要在神龛前进行祭拜活动。神龛上还供上一些食物，是为新近去世的父母、祖父母和一些近亲准备的，他们依然活在亲属们的记忆里，代替他们的是摆放在神龛里的刻着他们的小像的墓碑。在公墓里，纵然是曾祖父母坟墓上作为标志的文字，也不会重新刻写，甚至是第三代先人的身份状况也会迅速被遗忘。日本的家族联系被削减到几乎与西方一样了，也许与法国的家庭最为接近。

因此，在日本，"孝道"局限于抬头不见低头见的家庭成员之间。"孝道"的含义是：在一个几乎只包括父亲、祖父、他们的兄弟以及后裔的团体里，一个人要根据辈分、性别和年龄，找到自己合适的位置。大户人家可能包括较大的团体，纵然是那样的家族也会分成几条独立的分支，长子以外的儿子们要建立自己的家庭。在这种小范围的直系亲属团中，用以规定"各就其位"的规则非常细致。对长者要严格服从，直到他们自行决定隐退。直到今天，某个人哪怕自己的儿子们都成年了，但如果他的父亲还没有隐退，那么，在没有得到他年迈的父亲同意之前，他对任何事情的处理意见都不会得到通过。孩子们哪怕已经三四十岁了，父母们都会安排或破坏他们的婚姻。父亲作为一家之主，吃饭时要首先让他吃，洗澡时要首先让他洗，全家人向他深鞠躬时，他只需点头受礼。在日本，有一则人所皆知的谜语，可以翻译成我们的谜语形式："为何儿子想要给父母提建议，就如同佛徒想要头顶长头发？"（佛徒的头顶一般都没有头发）答案是："不管他有多想这么做，门儿都没有。"

"各就其位"不仅意味着辈分的差异，也意味着年龄的不同。当日本人想要表达绝对混乱的局面时，就说那局面"非兄非弟"，就像我们说"非鱼非鸟"，因为对日本人来说，作为兄长的男人应该保持他的个性，就像鱼要待在水里。长子是继承人。旅行家们说过，"在日本，长子在那么早的时候就获取了负责任的气质。"长子能在很大程度上分享父亲的特权。在过去，他的弟弟迟早会成为他的附庸；现在，尤其是在乡镇里，长子往往一如往常地待在家里，而他的弟弟们也许勇往向前，受到更多的教育，有了更高的收入。等级制的老习惯是强大的。

甚至在今天的政治争论中，在关于"大东亚政策"的讨论中，对这种传统的长子特权也有生动的表述。1942年春，关于"共荣圈"这个话题，一个中佐为陆军省辩护说："日本是它们的大哥，它们都是日本的弟弟。被占领土的居民应该牢记这一事实。如果我们对这些居民表现出过多的关心，那么他们心里会产生滥用日本的好意的倾向，同时对日本的统治产生有害影响。"换句话说，哪些东西对弟弟好，由大哥说了算，他不应该在强制执行时表现出"过多的关心"。

不论年龄大小，一个人在等级制中的位置取决于他是男还是女，日本妇女要走在丈夫的后面，其社会地位比丈夫低。有时，当她们穿着美式服装，会与男人们并排走路，在过门时甚至会走在男人们前面；但是，一旦她们穿上和服，就又会退到后面。在日本家庭中，当礼物、关心和教育费都给予男孩子时，女孩子还得尽可能地与兄弟们好好相处。甚至当女子高中已经建立起来的时候，充斥于指定课程的也都是关于礼仪和身体动作的训诫，她们所受的正儿八经的智力训练无法与男孩子的相比。有一位女子学校的校长在给出身中上层的学生训话时，提倡学欧洲语言；他提这一建议是基于这样一种希望，即她们能除去她们丈夫的书籍上的灰尘，然后准确地把书插回到书架上去。

尽管如此，跟大多数其他亚洲国家相比，日本妇女已经拥有了很大的自由，而这不仅仅是一种西化的现象。日本从来没有中国上层社会那样的女子裹脚现象。今天，当印度妇女看到日本妇女在商场里进进出出，在大街上走来走去，无须把自己藏起来时，她们会惊叫。在日本的家庭里，负责购物和掌管钱袋子的是妻子。如果家里没钱了，也是她必须选一些家里的东西，拿到当铺里去。管理女仆的是她，在孩子们的婚姻大事上她也有很大的发言权。当了婆婆之后，她就对全家的事务一手遮天，就好像在前半生她从来就不是一朵只知道点头的紫罗兰。

在日本，属于辈分、性别和年龄的特权是很大的。但是，那些行使特权的人做起事来就像是受委托者，而不是独断专行者。父亲或长兄要对全家负责，不仅包括活着的，还包括已经死去的或尚未出生的。他必须做出重大决定，并且监督这些决定被实施的情况。然而，他并不拥有无条件的权力。家人们期望他为整个家族的荣誉负责。他使他的儿子和弟弟记住家族的遗产，既有物质遗产也有精神遗产，另外，他激励他们成为配得上家族遗产的人。哪怕他是个农民，他也向祖先吁求他的高尚责任。他所属的阶层等级越高，对家族的责任就越重。家族的需要总是先于个人的需要。

遇到重要事务时，任何门第的一家之主都要召集家庭会议，讨论有关事务。例如，为了参加一个关于婚约的会议，家庭成员可能会从老远的地方赶来。所有无足轻重的成员都能参与决策。兄弟或妻子可能会动摇已经做出的决定。如果不考虑众人的意见，那一家之主就会承受重重困难。当然，最终的决定关乎当事人的命运，但可能根本不受他欢迎。然而，那些长辈一生都服从家庭会议的决定，现在则顽固不化地要求年轻人服从他们当年为之低头的东西。在法律上和习惯上，普鲁士的父亲都享有对待妻子儿女的专断权利；但给他们这种权利的东西与日本年长者对年少者的要求背后的东西，很不一样。在日本，年长者的要求不会因为这个原因而变得不那么严格，但是，效果则不同。日本人不会在家庭生活里学习对专横权力的尊重，也不会养成对专横权力轻易服从的习惯。对家庭意志的服从是以某种最高价值的名义被要求的，不管这一名义下的要求是多么苛刻，对所有家庭成员都有利害关系，所以，是以共同忠诚的名义要求大家服从。

每一个日本人先是在家庭环境中学习等级制的习惯，然后把在家中学到的东西应用于更加广泛的经济生活或政治生活。他明白，他要向那些在等级制中地位高于自己的人百分之百地表达敬意，不管那些人在团队中是否真的拥有支配权。哪怕当丈夫受制于妻子、哥哥受制于弟弟时，他们在表面形式上也还是会受到后者的尊重。不同特权之间在表面形式上是有界限的，这些界限不会只是因为有人在背后操纵而被打破，表面因素不会因为要适应实际支配因素而改变，它依然是不可侵犯的。没有了表面地位上的繁文缛节，在做事策略上甚至更方便。在那种情况下做事，不容易受到攻击。在家庭经验中，日本人还学得：如果全家都确信，某个决定有助于保住家族的荣誉，而这个决定就是由他们做出的，那么，它会被赋予无比的重量，这并不意味着它是要由铁拳实施的法令，那样的铁拳往往是由暴君一时兴起挥出的，而他恰好又是一家之主。实施家庭决定的人更接近于受委托管理某份物质财产或精神财产的角色，那份财产对全家都很重要，而且要求所有人的个人意志屈从于家庭的要求。日本人谴责铁拳的使用，但他们并不因此而弱化自己对家族需要的服从，也不会减弱他们对那些在等级制中享有地位的人的极端敬意。纵然家族中的年长者没有什么机会成为强有力的独裁者，家族中的等级制也会得到保留。

以上是一份关于日本家庭中的等级制的枯燥陈述。由于美国的人际关系标准与日本的不一样，当美国人读到这份陈述时，他们不会对日本人接受家庭中的那种情感纽带的行为表示欣赏。在日本家庭中，那种纽带的力量是强大的而且是公认的。日本家庭成员间的团结是非常让人赞叹的，他们如何取得这样的团结正是本书的主题之一。同样重要的是，本书力图去理解日本人在更加广阔的政治生活和经济生活中的等级制需要，以确认他们在家庭环境中是多么彻底地学好了这种习惯。

日本人生活中的等级制安排是非常厉害的，在家庭关系中如此，在阶层关系中也一样。在整个历史中，日本一直是一个阶层分明、等级森严的社会，像这样一个具有长达数百年的等级制习惯的民族，它所具有的强项和弱项都非常明显。在日本有文字记载的整个历史上，等级制一直是他们的生活准则；甚至早在公元 7 世纪，他们就已经在吸纳这些从中国借鉴来的生活方式，其目的是为了适应本国的等级制文化，因为中国并没有等级制。在 7 世纪和 8 世纪，日本天皇及其朝廷致力于富国重任，他们用的是伟大中国的高级文明习俗，这些习俗曾经让那些在中国的日本使节大开眼界、惊叹不已。他们以无比充沛的精力从事这项富国大业。在那之前，日本甚至没有文字；他在 7 世纪把中国的象形文字拿来，并利用象形文字创立了属于他自己的文字，那种文字完全不同于象形文字。他有一种民间宗教，给四万个神取了名字，那些神掌管着山岳和村庄，给人们带来好运——这种宗教后来发生了许多变化，一直幸存到现在，成为"神道"。7 世纪时，日本从中国把佛教整个儿拿来，把它作为"保护国家的最好的"宗教。在那之前，他没有永久性的宏大建筑，公家的和私家的都没有。于是，天皇们以中国的首都长安为原型，建造了一个新的首都——奈良；一些装饰华丽又庞大壮观的佛教寺庙也在日本矗立起来，而且也是中国式样。根据使节们发自中国的报告，天皇引进了官阶、品位和律令。作为一个主权国家，日本如此成功地、有计划地引进文明，这在世界历史上，很难在任何别的地方找到这么做的任何别的民族。

然而，从一开始，日本就没有能复制中国的没有等级制的社会组织。日本采用了中国的官衔，但是，在中国，官衔是授予通过了国家组织的科举考试的行政官员的，而在日本，则颁给了世袭贵族和封建领主。他们成了日本等级制的组成部分，而日本出现了大量半独立的封地，封地领主们则经常相互嫉妒对方的权力，那些重要的社会习俗都跟领主、家臣和扈从有关。不管日本多么勤勉地从中国引进文明，他就是无法采用那些能取代等级制的生活方式，如中国的官僚行政系统或扩大了的宗族系统，后者把各种各样的人都团结在了一个伟大的民族中。日本也没有采用中国的世俗皇帝的观念。日语称皇家是"云上人"，只有这家人才能当皇帝。日本从未曾换过朝代，而中国则经常改换。天皇是神圣不可侵犯的。毫无疑问，当年日本天皇及其廷臣在引进中国文化时甚至无法想象中国在这些事务上做了什么样的安排，也猜测不到他们自己做了什么样的修改。

因此，虽然日本从中国多方引进了文化，但这种新的文明只是为几百年的争端铺了路，为了控制国家的权力，世袭领主和家臣之间冲突不断。在 8 世纪末，贵族藤原氏夺得了对国家的支配权，并把天皇推到了后院。随着时间的推移，藤原氏的统治受到封建领主们的非议，于是，整个国家陷入了内战。著名的源赖朝就是一名领主，他消灭了所有对手，变成了日本的真正统治者。他有一个古老的军事头衔——将军，这个头衔字面上的意思是"征夷大将军"。在日本，只要源赖朝的子孙能掌控其他封建领主，那么按照惯例，这一头衔在他们家族中就是世袭的。天皇成了一个没有实权的傀儡。他的重要性主要在于"将军"为了得到他在形式上的授权而仍然依赖于他。他没有任何政权，实权掌握在所谓的幕府手中，幕府力图通过武力掌控那些难以驾驭的封建领主。每一个封建领主，即"大名"，都有自己的武装家臣，即"武士"；武士们听从他的指挥，在动乱年代，他们时刻准备着去争夺敌对封地或统治者将军的"宝座"。

在 16 世纪，内战变成了流行病。经过数十年的动乱，伟大的德川家康打败了所有敌手，于 1603 年成为德川家族的第一代将军。在此后的两个半世纪里，德川家族一直保留着这个将军职位；直到 1868 年，日本开始进入近代历史，天皇和将军的"双重统治"才被废止。德川时代很长，它在很多方面都是日本历史上最值得注意的时期之一。德川家族在日本维持了一种武装和平，直到它垮台前的最后一代，它使中央集权制行之有效，而那种制度极好地服务于德川家族的目标。

德川家康曾经面临一个极难解决的问题，没有找到一种好的解决方案。某些最强大的封建领主在内战期间一直是反对他的，直到在最后的决战中被打得落花流水，他们才向他俯首称臣。他们就是所谓的"外系领主"。德川家康允许他们继续控制他们的领地和家臣；事实上，全国境内的所有封建领主都继续在他们的领地上拥有最大程度的自主权。然而，他把他们排除在成为德川家臣的荣誉之外，也把他们排除在任何职能部门之外。这些重要职位都为"嫡系领主"保留着，他们是内战德川家康的支持者。为了维护这种困难的政权，德川家康所依赖的一项策略是：不让封建领主和大名积攒权力，同时阻止他们联合起来，他们一旦联合就有可能威胁将军的统治。

德川家康不仅没有废除封建制度，而且，为了维护国家和平和德川家族统治的目的，他还努力使这一制度变得更加强大、强硬。

日本封建社会是精密分层的，每一个人的地位都由世袭固定。德川家康使这套体制固定下来，并对每一阶层的日常行为进行规范。一家之主必须在门口张贴标志，亮明他的阶层地位和他的世袭身份，以及与这一身份有关的规范。所能穿的衣服、所能吃的食物和他所能合法居住的房屋，依据他的世袭职位都有规定。在日本的等级制中，在皇家和宫廷贵族之下，有四个等级：士（武士）、农、工和商。在他们之下，则是贱民。人数最多也是最有名的贱民是"秽多"，即各种说不出口的污秽行业的工人。诸如清道夫、被执行死刑者的掘墓人、死去动物的剥皮者和皮革工。他们是日本的"不可接触者"，或者说得更确切些，他们是"不可当作人"的人。甚至那些通过他们村子的道路的里程都是不计的，就好像那片土地和土地上的居民压根不存在。他们极端贫穷；尽管保证能从事他们的职业，但他们始终在社会正式结构之外。

商人的地位仅高于贱民。尽管在美国人看来，这似乎很奇怪，但在封建社会里，这可是千真万确。商人阶级总要破坏封建制度。一旦商人变得受人尊敬而且家境富裕，封建制度就式微了。17世纪，德川家康通过比任何国家所曾推行的律令更加严格的法令，强迫日本与世隔绝，这砍掉了商人立足的基础。在中国和朝鲜的整个海岸地区，日本都曾有海外贸易，商人阶级必然有了发展。德川家康阻止了这种发展态势，把修造或驾驶任何大于一定尺寸船只的行为视为非法，要处以极刑。在许可范围内的小船无法渡海去中国大陆，也无法装载贸易物资。国内贸易也受到了严格限制，在各个领地之间的边界上，设立关卡，针对货物进出，制订了严峻的法规。还有些法律是用来强化商人的低等社会地位的。对他们所能穿的衣服的费用、所能带的伞的费用，以及婚礼和葬礼的费用，都有严格的法律规定。他们不能居住在武士们的住地里。如果他们受了享有特权的武士们的刀下之苦，法律是没有任何保护的。德川家族的政策是要把商人限定于下等地位，在货币经济体系中，这当然要失败。那个时期的日本正是靠货币经济运行的，但德川家族还是要全力推行这项政策。

对于稳定的封建主义体制来说，武士和农夫是两个最合适的阶级；德川幕府用僵化的形式把它们冻结了起来。德川家康最终结束了内战，而在内战期间，伟大的军事领主丰臣秀吉已经通过著名的"缴刀令"，促成了这两个阶级的分离。他解除了农民们的武装，只给武士们佩刀的权利。武士们再也不能做农夫或工匠或商人。纵然是最低等的武士也不可能再合法地成为生产者。他们成了寄生阶级的成员，他们的年俸来自从农民那儿征收来的税粮。大名收取税粮，然后按份额分配给每个武士家臣。武士们从来不问他们得到哪儿寻求帮助，他们完全依赖于自己的主子。在日本历史的早期，领主之间的战争几乎无穷无尽，就在这样的战争中，封建领主和武士们之间的关系被打造得非常牢固。在德川家康统治下的和平时代，这种关系变成经济性的了。武士家臣跟欧洲的骑士不同，他们既不是拥有自己领地和农奴的小地主，也不是拥有财产的士兵，他们是领取固定年俸的跟班。在德川幕府时代开始的时候，他们的家族所领取的俸禄就已经固定下来了，其额度不大。日本学者曾做过估计，所有武士的平均年俸约等于农夫的收入，那只够生存而已。最大的家庭问题是把这点俸禄分发给继承人，因此武士家庭的人口都很有限。让他们最感到难堪的是，声望取决于财富和日常的展示，因此，在他们的家规里，最强调的是：节俭乃最高之美德。

一道鸿沟分隔了武士和其他三个阶级：农、工和商。那三个阶级都是"普通人"，而武士不是，他们所佩带的刀是特权阶级的标志，而不仅仅是装饰。在德川时代之前，他们就有了佩刀的传统。

德川家康在颁布法令时，只是准许他们保留这一古老的习惯："对士无礼、对上不敬之庶民，可斩立决。"在德川家康的法规里，没有一条一款指出，普通人和武士家臣之间应该建立起相互依赖的关系。他的政策基础是严格的等级制规定，二者都向大名俯首称臣，都直接依附于大名。他们处于不同的等级，正如大名也是处于某个等级。每一个等级的上上下下都有法令、法规、管制和义务。不同等级之间则只有距离。这种分隔曾因环境需要而一再得到连接，但那不是体制本身所有的。

在德川时代，武士家臣不仅是舞刀弄剑者，他们上司财产的管理者以及平和艺术的专家，比如古典戏剧（即能乐）和茶道。所有文书的处理都是他们的事，大名的计谋也通过他们熟练的操作而得到实施。在长达200年的承平岁月里，个人舞刀弄剑的机会很有限。商人虽然有其等级规定，但开辟了一种品位很高的生活方式，那就是追求城市的、艺术的和愉悦的生活；跟商人一样，武士们尽管刀不离手，但也发展了平和的艺术。

农民尽管没有防备并反击武士的法律权利，而且背负着沉重的税粮任务和各种各样强加于他们的限定，但他们也有些安全保障。拥有土地就是一种保障，因为在日本，这是一个人的尊严所在。在德川家族统治下，土地是不能永久转让的，这一法令是对每个耕作者的保障；这跟欧洲封建主义不同，后者只保障地主的利益。农民对他们最为珍视的土地拥有永久的权利，所以他们在自己的土地上劳作时，不辞辛劳，精耕细作，直到今天，他们的子孙后代还在那样耕作着稻田。尽管如此，他们仍是支撑着整个寄生虫似的上流社会的大力神，那个社会有大约两百万人呢，包括将军的政府、大名的机构和武士的俸禄。他们交的是实物税，即把一定比例的收成交给大名。暹罗（泰国）也是一个水稻国，那儿的传统税率是10%，而在德川时代的日本，则是40%。不过，实际上比这还高。在有些藩，高达80%，而且还老是有劳役或征用，这一切都是在压榨农民的体力和时间。跟武士一样，农民也控制着自己的家庭规模，在德川家族统治的数百年间，日本的总人口数量几乎始终没变。对于一个亚洲国家来说，在那么长的承平时期，如此固定的人口数量说明了那个政权的大致情况。这是斯巴达式的政权，对由税收供养的家臣和税收的交纳者，都有严格的限制；不过，在每个下属和他的上司之间，这个政权相对来说是可靠的。每个人都知道他的责任、特权和地位，如果这些被损害，那么最穷的人可能会起来反抗。

纵然是一穷二白，农民们也会起来反抗，不仅反抗封建领主，还反抗将军政府。在德川统治的 250 年间，这样的反抗活动至少有 1000 起。引发反抗活动的不是传统的重税——"40% 属于皇家，60% 属于耕作者"，而是反对额外的赋税。当农民们再也忍受不了自己的处境时，他们会一大群一大群地奔向领主，但请愿和裁判的过程则秩序井然。农民们写好要求调整赋税的正式请愿书，呈送给大名的内臣。如果这份请愿书被中途劫留，或者，大名根本不关注他们的抱怨，那么，他们的代表会到首都去把他们的状子呈给将军。在有些著名的例子里，他们趁某高官坐轿子经过首都的街道时，把状子塞到他的轿子里，只有这样，他们的状子才能保证递到将军手里。但是，不管农民们冒什么样的风险递这请愿书，幕府当局随后就会展开调查，而差不多一半的裁决有利于农民。

然而，幕府判决对农民请求的支持并没有满足日本社会对法律和秩序的要求。农民们的抱怨或许是正当的，国家尊重他们或许也是可取的；但是，他们中的领袖已经逾越了等级制的严峻法律。不管裁决如何对农民有利，他们触犯了要求他们效忠的根本大法，而这不可能不被注意到。这些领袖因此而被判处死刑。他们的正义事业与这样的判决没有任何关系，甚至农民们都认为这样的结果是不可避免的。被判刑的人是他们心目中的英雄，他们成群结队来到刑场，领袖们或被放在热油里，或被砍头，或被钉死；但是，在行刑现场，人群没有暴动。这就是法律和秩序。事后，他们可能会为死去的领袖们修建神社，尊这些人为殉难烈士，但他们接受那样的刑法，把它看作等级制法律的组成部分甚至核心部分，而他们正是靠着这法律而活着。

简而言之，德川将军力图在每一个藩把等级制固定下来，让每一个阶级都依赖于封建领主。在每一个藩里，大名处于等级制的顶端，他被允许对倚赖他的人施行特权。将军在行政上的大问题是如何控制大名，他想方设法阻止他们搞联合或实施犯上作乱的计划。在各个藩的边界，保留着关卡，由关员检验过往行人的证件，对"出女入炮"行为进行严密监视，以防万一大名运出他属下的妇女，同时把武器走私进来。没有得到将军的许可，任何大名都不能自立婚约，以防他们用婚约组成危险的政治联盟。藩之间的贸易受到了阻止，甚至到了连架桥都不允许的地步。将军的奸细们也使他对大名的花销情况了如指掌，如果某位封建领主的金库将要充满，将军就会要求他承担昂贵的公共设施建设，使他的财产回到原来的水平线。在所有规定中最有名的一条是：大名必须在一年中有半年住在京城，甚至在他回到自己领地去住时，他还得把他的妻子留在江户（东京），作为掌控在将军手中的人质。通过所有这些手段，当局确保维护上层的控制，加强其在等级制中的支配地位。

当然，在这一拱桥似的等级制中，将军并不是最后用来封顶的那块石头，因为他是受天皇的指派而拥有统治权的。天皇及其由世袭贵族（公卿）组成的宫廷被迫隐居在京都，没有实权。天皇的财政来源甚至少于较小的大名，宫廷的礼仪都受到幕府规定的严格限制。然而，哪怕是最有权势的德川将军也没有采取任何措施，废除这种天皇与实际统治者并存的双重统治模式。这在日本不是什么新鲜事。从 12 世纪开始，大元帅（将军）就以天皇的名义统治国家，而天皇是被剥夺了实权的。有那么几个世纪，职权的分化到了这样的地步：傀儡天皇把实权委托给某个世袭世俗头领，再由那个头领的某个世袭顾问具体施行。在原先权力的委托之上总是还有委托。甚至在德川政权的最后最绝望的日子里，佩里将军也没有怀疑到日本存在着天皇的政治背景。1858 年，我国的第一任驻日使节堂森德·哈里斯与日本谈判第一个通商条约，他自己发现日本居然还有个天皇。

事实上，日本的天皇观念在太平洋岛屿上一再被发现。他是圣主，可能参与也可能不参与行政管理。在有些太平洋岛国，他是参与的，在另一些岛国，则委派别人替他执政。但他的人格总是很神圣。在新西兰诸部落，圣主是如此神圣，乃至他可能吃饭都不用自己动手，而且那用来喂他的勺子都不允许碰到他那神圣的牙齿。在他外出时，他得由人抬着，因为他的神脚涉足过的任何土地都会自动变得无比神圣，以至于得转到他的名下。他的脑袋尤其神圣，不让任何人抚摩。他的话能传到部落神祇的耳朵里。在太平洋的某些岛屿国家，诸如萨摩亚和汤加，圣主不会屈尊进入现实生活。国家的所有事务都由一名俗主承担。18 世纪末，詹姆斯·威尔逊曾访问过东太平洋岛国汤加，他写道，汤加政府"与日本政府最为相像，在那儿，圣主几乎是军事首领的政治犯"。汤加的圣主不能参与公共事务，但他们行使一些仪式性的职责。他们得接受果园里的第一批果实，然后举行仪式，然后人们才能吃那些果实。在圣主去世时，人们会用这样的话来宣布他的死讯："天堂空了。"伴随着隆重的仪式，他被葬在巨大的王陵里。但是，他一点都不参与行政管理。

根据日本人的定义，天皇，哪怕他在政治上无能，"几乎是军事首领的政治犯"，也是填补了等级制中的"一个合适的位置"。在日本人看来，积极参与世俗事务，根本就不是天皇的分内之事。在征夷大将军长达几百年的整个统治时期，天皇在京都的朝廷是日本人所保留的一种价值象征。只有在西方人的眼里，他的职权是有名无实的。日本人在各个方面都习惯于等级制角色的严格定义，对这个现象的看法自然也不一样。

在封建时代，从流浪汉到天皇，每个人在日本的等级制中都有极为明确的定位；这种情况在现代日本都留下了强烈的印记。封建政权的终结至今只有 75 年，所有国民的强大的习惯不会在一代人的时间里消亡。日本现代政治家们也进行小心翼翼的规划，以保留等级制的许多内容——尽管他们对等级制做了很大的变革，以适应国家的目标，这一点在下一章里我们还会论及。与任何其他主权国家相比，日本人的一切都是被限定的，他们的行为的细枝末节都是被划定的，他们的地位也是被指定的。曾经有 200 年时间，在日本那样一个社会，法律和秩序是由铁腕维持着；在那期间，日本人学会了把这种精密设计的等级制看作是安全与稳定的保障。只要他们待在既定范围里，只要他们完成既定任务，他们就可以信任那个社会。贼寇得到了控制，大名之间的内战也得到了遏制。如果有臣民能证明别人有逾越权利的行为，他们可以控诉，正如农民们在受到剥削时可以控诉一样。控诉者本人会有危险，但控诉行为会得到赞许。最优秀的德川将军甚至设立了一个"诉愿箱"，任何人都可以把抗议书投到这个箱子里，钥匙只掌握在将军一个人手里。在日本，如果发生了现存行为准则上所不允许的侵权行为，这种行为就必须改正，这一点是真正有保证的。只有当一个人信赖并遵守那些准则，他才是安全的。在与它们保持一致而不是更改或反对它们时，一个人才显现出自己的勇气和正直。在日本人看来，在所公布的范围内，日本社会是可知而且可靠的。它的规则不是"摩西十诫"那样抽象的伦理准则，而是细微而具体的规定：在这种或那种情景中，什么行为是合适的；作为大名或普通人，哪些行为是合适的；作为哥哥或弟弟，什么样的行为是适当的。

在等级制下，日本人并没有变得温和而恭顺，有些民族在强有力的等级制统治下会变成那样。重要的是，要认识到，各个阶级都是有保障的，甚至贱民也有专门从事某些特殊职业的保障，当局还承认他们的某些自治团体。对各个阶级的限制固然很严，但他们也有秩序和安全的保障。

日本的等级限制还有一定的变通性，印度等级制则没有。在不触犯大家所普遍接受的方式的情况下，日本人的习惯能提供一些直接有效的手段，来巧妙地应付等级制。一个人可以用几种手段改变自己在等级制中的地位。在日本的货币经济体制下，高利贷主和商人不可避免地会变得富有起来，这时，他们就会用各种传统策略，渗透到上层社会中去。他们利用抵押利息和租金，成为"地主"。农民们的土地的确不能转让，但日本的地租极高，让农民们留在他们自己的土地上，地主就有利可图。高利贷主定居在这样的土地上，就可以收租子。这种土地的"所有权"在日本既意味着利益，也意味着尊严。他们的孩子与武士阶层通婚，他们就成了绅士。

等级制的另一传统变通法是收养的习俗，具体做法是"购买"武士地位。商人不顾德川幕府的所有限制富了起来，便将他们的儿子过继给武士家庭。在日本，很少有人收养儿子，一般是为自己的女儿招女婿。大家都知道他是"上门女婿"，他变成了岳父大人的继承人。他付出了高昂的代价，因为他的名字被从他自己一方的户籍上划掉，放入了他妻子一方的户籍。他以妻子家的姓为姓，并和岳父一家生活在一起。不过，代价固然高，收益也很大，因为那位富商的后裔会变成大名，而赤贫的大名一家也跟财富挂上了钩。没有人冒犯等级制，它过去是什么样，现在还是那么样。但是，对它的变通使有钱人有了上流社会的地位。

因此，日本的等级制不要求人们只能在同等级内通婚。通过一些被许可的安排，使不同等级间的通婚成为可能。富商们渗透到了下层的武士阶级，这一结果在很大程度上加重了西欧和日本之间的一大对比性差异。封建主义之所以在欧洲被打倒，是因为中产阶级的压力，这个阶级那时正蓬勃发展，越来越强大，在现代工业时代处于主导地位。在日本，没有升起这样一个强大的中产阶级。商人和高利贷主是通过被各方认可的方式"买到"上等阶级的地位的。商人与下级武士结成了联盟。在封建主义到了痛苦的垂死时期时，日本所允许的阶级变动的程度要高于欧洲大陆，这一点很奇怪，让人感到惊讶。不过，此间最令人信服的证据莫过于：在日本的贵族阶级和资产阶级之间没有阶级斗争的任何痕迹。

在日本，这两个阶级有着双赢的共同目标，指出这一点很容易；但是，在法国，他们的共同目标也是双赢的。在西欧，这一目标无论在哪个国家出现，都对那两个阶级有利。但是，欧洲的阶级性僵化了，阶级之间的冲突在法国就导致贵族权利被剥夺。在日本，这两个阶级之间相互走得更近些，推翻衰老的将军政治的就是商人、金融人士和武士扈从之间的联盟。近代日本保留着封建制度。如果日本等级制不允许阶级变动，那么这种情况很难发生。

如果日本人喜欢并信任他们精心绘制的、明确的行为图，那么他们就会认为这一切都是理所当然的。只要一个人遵守那些规则，安全就有保障。针对未被授权的侵权行为的抗议是允许有的，还可以想办法使那些规则变得对自己有利。这就要求双方都履行自己的义务。19世纪下半期，当德川政权崩溃时，没有一个团体支持撕毁那张行为图。日本没有发生法国大革命，甚至没有1848年那样的革命。不过，那是一个绝望的时代。从普通老百姓到幕府将军，每个阶级都陷落到了欠高利贷主和商人的债务之中。事实证明，人口众多、不事生产的阶级和规模巨大、习惯性的官僚开支已经无法维持。大名们被贫困弄得捉襟见肘，无力支付武士扈从的固定年俸，由种种封建关系组成的整个网络变成了一个笑话。通过增加本来就已经很沉重的对农民的税收，他们企图使自己漂浮在水面上，免于沉沦。由于连年提前征税，农民们沦落到了赤贫状态。幕府将军也破产了，根本无力保持现状。1853 年，当佩里将军带着他的士兵出现时，日本正处于极度可怕的国内危机之中。

佩里将军强行进入日本，随后，在 1858 年，日本与美国签订了贸易条约，当时日本处于无法拒绝的境地。

然而，当时在日本响起的口号是"一新"——回溯过去，恢复往昔。这与革命背道而驰，甚至没有进步可言。与"尊王"这个口号连在一起的，是同样流行一时的口号"攘夷"。当时有人设想让日本回到闭关锁国的黄金时代去，整个国家都表示支持；极少数几位领导人物明白，这样的目标是不可能实现的，他们艰苦奋斗，终被暗杀。日本，这个没有革命的国家，看不出有一丁点改弦易辙、顺应西方模式的可能，也看不出 50 年后它居然在西方世界与列强竞争。但是，事实就是如此。日本利用自己的强项——那根本不是西方的强项——达到了目标，没有任何权力很大、地位很高的团体和舆论曾提出过这样的要求。在 19 世纪 60 年代，如果欧洲人看到水晶球里的日本的未来，没有谁敢相信。那时的地平线上，似乎并没有巴掌大的乌云来预示着那在随后的几十年里兴起的风暴，那骚动的、活跃的风暴横扫了整个日本。但是，不可能的事情发生了。落后的、被等级制折磨够了的日本人急速转向一条新的道路，并坚持走了下去。

第四章　明治维新

那宣告现代日本到来的战斗口号是"尊王攘夷"，即"王政复古，驱逐夷狄"。通过这一口号，日本人探察那使日本不被外部世界污染的途径，以及使日本恢复到 10 世纪黄金时代的方式，即回到出现天皇与将军的"双重统治"之前的时代。京都的天皇朝廷反动透顶。在天皇的支持者看来，天皇派的胜利意味着外国人的耻辱和滚蛋，意味着在日本恢复传统的生活方式，意味着"改革派"在任何事务中没有任何说话的权利。一些强藩的大名，削尖了脑袋想要推翻幕府政权，他们把"复古"看作是他们能取代德川家族统治日本的一条途径。他们想要的只是换一下统治者。农民们想多留一点自己种的稻米，但他们讨厌"改革"。武士们想要保住他们的俸禄和用手中的刀去赢得更大荣耀的机会。商人们资助复古势力，想要的是发展重商主义，但是，他们从未曾责难过封建制度。

1868 年，当反对幕府统治的势力取得了胜利，"王政复古"取代了"双重统治"时，从西方标准来看，胜利一方将效忠于一种极为保守的、孤立主义政策。从一开始新政权就选取了相反的方向。掌权不到一年，它就在所有藩废除了大名的收税权。它收回了地契，把农民们本来"交给大名的四成税"也占为己有。这样对大名的剥夺并非没有任何补偿。政府分配给每个大名的钱财相当于他以前收入的一半。同时，免去了他们抚养武士扈从和负责公共设施的费用。武士扈从跟大名一样，也从政府直接领取俸禄。在随后的五年里，各个阶级间所有法定的不平等现象全都被就地废除，等级制所要求的标志等级的徽章和服饰也被宣布为非法——甚至辫子都要被剪掉——贱民被解放了，针对土地转让的法令被废除了，那些隔离各个藩的障碍被撤除了，连佛教的国教地位也被废弃了。到 1876 年，政府把大名和武士五至十五年的俸禄一次性发给了他们。支付的数额有大有小，根据每个人在德川时代所领取的固定收入而定；这笔钱足够他们在新的没有封建主义的经济体制中创业。"商人、金融巨子与封建贵族或土地贵族曾有过特殊的联合，那种联合在德川时代已经明显存在；而这是那种联合即将结束时期的最后一个阶段。"

新生的明治政权的这些改革非常引人注目，但是并不受人欢迎，人们对任何这类改革措施都不热心。从 1871 到 1873 年，日本侵略朝鲜，引发了日本人普遍得多的热情。明治政府不仅坚持大刀阔斧的改革进程，而且扼杀了侵略政策。它的计划受到了强烈的反对，反对者中的绝大部分都曾为建立新政府而战斗过。到了 1877 年，反对派的最大领导人西乡隆盛已经组织起了一支规模齐全的反政府叛军，这支部队代表的是尊王派拥护封建制度的所有愿望，从"王政复古"的第一年起，明治政权就背离了那些愿望。政府招募了一支没有武士的志愿军，打败了西乡隆盛的武士队伍。但是，叛乱表明，明治政权在日本引起了多大的不满。

农民的不满同样很强烈。从 1868 到 1878 年，即明治政权的第一个十年间，至少发生了 190 起农民起义。直到 1877 年，新政府拖拖拉拉地开始采取一些步骤，减轻农民所背负的巨额税收负担。农民们有理由感到，新政府辜负了他们。他们还反对建立学校、征兵制、丈量土地、剪辫子、给贱民以法律上的平等地位、对官办佛教的强大限制、历法改革和许多其他措施，那些措施改变了他们固定的生活方式。

那么，到底是哪些人促成了这场进行得如此激烈而又不受欢迎的改革？是那个由低级武士和商人阶级组成的"特殊联盟"，甚至在封建时代，日本的一些特殊习俗已经培育了这一联盟。作为大名的管家和助手，武士扈从们已经学会了政治手腕，并且已经在管理矿业、纺织业、纸业诸如此类行业的封建垄断企业。商人们已经买了武士的地位，并且已经在武士阶级中传播生产技巧。这种士商联盟很快就把那些能干而自信的行政管理者推上前台，他们为明治政府制定政策并且谋划实施。然而，真正的疑问不在于这些管理者来自哪个阶级，而在于他们是如何突然间变得如此能干而且实干。19世纪上半期，日本刚刚从中世纪爬出来，像今天的暹罗一样虚弱，但却产生了一批既能构想又能实践的领导人，这些政治家似的人物的工作取得了成功，可以跟其他任何国家都曾做过的工作相比。他们的强项和弱项在日本人的传统性格中都是根深蒂固的。本书的主要目的就是要讨论这样的性格过去和现在是什么样的。这里，我们只能看看，明治时期的政治家们是如何执行任务的。

他们根本没有把他们的任务看作意识形态的革命，只把它看作一份工作。他们所构想的目标是把日本建设成为一个被人重视的国家。他们不是偶像破坏者。他们没有辱骂或乞求封建阶级，而是用厚禄诱惑那些人，他们给那些人的俸禄足够诱惑他们永远支持新政权。他们最终改善了农民的处境，在这方面拖拉了十年，与其说是因为阶级立场而拒绝农民们对新政权的要求，还不如说是因为明治政府成立初期国库状况可谓捉襟见肘。

运作明治政府的政治家们都精力充沛、足智多谋，然而，他们拒绝所有终止日本等级制的想法。通过把天皇放在顶端和废除将军统治，"王政复古运动"已经简化了等级制。此后的政治家们通过废除藩，已经消除了忠于领主和忠于国家之间的冲突。这些变化并没有废弃等级制习惯，而是给了这些习惯一个新的地盘。这些领导人被称为"阁下"，他们甚至强化了中央集权制，目的是为了把他们自己的精湛纲领强加于人民。他们有时向下面提要求，有时送礼物，如此恩威并施，成功地立于不败之地。但是，他们没有想象过自己得讨好舆论，因为公众可能根本就不想改革历法，或建设公立学校，或取消对贱民的歧视。

明治政府的礼物之一是《日本宪法》，这是1889年由天皇颁布给臣民的。它赋予人民在国家中的地位，并设立了国会。"阁下"们带着批评的眼光研读了西方世界的诸多宪法，然后非常认真地制定了这部宪法。然而，宪法的起草者"采取了一切能够采取的预防措施，以防止大众的干扰和舆论的侵扰"。起草它的机构是宫内省的一个局，因此是神圣的。

明治政府的政治家们非常清楚自己的目标是什么。19世纪80年代，宪法的制定者伊藤博文公爵派遣木户侯爵去英国，就日本目前碰到的问题，向赫伯特·斯宾塞咨询。经过长时间的交谈，斯宾塞把自己的判断写给了伊藤。关于等级制这个话题，斯宾塞写道，日本在其传统安排中有一无与伦比的基础，它有助于国民福利，所以应该保留并养护。他说，对上司的传统义务，尤其是对天皇的义务，是日本绝好的机会所在。日本能在"上司"们的领导下稳步前进，并能保护自己不被困难压倒；在更加注重个人的国家里，那些困难是不可避免的。斯宾塞的这些观点与伟大的明治政治家们的信条正好吻合，这令他们感到非常满意。他们决定在现代世界保留对"各就其位"的注意的好处。他们无意于削弱等级制的习惯。

无论是政治、宗教或经济，在所有活动领域，明治政治家们都按照"各就其位"的原则，在国家和国民之间分派职责。他们的整个计划与美国或英国的安排相差甚远，以至于我们常常认识不到他们的基本要点。当然，他们施行的自上而下的强力统治，那种统治不必跟随舆论的方向。这一政府掌握在等级制的最高层手中，那一层面的人物绝对不会包括被选举出来的人。在这样的制度水平上，人民不可能拥有发言权。1940年，等级制政府中的最高层人物包括有门道"接近"天皇的人，随时受到天皇召见的顾问班子成员和那些握有盖了玉玺任命书的高官。最后这部分包括内阁大臣、府县知事、法官、全国性办事机构的长官和其他诸如此类的负责人，没有一名被选举出来的官员能在等级制中享有这样的一席之地，例如，在遴选或任命内阁大臣或大藏省或运输省的大臣时，由选举产生的国会议员根本没有发言权。国会下院的议员都是选举产生的，他们代表的是人民的声音，具有质问并批评高官的不可小觑的特权，但是，在任命、决策和预算等方面他们却没有真正的发言权，而且不能发起立法工作。下院甚至受到上院的钳制，而上院议员不是选举产生的，他们中有一半是贵族，另有1/4是天皇任命的。由于上院的立法批准权与下院的相差无几，所以又多了一道等级制的限制。

因此，日本要确保的是：占据政府中的高级职位的仍然是"阁下"，但这并不意味着在"各就其位"体制下没有自治。在所有亚洲国家，不管在什么样的政权统治下，来自上面的权力总是要向下延伸，并在中间某个地方遇到地方自治政府，那自治政府正在从下面升上来呢。不同国家之间的差异都跟这几个方面有关：民主责任取得了多大的进展，政府的义务是多少，地方领导班子是对整个社会负责还是早就被当地的富豪拿下，从而做出对不起人民的事。德川时代的日本跟中国一样，有一些很小的组织，由五至十户组成，最近被称为"邻组"，那是最小的责任组织。这一由邻里几个家庭组成的团体的头儿拥有处理他们内部事务的领导权，负责他们的良好行为，发现任何人的可疑行为就得呈上报告，发现任何通缉的人则要扭送政府。明治政府的政治家们起初废除了这些社会组织，但是后来又恢复了，而且把它们叫作"邻组"。在镇子里和城市里，政府时不时地积极培养过它们，但是在今天的村子里它们已经很少派上用场了。更重要的社会单元是村（日本人叫作"部落"），部落既没有被废除，也没有被作为单位并入政府。这是一个国家不起作用的地域。这些村子由大约15户的家庭组成，甚至到了今天，它们依然通过每年一换的村长，以组织的形式发挥功能。村长的职责是"照管村里的财产，监督村里人去帮助那些遭遇死亡或火灾的家庭，决定适合于集体干农活、造房子或修路的日子，摇响火警铃发布火灾警告，通过以某种节奏敲响两块金属片来通知当地的节假日"。不同于有些亚洲国家的是，这些头人不同时负责在本地区征收国家税收，因此，他们不必肩此重任。他们的职位非常明确，那就是在民主的责任范围内发挥作用。

近代日本国民政府正式承认市、町、村等地方行政管理机构。先选出"长者"，然后由长者选出负责的头人。作为本地区居民的代表，头人出面处理与国家机关的所有事宜，而代表国家机关的是地方政府和中央政府。在村子里，头人通常是一名老住户，一个拥有土地的农民家庭的成员。他做这样的事，在经济上是有损失的，但能赢得相当高的威望。他跟长者们一起负责村里的财务、公共卫生、校舍维修，尤其是财产登记和个人档案。村公所是一个非常忙乱的地方。国家给所有孩子都拨小学教育经费，村公所负责这笔款子的花费情况，还要负责本村出的学校费用的筹集和花费，后者比前者数额更大；它还要负责管理并租赁全村共有的财产、土地改良和植树造林，以及所有财产转移的登记。只有当这种转移行为在村公所完全备案之后，才变成合法的。它还必须即时登记每个人的居住情况、婚姻状况、孩子出生情况与过继情况、犯法的情况，以及其他种种情况，那些人在村子里都保有正式的住房。另外，家庭记录显示的是一个家庭的类似材料。一个人不管他在什么地方，那个地方都会把他的所有上述材料转发到他家乡的村公所里，进入他的档案袋。无论什么时候，当一个人要申请一个职位，或在法官面前接受审讯，或被以某种方式问及身份时，他就给他家乡的村公所写信或亲自跑去，拿到复印件，交给有关人士。在可能给一个人自己的或家庭的档案里加入不良记录时，他脸上就不会显得轻松。

因此，市、町和村都负有相当大的责任，这是一个社区的责任。甚至在 1920 年，当时日本有一些全国性的政党，这在任何一个国家都意味着"执政党"和"在野党"之间的任期更迭，但在日本，地方行政管理机构大体上没有受到这一新情况的影响，依然由那些为整个社区做事的长者所领导。然而，地方行政当局在三个方面没有自治权。所有法官都由国家委派，所有警察和教师都由国家雇请。在日本，由于多数民事案件仍然靠仲裁或调停解决，法院在地方行政事务中几乎不起作用。警察则显得更加重要。在公众集会时，他们得随叫随到，不过，这样的任务是临时性的，他们的大多数时间用来记录人与物。国家可能会频繁地把警察从一个岗位调到另一个，这样他们就能置身于地方关系场之外。学校教师也经常被调换。国家对学校的每一个细节都有规定，所有学校在同一天学的是同一篇课文，用的是同一部课本，每天上午在同一时间，学生们会听着同样的广播，做同样的体操。这跟在法国的情形一样。社区对学校、警察和法院没有地方自治权。

因此，日本政府在各个方面都跟美国截然不同。在美国，拥有最高行政权力和法律责任的，是被选出来的人；地方的治安则由当地的警察和法院负责。不过，日本这样的政府机构与荷兰和比利时那样的西方国家的政府机构在形式上没有什么区别。比如，在荷兰，正如在日本，女王的内阁起草所有法律议案，国会实际上从不实施其立法权。荷兰女王甚至依法任命镇长、市长，因此，与 1940 年前的日本相比，在形式上国王的权力直达地方事务。尽管荷兰国王常常批准地方的提名，但事实上地方官员确实是由国王任命。在荷兰，警察和法院也是直接向国王负责。法国的教育系统是日本的翻版，但在荷兰，任何宗派团体都可以任意建立学校。在荷兰，负责运河开掘、围海造田和设施改善的也都是社区，而不是由政治选举产生的长官或官员。

在日本政府机构和西欧国家同类机构之间，真正的差别不在于形式，而在于功能。日本政府机构依赖于顺从这一老习惯，这种习惯是在过去的经验中建立起来的，而且在伦理体系和礼仪传统中成型。国家可以仰仗它的是：只要"阁下"们各就其位，各司其职，那么他们的特权就会被尊重。这不是因为这是一项得到人们拥护的政策，而是因为在日本逾越特权界限就是犯错。在最高决策层，"舆论"是没有地位的。政府所要求的只是"大家的支持"。当中央政府超出其自身的管辖范围，插手地方事务时，地方当局也会顺从地接受它的裁决。在美国，人们普遍感到，中央政府是一个不可或缺的魔鬼，而在日本人眼里，在所有国内职能上，中央政府都不是这样的形象，而是近乎至善。

不仅如此，日本政府还小心翼翼地承认国民意志的"合适位置"。在合法的大众权限领域，哪怕为着大众自身的利益，日本政府也得恳求民众，这样说并不为过。在改良农耕旧方法时，中央政府的农业推广员们像他们在美国爱达荷州的同行一样，基本上不能强行推广。提倡建立由国家担保的农民信用合作社或农民供销合作社时，政府官员必须与地方名流进行漫长的圆桌会议，还要遵守他们的决定。地方事务需要地方来做。日本人的生活方式适当分权，然后规定适当的权力范围。较之西方文化，这种生活方式给予"上级"更多的尊重和行动的自由，但是，上级也必须恪守本分。日本人的箴言是：各就其位。

较之行政领域，在宗教领域，明治政治家们做了更加离奇的安排。不过，他们所实践的是同一条箴言。国家把某种信仰用作自己的领地，那种宗教应该特别地支持国家的统一和至高无上；对其他信仰，个人则有信奉的自由。这一国家管辖的信仰领域就是国家神道。鉴于它被作为国家象征受到特别的尊重，正如美国人对国旗的尊敬，日本人说，国家神道"根本不是宗教"。因此，日本政府可以要求全体国民信奉它，正如美国政府要求国民敬重星条旗一样，这并不违反宗教自由的西方信条。它只是忠贞的符号。因为它"不是宗教"，所以它可以进入学校课程，而不会有被西方批评的危险。学校里教授的国家神道成了日本起始于神话时代的历史，同时也成了对天皇即"万世一系之统治者"的崇拜。它受到国家的支持和管理。其他所有宗教领域，佛教和基督教的派别不用说了，甚至神道的分支或余脉，几乎跟美国一样，都交给个人传授，这两个领域甚至在行政上和财政上都是分开的。国家神道在内务省有专门的管理机构，其神官、祭祀和神社都受到国家的支持。普通神道、佛教和基督教各派别都归文部省宗教局管辖，靠信众的自愿捐献维持。

鉴于日本政府在这一问题上所抱有的官方立场，我们虽然不能把国家神道说成是一个庞大的"国教会"，但我们至少可以称之为一个庞大的机构。日本有 11000 多座神社，大者如伊势神宫，即太阳女神庙，小者如一些为举行某个特殊祭祀的地方神社，神官会负责打扫它们。全国性的神官等级制对应于政治等级制，其官阶从最低级神官到地方神官到最高级的"阁下"。神官们与其说是引导民众进行祭祀，还不如说是替民众举行祭仪。我们上教堂是家常便饭，但国家神道根本不是这么回事。国家神社的神官——由于它不是宗教——法律禁止他们宣讲任何教义，也不可能有任何西方意义上的教堂礼仪。代之而行的是，在频繁的祭祀日子里，村子里的官方代表会前来站在神官面前，神官会挥舞一根系着麻绳和纸条的嫩树枝，驱邪。然后他打开内殿的门，口中高声喊喝，把神明请下来，分享盛宴。神官祈祷着，每个参加者都按身份列队，毕恭毕敬地拿着一根嫩树枝，树枝上垂挂着一些白纸条，在以前和现在，日本人都把这树枝视为无所不在的圣物。随后，神官又大喊一声，送走神灵，关住内殿房门。在国家神道的节日里，天皇要亲自观摩为国民举行的祭祀，政府机构则关门休息。不过，这些节日不是重要的群众节日，跟地方神社的庆典活动或佛教节日不同。后二者属于国家神道之外的"自由"领域。

在这一领域，日本人组织大型教派和祭祀活动，这一切都紧贴他们的心灵。佛教依然是大多数日本人的宗教，各种教派具有不同的教义、创始人和提倡者，都生机勃勃、遍地开花。甚至神道中也有一些大的派别是置身于国家神道之外的。甚至在20世纪30年代政府推行国家主义之前，有些教派就是纯粹的这一主义的堡垒。有些教派属于信仰治疗宗派，常常被比作基督教科学。有的信守儒家教义，有的专门弄灵魂出窍术，有的则到圣山神社里去朝拜。大多数群众性祭祀日呢，也被排除在国家神道之外。在这些日子，人们成群结队拥向神社，每个人都通过漱口驱除自身的邪气，然后，通过拉绳打铃或拍手击掌，呼唤神灵下凡。他恭恭敬敬地鞠躬，再次拉绳打铃或拍手击掌，送走神灵。然后，他离开神殿，去做这一天的要事，如在摆摊的小商贩那儿买一些玩物珍品，观看相扑比赛或驱魔表演或神乐舞。由小丑表演的神乐舞挥洒自如、趣味盎然，一般为大众所喜闻乐见。有一个英国人曾经在日本生活。在日本的祭祀日，他总是想起威廉·布莱克的这几句诗：

> 假如他们在教堂里奉送给我们几杯啤酒，
> 一片快乐的火焰，让我们的灵魂享受；
> 我们就会整天唱圣诗，向上帝祈祷，
> 永远不会想离开教堂，一次都没有。

只有极少数专门献身宗教的人恪守教规，除了他们，日本人并不严肃对待宗教。日本人也沉湎于朝圣，朝圣的日子也是备受欢迎的节日。

因此，明治政治家们认真地划出国家在政府中所起作用的范围，以及国家神道在宗教领域所起作用的范围。他们把其他领域留给民众，但是，作为新等级制的最高官员，他们确保自己能控制那些在他们看来与国家直接相关的事务。在建立军队时，他们碰到了类似的问题。正如在别的系统里一样，他们在军队里也废除了旧等级制，但是，较之在地方，他们在军队里走得更远。在军队里，他们甚至废弃了日语中的敬语，尽管——当然啦——在实际生活中，一些旧的用法依然存在。军队中官阶

它外包出去，最后把产品卖给普通商人或出口商。在 20 世纪 30 年代，在日本所有的雇工中，至少有 53% 的人就是在这样的员工不到 5 名的商店和家庭作坊里工作。多数工人作为学徒受到古老的家长式作风的保护，其中有很多是妈妈级的妇女，在日本的大城市里，她们往往在家里做计件零活儿，背上绑着她们的孩子。

日本工业的这种两面性对于日本人的生活方式非常重要，几乎跟政治领域和宗教领域的两面性一样重要。似乎是这么回事：当日本政治家决定需要一个财政贵族体制，使之与其他领域的等级制匹配时，他们会为那些贵族建立一些战略性的企业，选出一些政治上享有特权的商人家族，并让他们在其他等级制中也享有"相当地位"。政府一点都不想放松其与大财主之间的关系，财阀们因某种延续下来的家长制而获利，这种家长制给他们带来的不仅是利润，而且是很高的地位。日本人对利润和金钱的固有态度是：财主贵族该受到来自人民的攻击。但是，政府会根据公认的等级制观念，竭尽其所能，扶植这些贵族。这种做法没有取得彻底的成功，因为财阀还是受到了攻击，攻击者是军队里的所谓的"少壮派军官"和农民。但是，事实上，最辛辣的日本舆论依然把矛头指向财阀，而不是"成金"①。"成金"往往被翻译成"暴发户"，但这个词并不能正确表达日本人的感情。在美国，"暴发户"的严格含义是"新来者"。他们之所以可笑，是因为他们举止粗鲁，而且没有时间把自己收拾得妥帖而优雅。然而，他们有激动人心的资本，平衡掉了他们的这一缺点。那资本就是，他们从小木屋起家，从赶骡子的把式上升到控制石油业的百万富翁。但是，在日本，"成金"是一个来自日本将棋的术语，意思是卒子晋升为"金将"。这卒子在棋盘上横冲直撞，像个"大亨"。它没有任何等级制中的权力来做这样的事。人们相信，暴发户是通过欺诈或剥削他人发财的。这与美国人对"穷小子发大财"的态度极为不同。日本人在等级制中给巨富提供社会地位，并与之保持某种联盟关系。如

---

① 日本将棋中，卒子进入对方疆界就翻身成为"金将"。卒子过河就是"成金"，此处的意思相当于"暴发户"。

果某人在等级制范围之外取得财富，日本舆论就会忌恨他。

因此，日本人对他们的世界的规范始终指向等级制。在家庭中，在人际关系中，年龄、辈分、性别和阶级规范着得当的举止。在政治、宗教、军队和工业等领域，都认真地分成了不同的等级，一个人无论地位高低，逾越特定的权限，就会受到处罚。只要保持"各就其位"的局面，日本人就会没有任何抗议地活下去。他们感到安全。从保护他们的最大利益上说，当然啦，他们往往是不"安全"的，但是，因为他们承认等级制的合法性，所以他们又是"安全"的。这是日本人的生活观的特征，正如美国人的生活观的特征是信赖平等和自由。

当日本企图输出这一"安全"公式时，受到了惩罚。在他自己的国家，因为等级制构筑了公众的想象，所以他与那种想象是合拍的。野心只能是在那种世界里所能成型的那种样子。但是，等级制要拿来出口却是致命的东西。其他国家厌恶日本夸大其词的各种声明，认为那些声明是狂谬的，甚至比狂谬还糟糕。在每一个被日本占领的国家，日本官兵总是震惊地发现，当地人不欢迎他们。日本不是在等级制中给了他们一定的地位了吗？尽管是很低的地位，甚至那些地位低下的人不也一样需要等级制吗？日本军部连续推出了一系列战争电影，这些电影描写了中国对日本的"爱"，塑造了几个绝望无主的中国女孩，他们通过与日本士兵或日本工程师相爱而找到了幸福。这与纳粹关于征服的解释大相径庭，不过，长期来看，同样不会成功。日本人不能把强求自己的东西强加给别的国家。他们错就错在他们以为能那样做。日本的道德体系要求他们"各安其所"，这种体系是适合于他们的；他们没有认识到的是，他们并不能想当然地以为它也适合于别的地方的人们。其他国家没有这样的体系，这是真正的日本的产物。日本的作家们完全是想当然地认同这种伦理体系，所以不写它；在我们能够了解日本人之前，对这套体系做一番描述是必须的。

第五章　历史和社会的债务人

在英语中，我们过去常常谈论我们是"历史的继承人"。两场战争加上一场大规模的经济危机，或多或少削弱了我们这么说时的自信，但是，这种转变并没有加强我们对过去的负债意识。东方民族看到的则是相反的方面：他们都自认为是历史的债务人。西方人把东方人的崇拜命名为祖灵崇拜，但大多数并不是真正的崇拜，所崇拜的并不完全是祖灵。这是一种仪式，意在声明：人们对过去的一切都负债累累。他们不仅负债于过去，而且负债于现时，后面的负债感在日复一日与人交往中得到加强。他们的日常决定和行动都必然发自这种负债感。这是个基本出发点。因为西方人极少关心自己是否负债于世界，也不关心世界所给予他们的照料、教育、富足，或者哪怕仅仅是他们生于其中这样一个事实，所以，日本人感觉我们的动机有不当之处。在日本，道德高尚的人不会说，他们不欠任何人任何东西；而在美国，人们往往这么说。日本人不会轻视过去。在日本，正直取决于对个人在宏大社会网络中的位置的认可，大家相互欠债，既欠祖上的，也欠同辈的。

把东西方之间的这种对比说出来，是简单的，但是，要想了解它在生活中所产生的差异，就难了。直到我们理解了这一点，我们才能探究到日本人那种极端的自我牺牲精神，也才能探索日本人易怒的原因。在"二战"期间，我们算是熟悉了这种精神；在有些情景下，我们认为没有理由动怒，但日本人会怒气冲天。欠债意识会使人很容易被冒犯，日本人证明了这一点，这也使他们承担了重大的责任。

无论汉语还是日语都有许多表示"义务"的词汇。这些词不是同义词，其特定意义无法对等地译成英语，因为它们所表达的观念与我们的背道而驰。表示"义务"的词汇往往涵盖一个人的负债意识——从最大到最小，这个词便是"恩"。如果要把它在日语中的用法翻译成英语，我们得用到从"义务""忠诚""友善"到"爱"的一整套词汇，但这些词都歪曲了它的本义。假如它真的表示爱甚至义务，那么日本人当然会对他们的孩子说"恩"，但他们不可能这么用这个词。它也不表示"忠诚"，因为日语中表示"忠诚"的是一些别的词汇，那些词与"恩"在含义上截然不同。"恩"在所有用法中都表示"负载""负债"和"负担"，人们要尽力去承"恩"。一个人从上级那儿得到"恩典"，或者受恩于任何人，如与他地位同等的人，他就会有一种不舒服的自卑感。当他们说，"某人有恩于我"时，他们的意思是"我对某人负有义务"，他们把这位债权人、慈善家，称作"恩人"。

"记恩"可能纯粹是相互间的奉献。在日本小学二年级的课本里，有一篇题为《不要忘恩》的小故事，"恩"的意思就是"奉献"。这是一个在伦理课上讲给小孩子们听的故事：

> 八公是一条可爱的小狗。它一出世，就被一个陌生人抱走了，那个人全家都像宠爱孩子似的宠爱它。因此，它那本来虚弱的身体变得健康起来。每天早晨，当它的主人去上班时，它会一直陪送到车站；晚上，主人下班回家时，它还会去车站迎接。
>
> 过了一段时间，主人去世了。不管八公是否知道这一点，总之，它依然每天寻找主人，它会到往常去的车站，每有公交车到站，它都会东张西望，看它的主人是否在那群走出车厢的乘客中。
>
> 就这样日月流逝，一年过去了，两年过去了，三年过去了，甚至十年过去了，八公的身影已经老迈，但依然每年能在车站前看到它寻找着它的主人。

这则小故事的道德寓意是忠诚，而忠诚只是"爱"的别名。一个深爱着母亲的儿子会说，不忘来自母亲的"恩德"，这意味着他爱戴他母亲，正如八公一根筋似的热爱着它的主人一样。然而，这个概念并不专门指他对母亲的爱，还指在他是个婴孩时母亲为他所做的一切，在他是个少年时母亲为他所做出的牺牲，在他长大成人后母亲为提高他的地位而所做的种种，以及仅仅因为她作为母亲的这一事实使他处于亏欠她的位置。这也表示还债，因此也意味着爱，但首先意味着负债，而我们美国人认为，爱是某种自由给予的东西，不受义务的拘束。

当"恩"被用于表示首要的"恩德"，即"皇恩"时，它总是意味着没有限制的奉献。"皇恩"指一个人所受的皇帝的恩德，他应该怀着无限的感激之情接受这份恩德。日本人感到，如果不念及自己所受的皇恩，就不可能为自己的国家、生活和大大小小跟自己有关的事情感到高兴。在芸芸众生中，至高无上的人就是那个有恩于你的人，他也是你的世界里的最高领导。在整个日本历史上，在不同的阶段，这个人曾经是诸侯、领主和将军，今天则是天皇。谁是最高领导固然重要，但最重要的是，日本人的"记恩"习性，这种习性已经延续了数百年。近代日本想方设法要把这种情感集中在天皇身上。日本人都偏爱自己的生活方式，这种偏爱往往增强他们的"皇恩"意识。在前线，犒劳士兵的每一根香烟都是以天皇的名义发放的，这强调的是每个士兵所负的"皇恩"。在投入战斗之前，发放给士兵的每一口米酒更是天皇的恩赐。他们说，每个神风队飞行员的自杀式攻击都是报答皇恩；他们声明，从全军覆没，到一个人独力守卫太平洋上的某个岛屿，都是报答无边的皇恩。

地位低于天皇的人也会有恩于你。从父母双亲那儿承受的当然是"恩"。这是众所周知的东方孝道的基础。这种孝道使父母在孩子面前拥有战略性的权威地位，可以这样来解释，父母有恩于孩子，孩子要努力报恩。因此，孩子必须竭力服从父母，这跟德国的情形不同——在德国，父母在孩子面前也是权威，但父母必须竭力强求并迫使孩子服从自己。日本人对东方孝道的解释是很现实的，他们有一个关于"父母之恩"的说法，可以大致翻译为"养儿方知父母恩"，意即，父母之恩是父母亲每天实实在在对孩子的照料和费心。日本人的祖先崇拜仅限于近亲和记忆中的先辈，这种限定使他们脑子里首先想到的是孩提时代自己真正仰仗的亲人。当然，在任何文化中，这都是非常显而易见的真理，我们每个人曾经都是无助的婴孩，假如没有父母的照料，就不可能存活。在他成年之前，一直是父母给他提供住所、食物和衣服。日本人强烈地感觉到，美国人缺乏报恩意识；正如一位作家所说，"在美国，记得父母之恩只是意味着善待父母。"当然，没有人会把恩加在孩子头上；但是，不求回报地照料自己的孩子，就是报答父母在自己是个无助的婴孩时所施与自己的恩德。一个人抚养自己的孩子，像当年父母抚养自己一样，或者抚养得更好，这就部分地报答了父母之恩。一个人对自己的孩子尽义务，就相当于在报答父母之恩。

一个人对老师和主子也怀有特殊的报恩心理。他们是一个人成长道路上的帮手，所以有恩于他；有朝一日，他们在遇到麻烦时可能会有求于他，他就必须答应他们的要求，或者，在他们死后，去优待他们的子女。人们应该不遗余力地尽此义务，这份人情债不会随着时间的流逝而消减，相反，会随着岁月的递增而加强，有点像是在积累利息。受恩于人，是非常严肃的事情，正如他们常常说的"恩情之大，难报万一"。这是一副重担，而且"恩情的力量"往往被认为径直超越于受恩者的个人意愿。

这一报恩伦理的顺利运作取决于一点，即每个人都能自认为受了大恩大德，而在履行他应尽的义务时，没有多少怨恨的情绪。在前面我们已经看到，在日本等级制的组织和安排是非常彻底的。日本人恪守随之而产生的种种习惯，并可能高度重视人情债，这样的念头不会掠过西方人的心头。如果你认为上级对你怀有良好的期待，那么你就比较容易遵守那些习惯。我们可以从他们的语言中找出有趣的例证。事实上，上级被认为是"爱"那些依附于他们的人的。日语中"Ai"一词的意思是"爱"，在20世纪的传教士们看来，这是日语中唯一一个能被翻译成基督教意义上的"爱"的词。他们在翻译《圣经》时用到了这个词，表示上帝对人类的爱和人类对上帝的爱。但是"Ai"一词专指上级对下级的爱。西方人可能会感觉到它意味着"家长制"，但在日语中，它有着更多的含义，如友爱。在当今日本，在严格意义上，"Ai"仍然用作表示上级对下级的爱；不过，也许因为基督教的用法，当然更是因为官方为打破等级界限所做的努力，今天，它也可以用来表示同等地位之间的人的爱。

尽管在文化上出现了种种缓和迹象，但是，在日本，只有在某种幸运的场合，人们才会无条件地背负"恩德"，他们不喜欢时不时地去肩负"恩"所指向的人情债。他们常常说到"让某人受恩"，这话最贴近的翻译是"迫使别人受恩"——尽管在美国，"迫使"的意思是向某人要求某物；而在日本，这个短语的意思是，给予某人某物，或帮某人做事，让人最恼火的，是受到相对陌生的人突然间的帮助。因为，只有在邻里之间，在古已有之的等级制关系中，人们才知道并接受"恩"的种种复杂性。如果只是一般的熟人或地位与自己几乎相当的人，那么，他们就会感到恼火，他们宁愿选择逃避，以免自己被纠缠于受"恩"的种种后果。在日本，在大街上遇到突发事件时，人们会袖手旁观，这不仅是因为他们缺乏主动性，而是因为他们有一个共识，即任何非官方的介入都会让人背负人情债。在明治维新之前，在最广为人知的法律中，有一条是这样说的："一旦发生争吵或争辩，如无必要，不得管其闲事。"在日本，在这样的情形下，如果一个人没有得到明确的授权而去帮助另一个，那么他将被怀疑在谋取不正当的利益。因为结果会形成这样一个事实，即受助者会对他感恩戴德，恰恰是因为这一点，任何人都不会急切地去把这等好处揽到自己身上，反而在助人时显得非常谨小慎微。尤其是在非正式的情境中，他们极为谨慎，以防自己卷入"恩情"。哪怕是别人递过来的有根烟，如果那人之前与自己没什么关系，那么他也会感到不舒服，他会用这样的说法礼貌地表示谢绝："哦，这真让人过意不去。"有一个日本人向我解释说："如果你直截了当地表明你会感到很难过，那么对方会更好受些。你从未曾想过要为对方做任何事，所以你会羞于接受对方的'恩情'。"因此，"真让人过意不去"有时可译成"谢谢"，如当你在谢绝香烟的时候；有时可译成"抱歉"，如当你欠人情债的时候；有时可译成"我会感觉自己像个无功受禄的卑鄙小人"，因为你迫使我接受你的慷慨之举。所有这些意思可能都有，也可能都没有。

　　日本人有许多种关于"谢谢"的说法，这些说法都表示受恩时的不安。其中最少歧义并业已被现代城市里的百货商场所接受的说法是"哦，真难为情"。日本人这么说的意思往往是：顾客来购物，是在赐予商场难得的大恩大德。这是一个恭维的说法。在我们接受礼物时，还有在无数其他情境中，都可以用这种说法。像"真过意不去"一样，还有几种平常的说法，也能表示你在受恩时的难为之情和"感激之情"。那些自己开店的小老板往往说："哦，这可没法交代啊。"意即，"我受了您的恩德，但在现在的经济条件下，我不可能报答您；我让您处于这样的境地，真不好意思。"在英语中，"这可没法交代啊"可以翻译成"谢谢""感谢"或"抱歉""对不起"。譬如，当你在大街上帽子被风刮跑，有人追上去帮你捡回来，你就可以用这种说法，它比任何别的说法更能表达你的谢意。当他把帽子交到你手上时，出于礼貌需要，你要坦承你在接过帽子时内心所感到的不安。"他这是在给我施恩啊。我以前从未曾见过他，从未曾有机会先给他施恩。为此，我感到内疚；不过，如果我向他表示歉意，我会感到好受些。在日本，'这可没法交代啊'可能是用来表示感谢的最惯常的说法。我告诉他，我承认，我受了他的恩，这份恩情不会随着我拿回帽子这个举动的结束而结束。但是，我能做什么呢？我们可是陌生人啊。"

　　在日本人看来，"诚惶诚恐"是另一个表示感谢的说法，这一说法甚至能更加强烈地表现负恩的态度，一般写作"侮辱""失面子"，兼有"受辱"与"感恩"两种意思。日语词典解释说，当你这么说时，表示你接受了额外的好处，而你没有资格接受，所以你感到羞辱。你用这个说法表明了你在受恩时所感到的羞愧，而羞愧，正如我们后面要说明的，在日本，是一种苦楚的感觉。保守的店主在感谢顾客时，仍然会说"诚惶诚恐"（辱没）。当顾客请求结账时，也会用这个说法。在明治维新之前的传奇故事里，经常能读到这个说法。一个来自下层的漂亮女孩在宫廷里做事，被领主选作情妇时，就会说"诚惶诚恐"，意即，"我不配领受此等恩宠，我有愧啊；您的抬爱令我满心敬畏。"参与争端的武士在得到当局的赦免时，也会说"诚惶诚恐"，即"我受此隆恩，失了面子；置身于如此卑贱的处境，是不恰当的；抱歉，伏唯谢忱"。

较之任何概括，这些说法能更好地解释"恩的力量"。报恩的心理往往伴随着矛盾的心情。在大家所接受的结构严密的人际关系中，由"恩"而产生的"欠恩"意识往往激励人们只是为了报恩而使出浑身的劲儿。但是，欠恩者会很难受，很容易产生怨恨情绪。夏目漱石是日本最著名的小说家之一，在他的小说名作《哥儿》中，对此有生动的描写。主人公哥儿是一个东京的男孩，平生第一回到外省的一个小镇教书，很快他就发现，大多数同事都让他瞧不起，当然也就无法跟他们相处。但是，有一位年轻的教员让他产生好感。他管这位新交的朋友叫作"豪猪"。有一回，他们一起外出，"豪猪"请他喝了一杯冰水，花了一钱五厘，相当于1/5美分。

不久之后，另一位教员向哥儿报告说，"豪猪"说了轻贱他的话。哥儿相信了那个麻烦制造者的挑拨，马上想到了自己曾经受过"豪猪"的恩。

"一杯冰水纵然微不足道，但总归是我欠那个家伙的一份情，这会影响我的荣誉。不管是一钱抑或半钱，背负着这份人情债，我将死不瞑目……我受了某人的恩，而没有拒绝，是出于善意，是我尊重他，把他看作正直的家伙。"

"我没有坚持自己付账，而是接受了他的杯水之恩，并表达了谢意。这谢意是任何金钱都买不到的。我虽无权无势，但我是个独立的人。让一个独立的人去接受别人的恩惠，远远胜过一百万元的回报呢——假如能给一百万的话。我让'豪猪'掏了一钱五厘，向他致了谢忱；这谢忱可比一百万元还贵呢。"

翌日，他把一钱五厘甩到了"豪猪"的桌子上；因为，只有在了断了那份冰水之恩之后，他才能处理他俩之间目前存在的问题，即他听说的对方对他的辱骂。这个问题可能会引起他俩的斗殴，但是首先要恩断义绝，因为那份恩已不再是朋友之间的恩情。

对琐事如此过敏、如此痛苦而且易于受到伤害，在美国，这些只会出现在青少年犯罪团伙的记录里，或精神病人的病历里，但在日本人却被视为美德。当然，并不是有许多日本人会如此极端行事，而是比较随意。日本评论家们在谈论哥儿时，把他描写成一个具有"火热心肠、水晶般纯洁"的正义战士。作家本人也认同哥儿，批评家们也总是指认这一人物形象是作家的自画像。这是一个关于高尚品德的故事，因为受恩者能够仅仅通过认为他的谢意值"一百万元"，并且采取了相应的行动，而提升了自己，从举债者的处境中摆脱了出来。只有当对方是值得交往的家伙时，他才能接受恩惠。在怒火中烧时，哥儿比较了"豪猪"的恩情和很久以前他所受的老奶妈的恩情。老奶妈盲目地偏爱他，觉得家里没有任何其他人欣赏他。她常常偷偷地给他小礼物，如糖果啦、彩笔啦，有一回，甚至给了他三元钱。"她始终关心着我，这使我的心凉透了。"不过，老奶妈给他那三元钱时，他虽然觉得受了辱，但他还是当作借款收下了，而从那以后，他未曾还过这笔钱，那是因为"我把她看作自己的一部分"，他自言自语道。他这么说是在对比"豪猪"的恩情和老奶妈的恩情，两者给他的感受是不同的。他的话是了解日本人对恩情的反应的线索。只要"恩人"真的是自己人，如他在"我"的等级制中具有稳定的地位，或者他正在做某件"我"能想象自己也会做的事情（大风日子里帮"我"捡起帽子并还给"我"），或者他是一个敬慕"我"的人，那么，无论伴随的是什么样混杂的感情，那样的反应都可能产生。这些认同感一旦消散，"恩"就会成为一种烦人的痛楚。这种人情债所招致的后果无论多么微不足道，为此而感到怨恨，总是对的。

每个日本人都知道，在任何情况下，如果你所欠的人情债太重，那么，无论怎样，你都会陷入麻烦。最近，在某杂志的《咨询栏目》中，有一则很好的例子。这个栏目类似于美国杂志上的《失恋者劝诫》，是《东京心理分析杂志》的一个特色栏目，它所提供的劝诫与弗洛伊德基本无关，但完全是日本式的。一个上了年纪的人写信征求忠告：

> 我是三个男孩和一个女孩的父亲。我老婆 16 年前就去世了。因为觉得自己会对不起孩子们，所以我一直没有续弦。

孩子们都认为我这么做是一种美德。现如今，孩子们都结婚了。8年前，我的小儿子结婚后，我就退居到一座与他家相隔数个街区的房子里。说出来真难为情，在过去的3年里，我跟一个暗娼相好（她是个妓女，与一家酒吧签有契约）。她跟我说了她的遭遇，我为她感到难过。我花了一小笔钱替她买回了自由，把她带到了我家，教她礼仪，把她当作婢女留在家里。她的责任感很强，她的节俭也令人称赏。然而，我的儿子儿媳和女儿女婿都为此而瞧不起我，对我形同陌路。我没有责备他们，是我错了。

女孩的父母似乎不了解情况，既然她已到了谈婚论嫁的年龄，他们写信来，要她回去。我见过她父母，并向他们解释了有关情况。他们很穷，但并不贪财。他们许诺，就当她死了，同意她继续现在的活法。她自己也想留在我身边，直到我去世。可是，我跟她的年龄差距有如父女，因此，有时，我考虑把她送回家去。我的孩子们以为她是贪图我的财产。

我有慢性病，我想，我只有一两年的生命了。我该怎么办？如蒙指引，我将感激不尽。让我来总结一下，尽管这女孩曾经只是个"夜店女郎"，但那是环境造成的。她本性善良，她的父母也不是贪财小人。

日本医生认为这个案例清楚地表明，那位老人把太重的人情债压到了他的孩子们身上。他说：

> 你描述的是每天都发生的一类事情……
>
> 在正式进行评说之前，我想说，从您的来信中，我总结出，您是在求我给出您想要的答案，这使我对您产生了某种对抗心理。我当然赞赏您长期的鳏居生活，但您利用了这一点，来使您的孩子感恩于您，并力图证明您目前的行为是正当的。我不喜欢您这样想。我并不是说您狡猾，但您的个性

太弱。假如您向孩子们解释您得跟一个女人一起生活的理由——假如您禁不住想要一个女人，那样会更好些。不要让孩子们因为您长期以来的鳏居而欠了您的恩情。孩子们本能地抵制您，因为您过于强调这份恩情。总之，人的性欲不会消失，您也有禁不住的时候。不过，人们力图克服性欲。您的孩子们期望您能克服，因为他们希望您的形象高大起来，合乎他们心目中对您的理想。然而，事与愿违的是，您背叛了他们的理想，我能理解他们的感受，虽然在他们这是自私的表现。他们自己结婚了，性欲得到了满足，但他们自私地否认他们的父亲也有性欲。您的思维在一个方向，而您的孩子们的思维在另一个方向（如上所述）。你和他们没有想到一块儿去。

您说，那女孩及其父母都是好人。那是您的看法而已。我们知道，人的好坏取决于环境、情境，我们不能因为他们此时此刻不追逐利益，就说他们是好人。我认为，女孩的父母任由她给一个垂死之人当填房，简直是麻木不仁。如果他们考虑到他们女儿是填房这一点，那么他们应该是要从中追逐某种利益或好处；您不这么认为，那只是您的幻想。

您的孩子们担心那女孩的父母想要得到一笔财产，我确信他们有此担心。那女孩还小，可能心里没有这样的念头；但她的父母应该会有。

摆在您面前的是两条路：

1. 做一个"完人"（各方面都很好，无所不能），跟那女孩一刀两断，并达成分手契约。不过，我认为，您做不到这一点。您的凡人的感情不允许您这么做。

2. "回头做个普通人"（放弃您的种种借口），打破孩子们因为把您当作理想人物而赋予您的种种幻象。

至于财产，您应该马上立一份遗嘱，声明那女孩能继承什么，您的孩子们又能分得多少。

　　总之，要牢记您已经老了，变得有点孩子气了；这一点我从您的笔迹中可以看出。您的思维中情绪多于理性。尽管您口口声声说想要把那女孩从贫困境地中救出来，但实际上您是要她来代替您母亲。我认为，一旦离开母亲，任何婴孩都活不了——为此，我奉劝您走第二条路。

　　这封信中有一些关于"恩"的说法。一个人一旦选择让别人，哪怕是他的孩子感觉受了他格外重的恩情，那么，只有他自己才能冒险改变他行为的方向。他应该知道自己会因此而受苦。另外，不管他付出什么样的代价，以使孩子们受恩于他；他都不可抬高功劳，然后让自己睡在功劳簿上。想利用这"恩"来"证明你现在的行为是正当的"，这就错了。他的孩子们"自然"会反感，因为他们的父亲善始却不能善终，他们觉得这是"背叛"。如果一位父亲想当然地以为，只因为在孩子们需要他照料时，他曾把自己的一切都献给了他们，如今他们长大了，就要特别地来照顾他，那他就太愚蠢了。相反，孩子们只会在脑子里想着他们所受的"恩"，但"在内心深处会反对您"。

　　美国人不会如此判断这样一种情形。我们认为，在孩子们失去母亲之后，父亲献出了自己的一切，在他晚年理应在孩子们的心里占有一个温暖的角落，而不是让他们"本能地反感他"。不过，为了让美国人像日本人那样地理解这一点，我们可以把它看作是一笔经济上的交易，因为，在这个领域，我们有一些可比的态度。我们完全可以说，父亲是以正式交易的方式把钱借给孩子们的，他们得还债，还得加上利息，那样的话，"他们自然会反对您"。也正是在这些说法中，我们可以理解到，为什么日本人在接受一支香烟时，会说"惭愧"，而不是直截了当地说"谢谢"。我们能理解到，为什么他们在说到某人让别人负恩时，会带着反感的情绪。我们至少能够取得一条线索，去理解为什么"哥儿"对一杯冰水之恩要那样地夸大其事。但是，美国人不习惯把金钱标准应用于这样的事情，如冷饮柜台前一次偶然的请客，一个父亲长年累月地把自己奉献给没妈的孩子，像"八公"那样忠诚的狗的奉献。日本人却习以为然。我们认为，在人们奉献爱、慈善、慷慨时，越是没有附加条件，这些品质的价值就越高；而在日本，这样的奉献必然带有附加条件。你只要接受任何一种这样的行为，就会欠上一笔人情债。正如日本人常说的："受恩要有天生的慷慨（不可能达到那样的程度）。"

第六章　报恩于万一

"恩"是债，必须还。但是，在日本，一谈到报恩就被看作是堕落到了另一种与"恩"全然不同的范畴。日本人发现，在我们的伦理学中，在我们的诸如"责任"和"义务"这样的中性词汇中，往往混淆这两个道德范畴。正如我们会觉得，某个部落中的生意经是非常奇怪的，因为那个部落在金钱交往中所使用的语言不分"借方"和"贷方"。对日本人而言，称作"恩"的，是原有的、常存的债务，与"报恩"是两回事；后者是主动的，有如绷着的弓弦，要用一整套其他的概念来解释。受恩不是美德，而报恩是。美德始于你全力以赴的感激行为。

要想理解日本人的所谓美德这回事，我们必须牢记把他们的那套伦理与金钱交易进行类比，并且想到，在美国，实物交易中如有欺诈行为，后面就会面临一系列的制裁，我们就是用这种方式把人牢牢控制住，当某人拿了不属于他的东西，我们不会考虑环境因素而减轻对他的处罚。我们不允许一个人仅凭一时冲动来决定他是否去银行还款。借方要对他所借的本金负责，同样要对自然产生的利息负责。我们认为，爱国或爱家与这一切截然不同。在我们看来，爱关乎心灵，最好是无条件奉献的。爱国的含义是要把国家利益置于其他一切之上，爱国主义被认为是唐·吉诃德式的狂想，在美国被敌军武装攻击之前，它与人类易于堕落的本性是不相容的。日本人的伦理有一个基本原则，即男男女女生来就受了父母的大恩大德；我们美国人没有这样的原则，所以我们认为，我们应该同情并帮助需要帮助的双亲，不应该殴打妻子，应该给孩子提供生活保障。但是，我们对这些行为不能像对债务一样斤斤计较，也不能指望它们像做成生意那样得到回报。但在日本，它们几乎被看作美国人心目中的还钱行为一样，其背后的制裁也很严厉，相当于在美国你有能力还分期付款的本金和利息，而故意不去还时所受到的制裁。它们不是那些只在危急关头才必须注意的事情，诸如宣战或父母病危等。他们是一直跟着你的影子，就像纽约小农担忧其抵押贷款，或华尔街的金融家在卖空之后要紧盯市场的攀升一样。

日本人把"恩"分成几种不同的类型，每一种都有其独特的规则，有的报恩在数量上和时间上都是无限的，有的则在数量上与所受的恩相当，而且在某些特殊情况下要有期限。无限的报恩叫作"义务"，他们是这样解释的："永难报恩于万一。"日本人的义务又分成两种不同的类型：报答父母的恩，叫"孝"；报答天皇的恩，叫"忠"。这两种义务都是强制性的，是日本人普遍的命运。事实上，日本的初级教育被称为"义务教育"，因为没有任何其他词能如此准确地表达"必须"之意。生活中的一些偶然事件可能会更改义务的细节，但义务是自动加在所有人身上的，而且超越于所有偶然的情境。

日本人的义务及相应的报答包括：

1. 恩：被动招致的义务。"受恩""负恩"的"恩"都是被动接受的义务。

皇恩，受于天皇的恩。

亲恩，受于双亲的恩。

主恩，受于主子的恩。

师恩，受于老师的恩。

还有一生中与各色人等接触时所受的恩。

注：所有这些对某人有恩的人都成了他的"恩公""恩人"。

2. 报恩：向恩人还债，有报恩的义务，这样的义务被认为是主动的报答。

A. 义务。只能部分偿还，永远不可能全部还清，而且没有时间限定。

忠，对天皇、法律和日本国的义务。

孝，对父母和祖先的义务（连带着对子孙的义务）。

任务，对自己工作的义务。

B．情义。这样的人情债被认为是必须偿还的，而且在数量上要与所受的好处相当，在时间上则有限定。

（1）对社会的情义。

对君主的义务。

对姻亲的义务。

对非亲属的义务。由所受之恩而定，如送钱、好意、送工（作为工作互助的一种形式）等。

对并非近亲的义务（如姑妈、叔父、堂兄、侄子等），并不是因为受恩于他们，而是因为来自共同的祖先。

（2）对自己名声的情义。这相当于德国人说的"名誉"。

当一个人的名声受到侮辱或因为失败而受到损失，他就有洗刷名誉的义务，如报复世仇家恨的义务。（注：这种算账行为不算是侵犯）

一个人有不承认自己专业上的失败或无知的义务。

一个人有义务遵守日本的各种礼节，即观察所有表示尊敬的习惯做法，不要超越自己在社会生活中所属的地位，在不恰当的场合克制自己情绪的外露，等等。

这两种形式的义务都是无条件的。日本人把这些美德极端化了。在这一点上，他们的对国家尽忠和对家庭尽孝的义务概念与中国的不同。从公元7世纪之后，日本人不断地借鉴中国的伦理体系，"忠"和"孝"本是中国字。但是，中国人没有提倡说，这些美德是无条件的。中国人假定了一种超越一切的美德，它是忠和孝的条件，那就是"仁"，它往往被翻译成"仁慈"；不过，它几乎意味着西方意义上的一切良好的人际关系。父母必须有"仁"。如果统治者不"仁"，人民就有正当的理由起来反对他。"仁"是忠的前提条件。皇帝及百官是否能保住职位，取决于他们是否施行仁政。中国的伦理把"仁"用作所有人际关系的试金石。

日本人从未曾接受中国的这一基本伦理准则。朝河贯一是日本的一位大学者，他谈到中世纪时期两国的这种对比时，说："在日本，因为这些观念与天皇制明显不相容，所以一直没有被全面接受，哪怕仅仅作为理论也没被接受。"① 实际上，在日本，"仁"成了一种非法美德，失去了它在中国伦理体系中所拥有的崇高地位，被彻底降格了。在日本，"仁"被读作"jin"（写法跟汉字一样）。事实上，哪怕是在社会最高层，"行仁"或"行仁义"也远不是一种需要具备的美德。它被日本的伦理体系所摒弃，成了某种法外的东西。除非让自己的名字列入慈善捐赠名单，或者对罪犯施与仁慈，"行仁"才可能是一种值得赞扬的行为。但它完全是职责以外的事儿，意即，不是必备的品德。

说"行仁义"是"非法"行为，还有一种含义，即它在不法分子中是一种美德。在德川时代，那些抢劫杀人的盗贼和暴徒就是把"行仁义"看作是一种荣耀——他们都身佩单刀，以与横行霸道的武士有所区别。当某个不法分子请求另一个他不认识的不法分子窝藏自己，后者为了确保此人的同伙将来不会找上门来报复，就会给他提供庇护，于是乎被认为是"行了仁义"。在近代日本，"行仁义"的用法更等而下之了，频繁地出现在关于要受处罚的行为的讨论中。日本的报纸会说："普通工人，仍然在'行仁义'，他们必须受到惩罚。警方应该关注这种行为，应该取缔这种在日本的犄角旮旯里依然盛行的'仁义'。"他们指的就是那种"盗贼中的光荣行为"，它在惯于敲诈勒索的黑帮世界里是很盛行的。在近代日本，有些小工头像世纪之交美国码头上的意大利籍工头一样，与没有技术的劳工订立契约，建立非法关系，把他们租出去，以获取利益，并因此而发财。在日本，这样的行为被说成是"行仁义"。中国的"仁"这一概念降格到了无以复加的地步。② 日本人彻底篡改并且贬低了这一中国伦理体系中的重要美德，又没有用其他能成为"义务"的条件的概

---

① 《入来院文书》第 380 页，1929 年。

② 日本人在用"知仁"一词时，是比较接近中国的用法的。佛教劝人"知仁"，是要人们慈悲为怀、善待众生。但是，正如日语词典所说："知仁与其说指的是行为，还不如说指的是理想的人格。"

念来代替它。于是，在日本，"孝"成了一项不得不履行的义务，哪怕那意味着要赦免父母的罪孽和不公。只有当它与忠于天皇的义务发生冲突时，才会被取消；某人的父母哪怕不足取，哪怕破坏他的幸福，他也不能不尽孝。

在一部近代日本电影里，一位母亲偶然看到一笔钱，那是她已经成婚的儿子从乡民那儿筹集来的；那儿子是一位乡村小学教师，那笔钱是要用来去赎取他的一个小女生的。那女生的父母因为荒年挨饿，所以想把她卖到妓院去。那母亲经营着一家属于她自己的有名的餐馆，并不缺钱，但还是从儿子那儿偷了那笔钱。她儿子知道是她拿的，但不得不自己扛起这罪孽。他妻子发现真相后，留了张纸条，把丢钱事件的所有责任都揽到了自己身上，然后带着孩子投河自尽了。随后大众都知道了这事，但这桩悲剧中母亲的罪责却没有得到追究，甚至没有受到传唤和质询。那儿子尽了孝道，然后离开家乡，独自去了北海道，打造自己的性格，目的是让自己强壮起来，以应对将来出现类似的考验。他是个秉有美德的英雄。作为美国人，我的显而易见的裁决是：应该为这个悲剧负责的，是偷钱的母亲。我的日本朋友却极力反对我的裁决。他说，孝道往往跟其他的美德冲突，假如作品中的主人公足够明智，他可能会找到一种妥善的方法，不至于失去"自重"。但是，假如他责备他母亲，哪怕只是在心里责备，他不可能不失去"自重"。

小说和现实生活中充满了各种各样尽孝的义务，年轻男子在结婚之后，就要承担这些沉重的义务。除非是在某些"摩登"圈子里，一般可敬的家庭都会想当然地以为，要由父母给儿子选定媳妇——往往是通过媒人的牵线搭桥。考虑什么样的媳妇才是好媳妇的，主要是整个家庭，而不是儿子本人，这不仅是因为婚姻与金钱交易有关，而且是因为那媳妇将被列入家谱，并且通过生育儿子使香火绵延。媒人的习惯做法是：给两个年轻的男女主角安排一次见面的机会，但并不交谈。他俩似乎是偶然撞见，但有双方父母在场。有时，父母会为儿子选定一门有利的婚姻，在那样的婚事中，女方父母会在金钱上获利，男方双亲则可与某个有清誉的家庭联姻。有时，他们决定选择某个女孩，是看中她本身具有的某些能让人接受的品质。善良的儿子因为要报答父母的养育之恩，所以不可能对他们的决定表示疑问。结婚之后，他要继续报恩。如果他是家业的继承者，那么他要跟父母生活在一起。众所周知，婆婆一般不喜欢儿媳妇。她总能找出儿媳妇的各种各样的毛病，哪怕年轻的丈夫跟妻子在一起很幸福，只要能跟她厮守，就别无所求，但婆婆还是可能把她赶走，破坏这姻缘。日本的小说和个人传记中，妻子和丈夫的痛苦都会得到强调。循规蹈矩的丈夫因为要尽孝，会服从母亲解散婚姻的要求。

有位"摩登"日本妇女现住在美国，她曾把一个怀孕的小媳妇带到自己在东京的住处，那小媳妇是被婆婆逼迫离开自己痛苦的丈夫的。她身体病了，心也碎了，但她没有责备自己的丈夫。渐渐地，她对自己即将生下来的宝宝有了兴趣。但是，在孩子出生时，那婆婆在一声不吭、唯唯诺诺的儿子的陪同下，赶来要抢孩子。孩子当然属于夫家，所以婆婆把他带走了。然而，婆婆随即把孩子送到了孤儿院。

所有这一切都包括在孝道之内，都是子女应当还给父母的人情债。在美国，这样的故事会被看作是外人干涉个人幸福权利的例子。由于日本人把那种人情债视为基本前提，他们不会想到这种干涉是"外面的"。日本的这类故事很像我们美国的一类故事，后者讲述的往往是老实人通过难以置信的个人努力，还清债务。美国故事讲述的是真正的美德，如某些人争取自重的权利，或竭力证明自己足够坚强，以承受特别的人生挫折。这样的挫折尽管能磨炼美德，但自然会留下怨恨痕迹。亚洲关于"可恨之物"的谚语值得我们好好注意。比如，在缅甸，依次分别是"火、水、贼、官僚和恶棍"，而在日本，则是"地震、雷霆和老人（一家之主、父亲）"。

日本的孝道和中国的不同，不包括几百年前的列祖列宗，或由祖上传承衍生而来的庞大家族。日本人只崇拜晚近的先辈。墓碑上的文字必须年年重写，以保其前后一致。当活人不再记得某位祖先，他的坟墓也就被忽略不计了，家里的佛龛中也不会再保留其牌位。日本人着重尽孝的，只是那些被活人记得的先辈，他们关注的是现时现地，没有兴趣进行抽象思维，也没有兴趣构建不在眼前的物体的形象；对此，许多作家都曾做过评论。日本的孝道与中国的正好形成对比，可算是对那些评论的另一个例证。然而，日本孝道最重要的实际意义在于，它对活人中的尽孝义务进行限制。

孝道远不止是对自己父母和祖辈的尊重和顺从，在中国，在日本，都是如此。就说对孩子的照顾吧。西方人把它说成是母亲的本能和父亲的责任感使然，而东方人则说那是出于对祖先的孝敬。日本人在这一点上是非常明确的：一个人给祖先报恩的方式，是把他自己曾经受到过的照顾转移到孩子身上。日语中没有表达"父亲对孩子的责任"的说法，所有这样的义务都被包含在对父母及其父母的孝道中了。孝道要求一家之主承担各种各样的责任：抚养孩子，教育自己的孩子和年幼的弟弟，关注家业的管理事务，给需要帮助的亲戚提供庇护，以及数以千计的天天都几乎一样的义务。日本的家庭是高度组织化的，具有很大的限制，这使人们尽义务的对象的数量受到了严格的限制。如果儿子死了，那么父母有义务挑起抚养他的遗孀和孩子的担子；同样，如果女婿死了，在特殊情况下，父母也有义务给成了寡妇的女儿及其子女提供庇护。不过，你没有义务收留成了寡妇的侄女或外甥女。如果你这么做了，那么你是在履行一项完全不同于平常的义务。抚养并教育自己的孩子绝对是你的义务。但是，如果你要教育侄子，那你要按照习俗让他合法过继给你，成为你自己的儿子；如果你让侄子保留其原来的身份，那你就没有义务教育他。

对于辈分小的亲戚，哪怕是入不敷出的直系亲属，孝道也不要求你带着敬意和爱心去帮助他们。在家族内部，年轻寡妇被叫作"冷饭亲戚"，意即，她们只能吃冷饭，对家里任何人都要点头哈腰、随叫随到，必须接受有关她们的事务的任何决定，还得显得心悦诚服。她们连同她们的孩子，都是家里的穷亲戚；在特殊情况下，她们的日子会好过些，那可不是因为一家之主出于义务优待她们。兄弟之间也不是生来就要履行相互帮助的义务，当兄弟俩都彼此势如水火，哥哥只要尽到对弟弟的义务，就往往会受到表扬。

最大的反感发生在婆媳之间。儿媳妇嫁到家里来时是个陌生人，她有义务了解婆婆喜欢别人怎么做事，然后学着去做。在许多情况下，婆婆会相当明确地采取这样的立场：那小媳妇根本配不上她的儿子。在别的情况下，我们可以推断，她对儿媳妇怀着相当厉害的嫉妒。但是，正如日本人所说的："儿媳妇固然可恨，但能生出一个个可爱的孙子，因此孝道始终存在。"表面上看，小媳妇一味地低眉顺眼，但一两代之后，这些温和而娇滴滴的小媳妇也会熬成婆婆，变得跟她们自己的婆婆一样，吹毛求疵，苛求别人。在小媳妇阶段，她们不会表现出侵犯的本性，但她们并没有因此而真的变得温文尔雅。到了晚年，她们会把积攒得太重的怒气，转而撒到她们的儿媳妇身上。当今的日本女孩会公开谈论说，不嫁给某家的嗣子有大大的好处，因为那样的话，她们不必跟颐指气使的婆婆生活在一起。

"尽孝"未必就能得到家人的爱。在有些文化中，尊老爱幼是大家庭道德教条的关键，但在日本却不是。正如一位日本作家所说："正是因为日本人看重家庭，所以他们唯独不看重家庭成员的个性和相互之间的纽带。"[1] 当然，这话并不在任何场合下都正确，但使我们了解了基本的情形。日本人强调的是义务，是还债。年长者责任重大，不过，他们的责任之一是监督年轻人做出必要的牺牲。纵使年轻人讨厌这么做，也改变不了什么。他们必须服从年长者的决定，否则，就是没有尽到义务。

家庭成员之间有着明显的怨恨情绪，这是日本孝道的典型表现，这一现象在另一项重要的义务即效忠天皇中是不存在的。日本的政治家们谋划得很好，他们把天皇奉为圣上，使他远离乱糟糟的现实生活。在日本，只有这样，天皇才能有效地让全国人民团结起来，抛开分歧，共同为国家效力。他还不足以被当作国民之父，因为在家庭中，他虽然要履行各种各样的义务，但人们对他的评价可能"并不高"。天皇得是圣父，摆脱了所有世俗的挂虑。忠是最高的美德，它要求子民忠于天皇，必须成为对某种狂热的崇拜，而对象是一位幻想出来的好父亲，他与尘世虽然有接触，但出淤泥而不染。明治时代早期的政治家们去西方列国考察

---

① 野原驹吉（Nohara Komakichi）：《日本的真面目》，伦敦，1936年，第45页。

之后，写道，在那些国家，历史都产生于统治者和人民之间的冲突，对日本精神而言，这是不足取的。他们回国后，在宪法中写道，天皇"神圣不可侵犯"，对大臣们的任何行为都不负责任。天皇是日本人团结的最高象征，而不是担当职责的国家首脑。在差不多7个世纪的时间里，由于天皇一直都不是实际统治者，他就很容易在后台发挥永久性的作用。明治政治家们所需要的，只是在所有日本人的心中种植一种无条件的最高美德，那就是"忠"，而尽忠的对象就是天皇。在封建时代的日本，"忠"曾经是对世俗首领，即将军所尽的义务。漫长的封建历史告诫明治政治家们：在新的权力分配中，为了达到他们的目标，他们需要做的，是让日本人在精神上团结一致。在那7个世纪中，将军一直是大元帅和行政首脑。人们虽然忠于他，但针对他的最高统治权和生命的阴谋也频繁出现。忠于他常常与其他义务发生冲突，那些义务的对象是封建领主。而忠的等级越高，其强制性往往越弱。毕竟，对自己领主的忠是基于那些面对面的关联，相比而言，对将军的忠很可能是冷冰冰的。在动乱时代，扈从们也会为推翻将军的宝座而战斗，从而拥立他们自己的封建领主，来取代他。明治维新运动的先驱和领袖与德川将军幕府进行了长达一个世纪的战争，他们的口号是忠于天皇，而天皇隐居在影子似的背景中，每个人都可以按照他自己的愿望，描画天皇的轮廓。明治维新的胜利属于这帮人，正是忠的对象由将军到象征性的天皇的转变，使他们有正当理由用"复辟"一词来称呼1868年的那场维新运动。天皇依然隐居着，他把权力授予阁僚，但自己既不管政府，也不管军队，从不听政。继续掌管政府的，是同样的一群咨议，他们都是上选之士。真正的巨变发生在精神领域，因为"忠"变成了每个人对圣主的报恩——他是最高祭司和日本统一与永恒的象征。

当然，忠的对象之所以能平稳过渡到天皇，是因为一个古老的传说帮了忙。根据那个传说，天皇家族源于天照大神（太阳女神）。不过，这种靠神话来宣称君权神授的说法并没有像西方人所想象的那么重要。日本的知识分子当然完全拒斥这样的说法，但他们并没有因此而质疑忠于天皇的口号；普通群众倒是接受天皇乃神裔的说法，但他们所想的和西方人所理解的并不一致。"Kami"往往被翻译成"神"，但它的本义是"头儿"，即等级制的顶峰。在人和神之间，日本人不像西方人那样划就一道鸿沟，任何日本人死后都会变成神。在封建时代，忠的对象一直是等级制中的首领，而他们根本不具备神性。在忠的对象向天皇转移的过程中，起到更加重要的作用的，是独一无二的皇室所建立的王朝，在日本整个历史上，它一直绵延不断。西方人会抱怨说，这种延续性是愚弄人的说法，因为日本的皇位继承规则跟英国、德国的都不一样，但这种抱怨是无用的。那些规则是日本的规则，根据这些规则，皇位的更替历来都不曾间断。在中国有记载的历史上，存在过 36 个不同的朝代。日本则不是，他也有过各种变迁，但从未曾把他的社会结构撕成碎片，其模式是恒久的。在明治维新之前的 100 年里，那些反对德川幕府的势力所利用的，正是这一论点，而不是天皇神裔说。他们说，大家要尽忠的对象应该是那个站在等级制顶点的人，那就是天皇，别无他人。他们把他打造成了整个国家地位最高的祭司，但那个角色未必意味着神性。这比说他的家族源于某位女神更加管用。

近代日本做出了种种努力，要把忠的对象人性化，并特别地指向天皇本人的形象。明治维新之后的第一个天皇是一个自重的人，在他漫长的统治时期，他轻而易举地变成了臣民心目中具有个人品格的国家象征。明治维新时期的日本天皇不常在公共场合露面，每次出场都会安排各种崇拜仪式。民众被组织起来，当他们向他鞠躬时，不会发出任何声响，甚至不会抬眼正视他。所到之处，二层以上的窗户全都关闭，因为没有人可以从高处俯瞰天皇。他与高级幕僚之间的来往也同样等级森严。这倒不是说他召集群臣议政，而是只有那些享有特权的阁僚才能"拜谒"他。关于那些引起议论的政治问题，他不会颁布诏书。他的诏书都是关于道德或节俭方面的问题；有时，它们被赋予里程碑的意义，表明某个问题已经解决，从而需要出安民告示。在他驾崩时，整个日本成了一座庙宇，崇拜者会抛开自己的一切事情，专心为他祈祷。

就是通过这些方式，天皇被打造成了一个象征，被安置在国内一切有争端的领域之外。正如美国人对星条旗的忠诚在所有党派政治之上、之外，因此，天皇是"不可侵犯的"。我们在升旗降旗时会肃立在旗帜周围，举行某种仪式，我们认为，那种仪式用在任何个人身上都是极为不当的。然而，日本人完全是在利用那个最高象征的人性特征。他们可以爱戴他，而他也会有反应。当他们听说"他顾念国民"时，会被感动得惊喜若狂。为了"让他宽心"，他们愿意献出生命。日本文化的根基完全是人际关系，在这样一种文化中，作为忠诚的象征，天皇的意义要远远超过国旗。教师们在受训时，如果声称人的最高义务是爱国，他就及不了格，他得说要身体力行地报答皇恩。

"忠"在臣民和天皇之间产生了一个双重体系。臣民们向上直面天皇，没有任何中介；他们通过自己的所作所为"让他宽心"。然而，臣民们在听取天皇的命令时，却要依赖站在他们和天皇之间的各种中介。"这是天皇御令"这句话本身就能激发忠心，可能比任何其他现代国家所能激发的更有力。罗里描述过和平时期日本军队演习中发生的一件事。一个军官带着一个团出发，下令说不经他的许可不能喝水壶里的水。日本军队在训练时就特别强调，要能在困难条件下不间断地行军，一走就是五六十英里。这天，有20个人因为干渴和脱力而倒在了路上，有5人死亡。当人们检查这些人的水壶时，发现一点都没有动过。那军官下命令时说"这是天皇御令"。[1]

在内务管理中，从丧事到纳税，"忠"制约着一切事宜。税吏、警察和地方征兵官员都是工具，臣民通过他们向天皇尽忠。日本人认为，遵守法律就是对他们所受的最高恩典——皇恩的报答。这与美国的社会习俗形成无比鲜明的对照。在美国人看来，任何新的法律——从街头停车时灯光的使用到所得税的征收，都会引得民怨沸腾，被认为是对个人自由和个人事务的干涉。联邦法规会受到双倍怀疑，因为不仅干涉个人自由，还干涉各州制定本州法律的自由。这些法规让人感觉是华盛顿的官僚集团强加到人民头上的，许多国民认为，反对那些法规的呼声再高，也不为过，因为那是出于自重，是正当的。日本人因此而断定，我们美

---

① 罗里·希尔：《日本的军事大家》，1943年，第40页。

国人都无法无天。我们则断定他们是没有任何民主思想的顺民。更准确的说法是，与两国民众的自重心相连的态度是不一样的。在我们国家，自重心取决于各自管好自己的事儿，而在日本，它取决于对自己信赖的恩人的回报。这两种做法都有其难处。我们的困难在于，很难让民众接受法规，哪怕是一些对整个国家有益的法规；他们的困难在于，无论怎么说，人的整个一生都被人情债的阴影所笼罩着。每个日本人可能在某个时刻都曾想方设法不去违法，当别人对他有所要求时，他又能巧妙地绕过去。他们还会欣赏某些形式的暴力、直截了当的行为以及私人之间的报复，而美国人一般不会。但是，尽管有这些以及其他任何可能被强调的限制条件，但它们还不足以让人们怀疑"忠"对日本人的控制力。

1945年8月15日日本投降时，"忠"在全世界表现出了它几乎是难以置信的运作效力。许多对日本有体验和了解的西方人都曾认为，日本不可能投降。他们坚持说，谁要是幻想那些分布在亚洲和太平洋群岛上的日本军队会和平地交出武器，那他就太天真了。许多日本军队在驻扎地不曾吃过败仗，而且他们相信，他们的战争是正义的。日本本土各岛也布满了要拼命到底的人。而占领军的先头部队必然是小规模的，在他前进到海军炮弹射程之外的时候，就要冒被屠杀的危险。在战争期间，日本人决不会善罢甘休，他们是好战的民族。美国分析家在评估局势时肯定没有想到日本人的忠君思想。日本天皇的投降诏书一发，战争就停了。在他的声音上电台之前，激烈的反对者在皇宫周围设下了一道警戒线，力图阻止电台播放诏书。但是，诏书一被宣读，就被接受了。无论是在满洲里或爪哇的前线指挥官，还是在日本国内的东条英机，没有一个站出来表示反对。我们的军队在机场降落后，受到了礼貌的欢迎。有一位外国记者写道，上午他们降落时，手指可能还勾着小型武器的扳机；但是，到了中午，他们就把武器扔在了一边；到了傍晚，他们就在购买小商品了。通过遵守和平的方法，日本人"让陛下宽心"了。就在一周前，他们还在宣誓，为了"让陛下宽心"，他们要奋不顾身地击退野蛮人的进攻，哪怕手里只剩下竹矛。

这样的忠心并没有什么神秘，只是有些西方人不承认，支配人类行为的情绪是非常多变的。有人曾预言，要想停战除非把日本灭了，别无选择。也有人预言，只有当自由派掌握了政权，推翻了政府，日本才可能自救。假如一个西方国家倾其所有进行一场全民支持的战争，那么这两种分析都有一定的道理。然而，他们的预言错了，因为他们把根本上属于西方的行动方针加到日本头上。在和平占领几个月之后，还有一些西方预言家认为，这是全盘皆输，因为"日本人不知道他们已经被打败了"。这是很好的西方社会哲学，其基础是关于正确和恰当的西方标准。但日本不是一个西方国家，他没有用上西方国家的杀手锏：革命。他也没有用暗地里搞破坏的方法，来反抗敌方的占领军。他用的是他自己的力量：在他的战斗力被击垮之前，他要求自己把无条件投降的巨大代价说成是"忠"。在他眼里，这一大规模的报恩行为换取了他最看重的东西：他有权说，这是天皇下的命令，哪怕那是投降的命令。哪怕在失败时，日本的最高法则还是"忠"。

第七章 "最难受"是报答

日本人常说，"最难承受"的是情义。一个人必须报答情义，正如他必须报答义务一样，但情义是一套与义务不同的义务。在英语中，不可能找到相应的概念。在世界各类文化中，人类学家发现了许多种奇怪的道德义务，而日本的情义是最奇怪的，它只属于日本。忠和孝，中国也有；尽管日本对这两个概念进行了一些改造，但它们跟其他东方国家所熟悉的一些道德规则相似。但是，日本的情义既不来自中国的儒教，也不来自东方的佛教。这是日本自有的道义类型，如果不把它考虑进来，我们就无法理解日本人的行为规则。如果不经常谈到"情义"，日本人就不可能谈论动机、名誉，以及他们在自己国家所遭遇到的困境。

对西方人来说，"情义"包括一系列相互差异极大的义务类型，从酬谢旧恩到复仇。毫无疑问，日本人并不曾力图向西方人解释"情义"为何物。他们自己编的日语词典几乎无法对它下定义。其中有一部词典的解释——我的翻译是——"正道，人应遵循之道；不情愿做的事，目的是免得日后因为不做这事而要向社会道歉。"这样的解释会让西方人摸不着头脑，不过，"不情愿"一词表明，"情义"不同于"义务"。义务加在人身上的要求无论有多少，无论多么困难，至少有一些义务的对象是在近亲范围内，或作为国家、生活方式和爱国主义的象征的统治者。一个人之所以要对这些人尽义务，是因为他一出生就跟他们建立了紧密的联系。在某些特定情形下，他的顺从行为可能是不情愿的；但是，"义务"从未曾被定义为"不情愿"的行为。而"报答情义"则总是让人不舒服。在"情义圈"中，欠人情的难处是最大的。

情义有两种全然不同的类型。一种我称之为"对社会的情义"，其本义是"偿还情义"，即向与自己同等地位的人报恩的义务。另一种我称之为"对自己名声的情义"，这是保证自己的名声和名誉不受任何诋毁和玷污的义务，有点像德国人所说的"荣誉"。"对社会的情义"可以直接描写为履行契约。这与"义务"恰成对照，后者给人的感觉是履行人们生来就要承担的某些义务，其对象是亲人。因此，"情义"涉及对姻亲家属的所有义务；而"义务"只涉及自己这方的直系亲属。岳父和公公称为"情义上的父亲"，岳母和婆婆称为"情义上的母亲"，婚姻关系上的兄弟姐妹则称为"情义上的兄弟姐妹"。这套称谓法既适用于配偶的亲属，也适用于亲属的配偶。日本人的婚姻当然是家庭之间的契约关系，他们一辈子都要向对方家庭履行这种契约关系所带来的义务，这叫作"为情义出力"。安排这种契约关系的是父母，所以对父母一代的"情义"是最沉重的——小媳妇对婆婆所要尽的情义是重中之重，因为，正如日本人所说的，新娘是去一个并非她的出生之地的家庭里去生活。丈夫对岳父岳母的义务有所不同，但也很可怕，在他们穷困时，他可能得借钱给他们，还必须负担其他契约责任。正如某个日本人所说的："如果一个成年男子为他自己的母亲做事，那是因为他爱她，所以不是什么'情义'。当你心甘情愿做事时，你就不是为'情义'出力。"人们在对姻亲履行义务时，必须谨小慎微，因为，无论付出什么代价，他都应该避免那种可怕的谴责："这人不懂情义。"

在"入赘为婿"这样的事上，人们能最最清楚地感受到这种对姻亲的义务。"入赘为婿"指的是一个男的像女的那样"嫁"出去。当某个家庭有女儿没有儿子，父母便会给其中的一个女儿择婿，以赓续姓氏。入赘者的名字会被从他自己的家谱上消除，转而姓岳父家的姓。他入赘妻家，在"情义"上就隶属于岳父岳母；他死后，也会被埋葬于岳父家的坟地。在所有这些行事方式上，他都和普通婚姻中的女性一模一样。给女儿招婿的原因可能不止自己没有儿子这一项，往往是两方希望双赢的一种交易，有所谓"政治婚姻"者便是。女方家里可能很穷，但是是名门望族；男方就可能带来现金，其回报是上升到更高的社会等级。或者，女方家里可能很有钱，能够供丈夫上学；丈夫受此好处，作为回报，他离开自己家。或者，通过联姻这种方式，女方的父亲或许能为自己的公司与某个未来的合作伙伴建立起联系。不管在哪种情况下，入赘者的情义都非常沉重——这被认为是应当的，因为，在日本，一个男人改变姓氏的行为非同小可。在封建时代的日本，为了证明自己已融入新家，他得在争斗中站在岳父一边，哪怕这意味着杀掉他的亲生父亲。在近代日本，与入赘为婿有关的"政治婚姻"往往会造成这种"情义"的强大的约束，以日本人所能提出的最沉重的枷锁，将年轻人与他们岳父家的事业和产业紧紧联在一起。尤其是在明治时代，这种做法对双方都有利。但是，做女婿的怨恨往往很强烈。日本有一句俗话说："如果你有米三合（约等于一品脱），决不去做女婿。"日本人说，这种怨恨就是因为"情义"。假如美国有类似的习俗，那我们可能会说，他之所以怨恨，是因为"他没法做男子汉了"。总之，"情义"很难履行，一般人都不愿意；因此，在日本人听来，"出于情义"这一说法全然表示的是沉重的人际关系。

对姻亲的义务是"情义"，不仅如此，甚至对叔叔辈和侄儿辈的义务也同样是"情义"。在日本，对这些相对来说不怎么近的亲属的义务不属于"孝道"范畴，这一事实是中、日在家庭成员关系方面的一个差别。在中国，许多这样的亲属，还有比这远得多的亲属，都能共享家族的各种资源；而在日本，这些都是"情义"或者说"契约"关系。日本人指出，这些人从未曾亲自帮助过被叫来寻求他们帮助的人，事情往往如此，所以，帮助他们只是在向共同的祖先报恩。照顾自己的孩子也是出于这样的认知——当然，那是一种"义务"——不过，尽管出于同样的认知，但对远亲的帮助被认为是一种"情义"。一个人在不得不帮助远亲正如帮助姻亲时，会说："我为'情义'所缠。"

扈从对主君和战友的关系是传统意义上很重要的"情义"关系，大多数日本人甚至在考虑姻亲关系之前，先要想到这层关系。这是一个有荣誉感的男人对他的上级和同侪的忠诚。在大量传统文学作品中，这种"情义"都被广泛赞誉，被等同于武士的美德。在古代日本，在德川家族利用其影响力统一国家之前，它甚至经常被看得比忠还要重要、可贵，因为在那时，忠是对将军的义务。12世纪时，某源氏将军要求某大名交出其庇护的一个敌对领主，那大名的回信至今依然被留存。他为自己的"情义"受到玷污深感恼恨，因此，哪怕顶着不忠的罪名，他也要拒绝将军的要求，不背叛情义。对于"公事"，他写道："不在我个人控制的范围内，但是，好男儿之间的情义是恒久的真情。"甚至在将军的威权之上。他拒绝"对挚友背信弃义"①，这就是古代日本武士超脱一切的美德，充斥于大量历史传说，那些传说在今天已经传遍日本各地，并被精心制作成了能乐、歌舞伎和神乐舞蹈。

其中最有名的是关于力大无比的浪人的故事，这是一位没有主君的武士，靠自己的智慧生活，这就是12世纪的英雄弁庆。他一无所有，但有神奇的力量，他寄身寺院的时候，为了把自己配备得像个武士，他杀掉了每一个过往的武士，并把他们的刀收集起来，这使僧人们感到恐惧。最后，他去挑衅一个年轻领主，在他眼里，那只是个微不足道的纨绔子弟。但是，他遇到了真正的对手，发现那年轻人是源氏后裔，正筹划为其家族恢复将军地位，那就是真正受人敬爱的日本英雄源义经。弁庆向源义经奉献了自己狂热的情义，为了后者的事业，承担了上百项开拓性的任务。然而，到了最后，他们不得不带着他们的追随者，逃出铺天盖地的敌军包围。他们化装成和尚似的朝圣者，走遍日本，假装是为建造一座庙宇化缘。为了逃过检查，源义经化装成朝圣队伍中的一员，弁庆则化装成领队。敌人在沿途都布置了岗哨，他们撞见了其中一个，弁庆给哨兵们看了一份名单，那是他伪造的一份长长的给寺院募捐者的名单，然后假装念了起来。敌人几乎放了他们。然而，就在这最后一刻，源义经的优雅的贵族气质引起了哨兵的怀疑——他哪怕化装成一个下人，也无法掩盖那种气质。哨兵们把朝圣者们叫了回去，弁庆灵机一动，彻底消除了他们对源义经的怀疑：他为一件小事而严厉指责源义经，并且给了他一耳光。这下敌人相信了，如果这个朝圣者是源义经，那么他的扈从绝对不会举手打他。因为那样违背情义的举动是不可想象的。弁

① 引自朝河贯一（Kanichi Asakawa）：《入来院（Iriki）》，1929年。

庆的不敬行为救了这支小队伍的人的生命。等他们一到了安全地带，弁庆自个儿跪倒在源义经脚下，请求后者杀了他；不过，他的主公和蔼地原谅了他。

在这些古老故事发生的年代，"情义"都是发自内心的，毫无怨恨的污染，这是近代日本人对黄金时代的白日梦。在那些日子里，那些故事告诉他们，"情义"中没有不情愿的成分。如果"情义"与"忠"发生冲突，那么当事人会坚持"情义"，并以此为荣耀。因此，"情义"是一种可爱的面对面的关系，被整个儿包裹在封建性的装饰之中。"知情达意"的意思是：扈从一生都要忠于主子，反过来，主子也要照顾扈从。"偿还情义"的意思是：扈从的一切，哪怕性命，都是主子的，随时都要准备献出。

这当然是一种幻想。在日本封建历史上，有许多扈从的忠诚被敌方大名收买。正如我们在下一章中所要阐明的，主子对扈从稍一怠慢，扈从就会离职，甚至会与敌人勾结，这被认为是正当的，有例可循。日本人会欣欣鼓舞地赞扬复仇行为，同样会欣欣鼓舞地赞扬以死效忠的行为。这两种行为都属于"情义"。"忠"是对主子的"情义"，因受辱而"报复"则是对个人名誉的"情义"。在日本，这是同一盾牌的两面。

对于今天的日本人来说，那些关于忠诚的古老故事都成了让人听了感到舒服的白日梦，因为，"偿还情义"不再是忠于自己法律上的主子，而是履行各色人等的各种义务。今天，人们常常会用充满怨恨情绪的语言谈论"情义"，强调是舆论的压力强迫某人违心地去履行"情义"。他们说，"我同意这桩婚事，只是为了情义"，"只是由于情义，我不得不给他这个工作的机会"，"我该见他，只是出于情义"。他们常常说自己"被情义所纠缠"，这个说法在词典中的解释是"我不得不这么做"。他们说，"他用情义强迫我"，"他用情义逼迫我"，这些说法和其他说法一样，都意味着某人通过提起某个应该报恩的问题，来要求说话者采取行动，而说话者是不想或不愿那么做的。在农村，在小商店的交易中，在上层财阀圈中，甚至在日本内阁中，大家都"为情义所逼"或"为情义所迫"。求婚者可以利用情义，即凭借两家是故交或有交易，而指责他未来的岳父。人们可以利用同样的手段，去攫取农民的土地。那"被逼无奈"的人自己会感到他还是应该屈服，他说："如果我不扶我的恩人一把（他可有恩于我啊），我就会被说成是一个不讲情义的人。"所有这些说法都有不情愿或委屈的含义，正如日语词典所解释的，"仅仅是为了情面"。

"情义"的规则非常严格，即严格要求报恩。它们不是一套"十诫"那样的道德准则。当某人为"情义"所迫时，人们推测他可能得践踏自己的正义感；他们经常说，"因为'情义'，我无法坚持正义。""情义"的规则根本不要求人像爱自己一样地爱邻居，也不要求人们出于内心自发的需要去慷慨行事。他们说，你应该履行情义，因为"如果你不履行，人们就会称你为'一个不懂情义的人'，你就会羞于面对世人"。那使你不得不屈服的，就是人言。事实上，"对社会的情义"在英语中往往被翻译为"与舆论保持一致"，而词典把"因为这是对社会的情义，所以没有办法"这句话翻译成"你想采取别的做法，但无论你做什么，世人都不会接受"。

在这样的"情义圈"中，"讲情义"类似于美国"借债还钱的交易规则"，而正是这一点能在很大程度上帮助我们理解日本人的态度。有人给你写信，给你礼物或适时地给你劝告，对于这样的恩惠，我们不会严格地考虑去偿还。但是，我们认为，银行的借款和利息，是必须及时偿还的。在这些金钱交易中，破产是对失败的惩罚——很重的惩罚。然而，在日本，当一个人不能偿还"情义"时，就会被看作破产者。而在生活中，你可能会以这种或那种方式，到处招致"情义"的破产。这意味着，日本人在复杂的世界上要步步小心，对生活中细微的言行都要有一笔账，而美国人压根就不会想到这样的言行会招致义务，所以会轻松地把它们扔掉。

在日本人关于对社会的情义的观念和美国人关于借债还钱的观念之间，还有一个类似点。偿还"情义"被认为是完全对等的偿还。在这一点上，"情义"与"义务"截然不同，无论你怎么尽义务，对方都永远不可能感到满足，哪怕说接近满足都不可能。但"情义"是有限定的。

在美国人看来，日本人的报恩与他们原先所受的恩惠完全不成比例，但是日本人不这么看。我们认为，他们的送礼行为也很奇怪。譬如，每年有两次，每个家庭都要把某样东西包装成喜庆的样子，作为6个月前所受礼物的还礼；女佣人家会年年送来礼物，以报答主人家雇佣她的恩惠。不过，日本人忌讳还礼比送礼大的行为。"还礼"时让人"净赚一笔"的做法会让人颜面扫地。在关于送礼的各种说法中，最诋毁送礼者的是"送小鱼，还海梁（一种大鱼）"。在偿还"情义"时也是如此。

一有可能，人们就会记录来来往往的交易行为，不管那是劳动的交换还是物品的交易。在农村，有些记录由村长保管，有些则由互助组保管，另有些则是家庭或个人的记录。参加葬礼时，人们习惯于带"香钱"。亲眷们也会带来彩布，用以制作送葬的幅。邻居们会来帮忙，女人们帮着做饭，男人们帮着挖墓穴、打棺材。在须惠村，村长把记录这些事情的纸张装订成了一本账簿。死者家属会认为这样的记录很有价值，因为邻居们送工送礼的情形上面一目了然。里面还有一张表，列举的是那些需要礼尚往来的人的名字；当别的家庭有人死去时，还礼被认为事关荣誉。这些都是长年礼尚往来的情形。在任何一个村子的丧事上，正如在任何种类的筵席上，都有短期的交换行为。帮忙打棺材的人会有饭吃，因此，他们会带一定数量的米到死者家中，算作是对自己所吃饭的部分回报。在大多数筵席上，客人们也会带一些米酒，作为对宴会用酒的部分回报。无论是庆祝生还是哀悼死，无论是插秧、盖房，还是聚会，交换"情义"的状况都被认真记录下来，以备将来偿还。

关于"情义"，日本人还有一个惯例，类似于西方关于借债还钱的惯例。如果偿还的时间超过了一定的期限，这份情义就会像产生利息似的增长。爱克斯坦博士说过这样一个故事，讲的是他与某日本制造商交往的情形。那制造商曾资助他到日本去的旅费，让他去收集关于野口英世的材料，以备写作传记。爱克斯坦博士回到美国写作此书，写完后他把手稿寄到了日本。他既没有得到任何回音，也没有收到任何回信。因为害怕书中的某些部分会触犯日本人，他自然感到烦恼，于是又去信，但他还是没有收到回信。几年后，那个制造商给他打来电话，说他就在美国。不久之后，他来到爱克斯坦博士家里，随身带来了几十棵日本的樱花树。这礼物太丰厚了。之所以如此，就是因为送礼行为被延迟得太久了。"当然啦，"那日本人对爱克斯坦博士说，"您不曾想过要我尽快还礼吧。"

当一个人"为情义所迫"时，往往是指他被迫还债，那债务会因为没有及时偿还而加重。例如，一个人可能会向小商人求助，因为他是那个小商人小时候的老师的侄子。年轻时，这个学生没有能力偿还老师的情义；在过去的岁月里，那笔债务越积越重，那个商人就虽然"不情愿"，但还是得偿还，"以表示他致歉在先"。

第八章　洗清名声

　　对自己名声的"情义"，是保证自己名声不被玷污的义务。这是一系列美德——对于西方人来说，有些是相互矛盾的，但对于日本人来说，完全是统一的，因为这些义务不是之前所受好处的回报，在"恩"这个范畴之外。这是保护自己名声的行为，不涉及之前受恩于别人的问题。因此，它们包括：维护"各就其位"的各种礼仪要求，痛苦时表现出来的忍耐，在专业上、技能上对自己名声的保护。对自己名声的"情义"也需要人付诸行动，去消除污点或侮辱；污点会弄脏人的好名声，所以应该清除掉。对恶意诽谤者进行报复，或者自杀，可能都是必需的，在这两种极端行为之间，可能会有各种各样的具体做法。但是，对任何危及自己名声的事情，他们是不会轻松地耸耸肩就算了的。

　　关于我在这里所说的"对自己名声的'情义'"，日本人没有一个唯一的说法，他们只是把它简单地说成是"恩"这个范畴之外的"义务"。这是分类的基础，并不是说对社会的情义就是回报别人的好意的义务，也不是说对自己名声的"情义"就明显包括复仇。西方语言把它们分成相互对立的两类，即报答和报复，但这不会给日本人留下什么印象。一个人对别人的善意会有所反应，对别人的嘲笑或恶意也会有所反应；这都是他的习惯。他的美德为什么不应该包括这种习惯呢？

　　在日本，是包括的。一个好人对伤害会有强烈的感受，对他所受到的好处会有同样强烈的感受。无论是报答还是报复，都是美德。日本人不像我们，他们不把两者分开，然后把一种叫作侵犯，把另一种叫作非侵犯。对他们来说，只有在"情义圈"之外，才有侵犯；只要某人是在维护情义，在清洗污名，就没有侵犯的罪行，他是在平账。他们说，只要侮辱或污蔑或失败没有受到报复或清除，"这世道就不正"。好人应该努力使世界再度回到平衡状态。这是美德，不是罪恶。在日本，对自己名声的"情义"在语言上与"感谢"和"忠诚"连在一起，即便如此，在欧洲的一些历史阶段，它也是一种美德。在文艺复兴时期的欧洲，尤其是在意大利，它曾经盛极一时。它与古典时期西班牙的"西班牙的勇敢"和德国的"名誉"有着很多共同之处。在100年前的欧洲，跟它很相像的某种东西成了决斗的基础。清除自己名誉上的污点是一种美德，无论是在日本还是在西方国家，只要这种美德占据着支配地位，那么其核心含义总是：超越任何物质意义上的利益。为了"荣誉"，一个人会献出财产、家庭和生命，献出多少，他的美德就有多高。这是它成为道德的定义的一部分，有了它，这些国家就有理由声明：他们总是提倡"精神"价值。它当然使他们受到了很大的物质损失，很难以利害得失来衡量。在美国人的生活中，充斥着的是要命的竞争和公开的敌对，与这种荣誉观恰成鲜明对照。在美国，在某种政治或金钱交易中，任何控制手段可能都不会被禁止；但是，为了得到或控制某项物质利益，就要发生战争。只有在某些特殊情况下，比如，在肯塔基山区民众的争斗中，荣誉的习俗才会盛行，才会陷入对自己名声的情义的范畴。

在任何义化中，对自己名声的"情义"都会伴随敌对与观望；然而，它不是亚洲大陆特有的美德，不是所谓的东方特质。中国人就没有这样的"情义"，暹罗人和印度人也没有。中国人认为，谁要是对这样的伤害和诽谤如此敏感，谁就是"小人"——道德上的矮子。在日本，它是高贵理想的一部分，但在中国，根本不是。在中国的伦理观中，一个人如果突然使用暴力，那他就有错，哪怕他是因为受到伤害而实施报复，滥用暴力也不会成为正当行为。他们认为，如此敏感是相当可笑的。他们不会下决心通过做出各种各样善良而伟大的举动，来证明诽谤是无稽之谈，那不是他们应付污蔑的方式。在暹罗人心里，根本不存在这种对伤害的敏感。与中国人相似，他们会着重让恶意诽谤者显得滑稽好笑，而不会想象他们的荣誉曾受到损害。他们说"暴露对手及其残忍本性的最好办法，是让着他"。

在日本，所有非侵犯性的德行都被包含在"情义"的范畴中，如果不把这些德行放在上下文中进行讨论，那么，对自己名声的"情义"的含义就不可能被完全理解。报复只是它在特殊情况下可能涉及的一种德行，它还包括许多安静的、克制的习惯。有自重心的日本人都需要自我克制，这种斯多葛主义的行为准则也是对自己名声的"情义"的一部分。女人在分娩时不可以大声哭叫，男人应该战胜痛苦和危险。当洪水冲向村子时，每个有自重心的人都会收拾起他要随身携带的生活必需品，然后去寻找高一点的地方。没有大哭大叫，没有跑来跑去，也没有惊慌失措。在赤道暴风雨像飓风一样袭来时，人们也是这样自我克制。在日本，这样的行为是一个人尊重自己的一种表现，哪怕他不能完全做到。日本人认为，美国人的自重是不要求自我克制的。在日本，自我克制中还有"高贵义务"的含义，所以，在封建时代，对武士的要求比对普通人的要多；而德行的要求相对平民就没那么高，但仍是各个阶层的生活准则。如果对武士的最高要求是战胜身体的疼痛，那么对普通人的最高要求就是忍受武士的武装侵犯。

关于武士的吃苦耐劳，有一些著名的故事。他们被禁止喊饿，饿死事小，不值一提。他们奉命在饿着肚子的时候，也要装出一副刚刚吃过的样子，必须用牙签剔牙。谚语说"小鸟为食而鸣，而武士只有牙签"。在二战中，这句话成了军中士兵的格言。武士们也不应屈服于痛苦。日本人的态度有点像那个少年士兵对拿破仑的反驳："受伤了吗？不，大人，我被杀了。"武士不应流露出任何痛苦的神色，直到倒毙。他必须忍受痛苦，决不退缩。据说，胜伯爵（死于 1899 年）在小的时候，睾丸曾被狗咬破。他出生于武士家庭，但他家那时已经沉沦到了以乞讨为生的地步。在医生给他做手术时，他父亲用一把刀指着他的鼻子说："如果你叫出声来，我就杀了你，这样的话，你至少不会感到羞愧。"

对自己名声的"情义"还有一个要求：一个人的生活应该跟他在社会上的地位保持一致。如果他没有履行这项"情义"，他就没有尊重自己的权利。在德川时代，这意味着：他要遵守一套限制他花费的详细规定，把这套规定看作是他的自重的组成部分。他的一切，从衣着到财物到用品，都受到了严格的规定。对这些按照世袭的阶级地位规定人的一切的法令，美国人的内心会感到震惊。在美国，自重与提高自己的地位紧密相连，而那些限制人花费的固定法律与我们社会的基础格格不入。德川时代的法律会让我们感到惊恐，因为它们规定，某个阶层的农民可以给他的孩子买这么样的一个洋娃娃，而另一个阶层的农民则可以买一个不同的洋娃娃。然而，在美国，我们会采用另一套交易法，不过，结果是一样的。我们会毫无怨言地接受这样的事实：工厂主的孩子拥有一列电动火车，而佃农的孩子有一个玉米棒做的洋娃娃就心满意足了。我们承认不同的人收入不同，并认为这是正当的。在我们的社会体制中，赚取高薪是自重的表现。如果购买不同的洋娃娃取决于收入的高低，那就不会对我们的道德观念产生任何冲击。富裕起来的人给孩子们买的是比较好的洋娃娃。在日本，致富者往往会受到怀疑，享受不到相当的社会地位。哪怕是在今天，穷人和富人一样，把自重寄托于对等级制惯例的遵守。在 19 世纪 30 年代的一本书中，法国人德·托克维尔指出，这一德行与美国不同。我们在前面引用过他的话。他自己生于 18 世纪的法国，所以，尽管他曾对美国的平等主义给予慷慨的赞词，但他了解并热爱的还是贵族式的生活方式。他说，尽管美国有种种优点，但缺乏真正的高贵。"真正的高贵包括采取适当的姿态，不卑不亢。无论是农夫，还是王子，都可如此。"德·托克维尔是理解日本人的态度的，即阶级区分本身并不让人觉得丢脸。

在今天，我们有条件对各种文化进行客观地研究，所以，大家认为，对"真正的高贵"这个说法，不同的民族有不同的定义，正如他们对"丢脸"一词的定义也往往是他们自己的定义。现在，有些美国人叫嚣说，直到我们把平等主义强加到日本人头上，我们才能让他们享有自重。但是，这种说法带有民族自我中心主义的错误。如他们所说，如果他们想要给日本人的，是一个自重的日本，那么，他们就得承认日本人的自重的基础。我们可以承认，正如托克维尔所做的，那种所谓的贵族式的"真正的高贵"正在从现代社会中消失；我们相信，取而代之的，是一种更加美好的高贵。毫无疑问，这样的情况也会在日本发生。同时，日本将不得不在今天重建其自重，在她自己的基础上，而不是在我们的基础上。她将不得不以她自己的方式净化自己。

除了那些分内的义务，对自己名声的"情义"也意味着要履行许多别的义务。当某人借钱时，可能会以他对自己名声的"情义"发誓。上一代日本人往往这样发誓："如果我不还这笔钱，我愿意被公众嘲笑。"假如他真的没还，他也不会真的成为笑柄，因为，在日本，压根儿没有被公众嘲笑这回事。不过，在新年来临之际，债务必须偿还，因破产而还不起债的人可能会以自杀来"洗刷骂名"。在今天的除夕之夜，依然会有一些人自杀，他们这么做，只是为了挽救自己的声誉。

所有各种工作上的义务也与对自己名声的"情义"有关。当某些特殊的环境因素把人带入公众的视野，他可能就会受到大家的批评；这时日本人的要求往往会显得很奇怪。例如，有大量小学校长仅仅因为学校失火而自杀——那火灾跟他们没有什么关系——他们是被天皇的画像给吓的，那种画像张挂在每所学校。为了抢救天皇画像，老师们会冲入已经烧起来的学校，甚至有因此而被烧死的。他们以死表明，他们是多么看重对自己名声的"情义"和对天皇的"忠诚"。还有许多流传甚广的故事说，有些人在仪式性的公共场合，在朗读天皇的诏书时，无论那是关于教育的还是关于军事的，会因为偶尔念错而内疚，从而以自杀来洗刷自己的名声。就在当今天皇统治时期，有一个人因为一不留意给他的儿子取名为"裕仁"——那是天皇的御名，别的任何日本人都不准用——就自杀了，并杀了自己的孩子。

在日本，专业人士对自己名声的"情义"要求很高，但是不需要用我们美国人心目中的高水平的专业水准来维持这份"情义"。教师们说："作为一名教师，我无法漠视对自己名声的'情义'。"他的意思是：如果他不知道某只青蛙属于哪一类，他也要装作知道。哪怕他自己的英语只有几年的学校教育基础，而他恰恰教的是英语，他也绝对不会承认任何别人有能力来改正他的错误。"一名教师对自己名声的'情义'"就是专门指的这类自卫机制。商人也有对自己名声的"情义"，他不会让任何人知道，他的资产已经耗尽，或者他为自己的公司所制定的计划已经失败。由于对自己名声的"情义"，外交官不会承认自己策略的失败。在所有这些"情义"的用法中，人和工作被完全等同起来了，对他的行为和能力的任何批评，都会自动成为对他本人的批评。

这就是日本人对失败和不足所导致的失去名誉的反应，在美国，这样的反应也会一而再再而三地发生。我们都知道，有些人会因为被诽谤而气得发狂，但是，我们很少会像日本人那样自卫。如果一个美国教师不知道一只青蛙属于哪一类，他会认为，较之不懂装懂，承认不懂是更好的做法，尽管他可能也会屈服于掩饰自己的无知的诱惑。如果一个美国商人对自己所推行的策略不满意，他会认为，他可以推出一项新的别样的指令。他不会做如是想，他保持自重的条件不在于坚持说自己所做的一切都是对的，如果他承认自己的错误，他就该辞职乃至退休。然而，在日本，这种自卫机制已经深入人心。不要当面过多地说某人犯了专业上的错误——这是一种普遍适用的礼节，也是一种明智的表现。

在某人败给别人的情况下，这种敏感尤为显著。他之所以失败，可能只是因为对方被认为更适合某一份工作，或者他自己在竞争考试中落选。他会为这样的失败"背负耻辱的名声"。尽管在有些情况下，这种耻辱会强烈地激励他加倍努力，但在许多别的情况下，会危险地让他气馁。他会失去信心，变得忧郁或愤怒或忧愤交加，这会使他放弃努力。尤其重要的是，美国人要认识到，在美国人的生活中，竞争能取得社会所需要的效果，而在日本，不会有那种效果。我们认为"竞争"是"一件好事"，以至于强烈地依赖它。心理测试表明，竞争能促使我们尽力工作，在竞争的激发下，我们会表现得越来越好。在有竞争者存在时，我们的工作成绩会很出色；当我们被要求独立做某件事情时，就可能达不到那样的成绩。然而，在日本，测试的结果正好与之相反。在儿童期结束之后，尤其如此；因为，跟成人相比，日本的儿童更喜欢竞争，对竞争不会有那么多的顾虑。然而，青壮年的竞争表现就差多了。日本人在独自工作时，会进展很好，错误减少，而且速度很快；一旦引入竞争者，他们就会开始犯错，进度也会急剧慢下来。当他们拿自己的成绩进行纵向比较，而不是拿别人的成绩与自己的进行横向比较时，他们会做得最好。对于竞争情景下自己同胞的这种差劲表现的原因，日本测试者们做出了准确的分析。他们说，当某项工作变得具有竞争性时，日本人首先想到的是他们可能会失败的危险，于是工作受到了损失。他们敏感地以为竞争是一种侵犯，所以他们转而会去注意自己与入侵者的关系，而不是专注于自己手头的工作。[①]

在这些测试中，被试学生的心理在很大程度上会被可能失败的名声所影响。正如教师或商人要对他们的职场名声担负起"情义"，学生们也会牢记自己对学生这一名声的"情义"。学生团队如果在竞赛中失败，也会因为这失败而感到耻辱，甚至达到自暴自弃的地步。划船运动员可能会一头倒下去，挨着船桨，兀自哀哀。失利的垒球队员们可能会挤作一团，放声大哭。在美国，我们会说他们是表现糟糕的失利者。我们的礼仪希冀失利者说胜利者的确比自己优秀，他们应当跟胜利者握手才对。无论我们多么讨厌自己被打败，我们都会蔑视那些因失败而发生情绪危机的人。

在想方设法避免直接竞争方面，日本人总是很有创意。日本小学中的竞争少之又少，以至于美国人认为那是不可能的。教师们被勒令去教育孩子们必须提高自己的成绩，而不应该给他们机会去跟其他人攀比。哪怕是在分级的学校中，他们也不会让任何学生留级，重读一年。从入学到毕业，所有孩子都会一起完成小学阶段的教育。孩子们拿到的成绩单有等级区分，但区分的标准是操守记录，而不是学业成绩。当真正竞争的情形避免不了时，如参加中学入学考试时，学生们心理紧张程度之高就可想而知了。当男孩子们知道自己考试失败时，可能会自杀，每一个教师都能给你讲几个这样的故事。

这种把直接竞争的程度降到最低的做法，在日本人生活的各个方面普遍盛行。他们的伦理的基础是恩，所以留给竞争的空间很小；而美国人所绝对奉行的规则是：在与同类的竞争中，要表现优异。在日本的整

---

① 测试简报，见《日本人：性格与精神面貌》，由拉第斯拉司·法拉格为国民精神面貌委员会起草。

个等级体制中，对等级有种种具体的规定；正是这些规定使直接竞争少之又少。日本的家庭制度也使直接竞争降到了最低程度。在美国，甚至在家庭里，甚至父子之间，都存在着竞争关系；但在日本，这是不可能的，父子俩可能会相互排斥，但不会相互竞争。日本人对美国的家庭生活既感到奇怪又表示反对，因为在美国，父子俩会争着用家里的汽车，还会在母亲或妻子面前争宠。

两个人在竞争时会发生直接的冲突，为了防止冲突的发生，日本人普遍采用请中间人调停的方式，这种方式的效果更好。一个人如果失败，就可能感到羞愧；在任何这种情况下，都需要有一个中间人，所以中间人能在大量事情上发挥作用——如提亲、找工作、离职，以及不计其数的日常事务的处理。中间人会向双方传话，如果碰上像婚姻这样的大事，那么双方会各自请一个媒人，两个媒人先协商细节，然后各自回去传话。通过这种间接的处事方式，当事人就不会听到对方的要求或控诉；如果是直接交流，那么，那样的要求或控诉肯定会因为触犯当事人名声的情义而招致厌烦。中间人也会因为在这种正式的场合发挥作用，而取得声望；通过成功运作，他还会受到本地社会的尊敬。中间人自己可以从顺利协商中获利，所以和谈成功的机会更大。中间人在为雇员打探雇主对他的工作的看法时，或者在为雇员向雇主转达离职决定时，都会用到同样的做法。

有些情况可能会使某人对自己名声的"情义"受到质疑，会使他感到羞辱，所以要尽量避免这类情况发生，使它们少之又少，远远避开直接竞争。日本人认为，主人应该举行某种欢迎仪式迎接客人，而且要穿上自己最好的衣服。因此，如果你看到一个农民在家里穿着工作服，你可能得等上一会儿。直到那农民穿上了合适的衣服，安排好了适当的礼仪，他才会表示欢迎。哪怕客人就等在他换衣服的屋子里，他也不会先表示一下欢迎的意思。在完成装束前，他仿佛是不存在的。在农村也是如此，男孩子要去看女孩子，可能得等到晚上家里人睡了之后，甚至在女孩子上了床之后。对他的到来，女孩子可能接受，也可能拒绝；不过，男孩子会带上一条毛巾，把脸裹起来，这样哪怕被拒绝，第二天他也不用感到羞愧。这种蒙面术的目的不是为了防止那女孩认出他来，而纯粹是一种鸵鸟式的办法，以备将来可以不承认他本人曾经受过被拒绝的侮辱。礼节还要求，任何事情在保证成功之前，要尽可能不让人知道。在契约达成之前，媒人有义务撮合婚事，让大家看好的新娘和新郎走到一起。为此，他要想尽办法，让双方的见面显得是邂逅；如果在相亲阶段就把介绍婚事的目的说出来，那么，如果契约破裂，就会威胁到一方或双方家庭的荣誉。由于那对年轻人必须要由父亲或母亲或父母双亲陪伴，而媒人必须做东，对大家伙"偶然遇到"时的情形要进行极为严密的安排；见面的场合或者是在一年一度的菊花展上，或者是在观赏樱花时，或者是在一个大家都知道的公园里，或者是某个娱乐场所里。

通过所有这些方式，还有很多其他的，日本人总是想避免那些可能会因为失败而感到羞辱的场面。尽管他们强调，一个人有义务洗刷自己受到侮辱的名声，但是，在实践中，这会导致他们去对事情做出精心的安排，以尽可能少地让人产生受到侮辱的感受。这与太平洋群岛上的许多民族习惯都迥然不同，尽管他们跟日本人一样，也把洗刷自己的名声这等事看得无比重要。

在新几内亚和美拉尼西亚这样以种花种菜为生的原始民族中，部落行动或个人行为的主要动力是侮辱，因为侮辱必然导致愤怒。举行部落宴会时，如果某个村子的人说另一个村子太穷，连十个客人都招待不起，把芋头和椰子藏起来，真是太吝啬了；村里的头人想要组织一场宴会，也组织不起来，真是太愚蠢了。这种话会激励那个受到挑衅的村子的人行动起来，他们洗刷自己名声的方式是在每个角落都堆满东西，以显示自己的大方和奢侈。婚姻安排和经济交易也以这样的方式进行。他们在开战时，也会这么做。在弯弓搭箭之前，双方会有好一阵子对骂。哪怕是鸡毛蒜皮的事，在他们处理起来，就好像大得足以决一死战。这是这些部落行动的主要动力，而他们往往活力四射。不过，没有人曾把这些部落描写为礼仪之邦。

相反，日本人是讲礼貌的模范。他们要限制那些让自己必须去洗刷自己名声的事情，而人人要讲礼貌可以衡量出他们的限制工作做到了什么样的程度。侮辱会引起愤怒，日本人保留这个逻辑，作为无与伦比的手段，刺激人们去取得成绩。然而，他们限制那些让人感到恼怒的事情。只有在一些特殊情况下，或者，只有那些用来限制的传统安排手段在压力下出现故障时，才会发生那样的事情。毫无疑问，正是因为日本人使用这种刺激手段，才使他们国家有能力在远东取得支配性的地位，并在过去十年里执行了对英美开战的政策。关于日本人如何敏感于侮辱，如何渴望报复，许多西方人都讨论过。但是，那些讨论更加适合于新几内亚那些利用侮辱作为动力的部落，而不是日本。在这场战争失败之后，日本会如何表现？许多西方人都曾有过预言，但那些都不是中肯的预言，因为他们没有认识到，在对自己名声的"情义"方面，日本人是有一些特殊的限制措施的。

日本人讲礼貌，但美国人不应该被这点误导，以为他们对诽谤不敏感。美国人会非常轻松地散布个人的评论，觉得这挺好玩。我们很难意识到，在日本，轻松的评论会跟要命的严肃连在一起。牧野芳雄是一个日本画家，他用英语写的自传是在美国出版的。在那本自传里，他生动地描写了他所理解的嘲笑，以及他作为一个日本人对那些嘲笑的极为正当的反应。在他写这本书时，他已经在美国和欧洲度过了他大部分的成年岁月，但他仍然强烈地感到，他似乎还生活在他那位于爱知县农村的家乡。他是一个很有地位的乡绅的小儿子，拥有一个可爱的家庭，是在蜜罐里长大的。在他的童年即将结束的时候，母亲去世了，不久，他父亲破了产，为了还债，卖掉了所有的财产。家庭遭此突变，牧野身无分文，无法实现自己的雄心。他的雄心之一是学英语。他去投靠附近的一所教会学校，找了份看门的工作，以便学习英语。到了18岁，他还从未曾走出过周围那几个乡镇，但是，他下定决心要去美国。

> 我去拜访一个传教士，比起其他任何人，我更信赖他。
> 我跟他说，我想去美国，希望他能给我一些有用的信息。让
> 我大失所望的是，他惊叫道："什么？你要去美国？"他妻
> 子正好也在屋子里，他俩双双嘲笑我！在那一刻，我觉得，

我脑袋里的所有血液都流到了脚上！我默默地站在原地，有那么几秒钟，然后，没跟他们说"再见"，就回到了自己的房间里。我跟自己说："一切都完了！"

翌日早上，我逃离了那所学校。现在，我想说说个中缘由。我一直相信，不真诚是这个世界上最大的罪恶，没有比嘲笑更不真诚的了！

我总是原谅别人发怒，因为坏脾气发作是人类的天性。如果有人对我撒谎，我一般也会原谅他，因为人性很弱，面对困难时，人的心理往往不能保持稳定，也就不能说出全部的真相。如果某人没有根据地造我的谣，弄出些流言蜚语，我也会原谅他，因为只要有些人相信那些谣言，你也很容易会被它们蛊惑。

我甚至可以根据实际情况原谅谋杀犯。但是，我决不原谅嘲笑。因为你不能嘲笑那些没有不真诚心理的老实人。

让我来告诉你我自己对这两个词的定义：谋杀犯，是杀害某人的肉体的人；嘲笑者，是杀害别人的灵魂和心灵的人。

灵魂和心灵比肉体珍贵得多，因此，嘲笑是最恶劣的罪恶。事实上，那个传教士和他的老婆企图谋杀的就是我的灵魂和心灵，所以，我的心感到一阵剧痛，大声呼叫："你为什么……"①

第二天早上，他把所有的家当打成一个包裹，拿起就走。

正如他所感到的，他为那传教士的怀疑所"害"；那传教士不相信，一个身无分文的乡村少年能到美国去，还想当艺术家。他的名声被玷污了，只有实现自己的目标，他才能洗刷自己的名声。在传教士"嘲笑"他之后，他别无选择，只能离开那个地方，努力去证明自己有能力到美国去。他骂传教士用的是"不真诚"一词，这话在英语里听起来怪怪的，因为在我们看来，那个美国传教士的呼叫非常符合我们所理解的"真诚"

---

① 牧野芳雄：《当我是个孩子时》，1912 年，第 159—160 页。原文为斜体字。

这个词的本义。但是，他用的是日本人所理解的这个词的意思，他们通常认为，任何人如果小瞧那些不想冒犯他的人，那他就不真诚。传教士的嘲笑就是这样的行为，所以既不道德，也"不真诚"。

"我甚至可以根据实际情况原谅谋杀犯。但是，我决不原谅嘲笑。"既然"原谅"不是对嘲笑应有的态度，那么一种可能的反应是报复。牧野来到美国，洗刷了自己的名声。根据日本的传统观念，在被侮辱或失败的情况下，报复是高尚的"好事"。给西方读者写书的日本人有时会以生动的修辞手法，描写日本人关于复仇的态度。新渡户稻造是日本最善良的人物之一，他在 1900 年写道："在复仇中存在着某种能满足人的正义感的东西。复仇意识有时像数学题一样精确，在方程式的两边求得相等之前，我们会一直觉得这道题还没做完。"[1] 在一本关于《日本的生活和思想》的书中，冈仓由三郎把复仇跟一种特别具有日本特征的风俗进行了类比：

> 日本人的许多所谓的精神特性，都源于对纯洁的爱和与之互补的对污秽的恨。但是，请注意，那是因为我们被训练去关注轻侮（事实就是如此），不管那轻侮针对的是家庭荣誉还是国家荣誉；否则，有那么多污秽和创口，如果不通过申辩的彻底清洗，是不可能变得干净并痊愈的，怎么会这样？在日本的公私生活中，经常会遇到复仇事件。你可以径直把这些事件看作晨浴，日本人喜欢进行晨浴，是因为他们的爱清洁已经成了一种洁癖。[2]

他又说，日本人"喜欢干净、没有污秽的生活，这样的生活平静而美丽，犹如一树盛开的樱花"。此处的"晨浴"一词可以理解成：洗掉别人扔到你身上的污泥，只要有一丁点污泥粘在你身上，你就不可能是

---

[1] 新渡户稻造：《武士道》，1900 年，第 83 页。

[2] 冈仓由三郎：《日本的生活和思想》，伦敦，1913 年，第 17 页。

贞洁的。有的伦理教条说，除非一个人自己认为受到了侮辱，否则就不可能受辱，让人受辱的因素来自他自身，而不是针对他的别人的言行。但日本没有这样的伦理教条。

日本的传统中一直在公众面前保留着这种"晨浴"般的复仇理想。有关复仇的事件和英雄故事数不胜数，大家都知道，其中流传最广的，是历史故事《四十七士》。人们在教科书里阅读这些故事，在剧场里演出它们，并把它们改编成电影，印制成通俗读物。它们已经成了当前日本活生生的文化的组成部分。

许多这类故事讲的是对偶然失败的敏感。例如，大名叫来他的三个扈从，让他们猜一把宝刀的制作者的名字。三人说法不一，后来请来专家，发现只有名古屋山三说的是正确的，那的确是一把"村正"刀。那两位猜错了的，把这事看作一种侮辱，准备杀掉山三。其中一位趁山三熟睡之际，用山三自己的刀刺杀他。然而，山三没被杀死。后来，那凶手一门心思要报仇，到最后，终于成功地杀了山三，保全了对自己名声的"情义"。

还有些故事讲的是被逼无奈、弑主复仇。在日本伦理中，"情义"具有双重含义，一是家臣至死都要忠于主子；二是当家臣自觉受到主子的侮辱，就会转而成为不共戴天的敌人。家康是德川家族的第一位将军，在关于他的故事中就有这样的一个好例子。家康曾说，他的一位家臣"将被喉咙里的鱼刺扎死"，这话传到了那位家臣的耳朵里。被鱼刺扎死是一种没有尊严的死法，说一个人会这样死去是对他名声的诋毁，会让他无法容忍。于是，那位家臣发誓，他死活都不会忘掉这等侮辱。家康当时刚刚迁都江户（东京的旧称），全国尚未统一，敌人尚未肃清。那家臣给敌方领主出谋划策，提出他将在江户城里放火，把它烧毁。这样他就可以确保自己的"情义"，并向家康复仇。大多数对日本人的忠诚的西方说法都根本不切实际，因为他们没有认识到，"情义"不只是忠诚，在某些情况下，背叛也是一种美德。正如日本人所说的"一个人会被打成叛徒"。一个人被侮辱也会成为叛徒。

从这两个历史故事中可以总结出两个主题：错误的一方会报复正确

的一方；为受辱而报复，哪怕侮辱自己的是主子。在日本的文学名著中，这两个主题司空见惯，有种种变形。当我们仔细阅读当代日本人写的传记、小说和报道时，我们会清楚地发现，虽然日本人非常欣赏他们传统中的复仇故事，但是，今天，这样的故事跟西方国家一样的少，也许更少。这并不意味着，日本人已经不再像过去那样沉迷于荣誉，而是意味着他们对失败和受辱的反应越来越趋向于防卫而不是进攻。他们还是像以前那样认为羞辱是非常严重的，但是，他们越来越趋向于让自己心理麻痹，而不是挑起争端。在没有法律的前明治时代，更有可能发生出于复仇的直接攻击。到了近代，法律、秩序和处理相互依赖的经济关系的难度，使报复行为转入地下，或者转向自己的胸膛。一个人可能会通过耍弄计谋去报复敌人，事后他绝对不会承认——有点像是在模仿一个老故事里的报复行为——主人用粪便招待敌人，但是不会被察觉，因为他把粪便掺和在了美味佳肴里。这事只有他自己知道，那客人根本就没发现。不过，甚至这类暗地里的攻击现在都少了，更多的是转而针对自身。有两种做法：一是把报复的欲望当作一种激励手段，促使自己去做"不可能做"的事情；二是让它蚕食自己的心灵。

日本人很容易因为失败、受辱和被排斥而受伤，这使他们动不动就折磨自己，而不是迁怒他人。在过去几十年里，日本的小说一遍又一遍地描写的是：有教养的日本人一会儿忧郁得要死，一会儿又愤怒得要命，常常为此而迷失自己。故事的主人公厌烦一切——厌烦生活圈子，厌烦家庭，厌烦城市，厌烦国家。但是，这厌烦并不是由于理想的可望而不可即，假如是那种厌烦，那么他们的心眼里会有一个伟大的目标，与之相比，任何努力都显得太渺小。这厌烦也不是源于现实和理想之间的对立。当日本人拥有了一个伟大使命的幻象，他们的厌烦情绪就会消失。不管那目标有多遥远，他们的厌烦情绪都会彻底消失。他们的厌烦是一种特殊的厌倦，是一个太容易受伤的民族的病态表现。他们害怕被拒绝，并把这种恐惧引向自己的内心，成为碍手碍脚的东西。与我们所熟悉的苏联小说中的厌烦情景相比，日本小说中的厌烦是一种完全不同的心态。在苏联小说中，主人公们也有种种厌烦的体验，但体验的基础是现实与理想之间的对立。乔治·桑塞姆爵士曾说过，日本人缺乏现实与理想之间的对立感。他说的不是这种缺乏如何成为日本人的厌烦情绪的基础，而是他们如何构建自己的哲学和对人生的一般态度。当然，这种与西方基本观念的对立远远超出了此处所讲的特殊事例，不过，这与日本人饱受其害的抑郁症有着特殊的关联。日本和苏联可以归为一类，因为俄罗斯人也喜欢在小说中描写厌烦情绪。这与美国形成鲜明对照。美国小说不大处理这一主题，而是把人物的悲惨遭遇归咎于性格缺陷或残酷社会的打击，很少单独描写纯粹的厌烦情绪。个人的不适应感肯定有一个原因、一个形成的过程，会引起读者对男女主人公的某个缺点或社会秩序的某种罪恶做出道义上的谴责。日本也有无产者小说，抗议城市里令人绝望的经济状况和商业渔船上可怕的突发事件；但是，他们的人物小说展现的是这样一个世界，在那儿，人们情绪的爆发，正如一位作家所说，往往像有毒气体的飘动。不管是人物，还是作者，都认为，分析环境或主人公的生涯，以厘清那团阴云，是没必要的。它说来就来，说去就去。人们很容易受到它的攻击。古代英雄们会在与敌人交锋时显现他们的攻击性，而现在这种攻击性已经内化了；在日本人看来，他们的阴郁没有任何明确的由头。他们可能会抓住某个事件，作为由头；但是，这一事件往往留给人一种古怪的印象，即它不过是一种象征而已。

自杀是现代日本人对自己采取的最极端的攻击性行为。根据他们的原则，如果施行妥当，自杀能洗清他们的名声，使后人记得他们。美国会谴责自杀行为，这使自我毁灭行为仅仅是一种对绝境的绝望屈从；而日本人会敬重自杀行为，这使它变成一种荣耀的、合乎目的的行为。在某些情境中，出于对自己的名声的情义，自杀是最荣耀的行为。到了年关不能履行还债义务的人，自杀以承认自己对某个不幸事件负有责任的人；双双殉情以封存没有希望的爱情的恋人；抗议政府迟迟不对中国发动战争的爱国者，都像考试失利的男孩或避免被俘虏的士兵，转而对自己实施最后一击。有些日本权威人士说，这种自杀倾向在日本是新事物。事实是否如此很难做出判断，但统计表明，这几年，观察家们往往高估自杀的频率。在19世纪的丹麦，在纳粹统治之前的德国，较之任何时候的日本，自杀频率都要高。但可以肯定的是：日本人喜欢这个话题，他们把玩自杀，正如美国人把玩罪恶，都能从别人的行为中获得乐趣。只不过，他们宁愿把这种乐趣建立在自杀事件上，而不是杀人案件上。用培根的话来说，他们把自杀事件变成了人们最爱听的"刺激性事件"。它迎合了某种需要，而别的行为无法满足那种需要。

在现代日本，较之在封建时代的历史故事中，自杀显得更具有受虐狂性质。在那些故事中，武士奉命自杀，是为了把自己从毫无荣光的死刑中解脱出来。这很像西方士兵宁愿被射杀，而不是被绞死，或者，他用这种方式使自己免受折磨，他预料到，如果他落入敌手，将受到敌人的折磨。日本士兵被允许剖腹自杀，这很像丢面子的普鲁士军官有时被允许私密地枪杀自己。在他知道除了自杀没有希望挽救自己的名誉之后，那些掌握大权的人会来到他房间，在桌子上放下一瓶威士忌酒和一把手枪。对日本武士来说，在这种情境下，自杀只是选择了一种死法，因为死是确定的。在现代，自杀是一种选择去死的方式，即用对自己施暴的方式取代了谋害别人的方式。在封建时代，自杀行为是一个人的勇气和决心的最后宣示，今天则成了自取灭亡。在过去两代人的时间里，日本人感觉到，世界是倾斜的，"方程式的两边不相等"，他们需要"晨浴"，以擦去污秽。他们越来越倾向于毁灭自己而不是他人。

有人甚至为了自己能获胜，把自杀作为最后的争辩手段，这种情况在封建时代和现代都出现过，但已经有了一些变化。德川时代有一个著名的故事，说的是：一位老太师在幕府中身居高位。在所有幕僚和将军的钦差大臣面前，他脱掉衣服，举刀就要剖腹自尽。这一自杀的威胁见效了，他相中的候选人确定无疑地继承了将军的职位。他的计谋得逞了，但没有自杀。用西方人的话来说，这位太师是在威胁反对派。然而，在现代日本，这种表达抗议的自杀是殉道行为，而不是谈判行为。在一个人失败之后，或者反对某项已经签署的契约——如海军裁军条约，以使自己青史留名，他就会采取这一行为。之所以要有这样的表演，是因为只有真正实施自杀行为，而不是以此威胁，才能影响舆论。

当一个人认为自己名声的情义受到威胁时，这种打击自己的倾向会越来越明显，但不需要采取像自杀这样极端的步骤。指向自我内心的攻击性只会产生抑郁和倦怠。在受过教育的日本人中，普遍存在着厌倦心态。这种心态之所以在这一特殊阶层中广泛传播，是因为很多社会原因，如知识分子太多，而且在等级制中的地位非常不稳固。只有一小部分能实现自己的雄心。在 20 世纪 30 年代，情形也是如此，知识分子更加脆弱，因为当局害怕他们有"危险思想"，所以监控他们。日本知识分子常常抱怨西方化所引起的混乱，以此来解释他们的挫折感，但是，这种解释不足以站得住脚。日本人的典型心态是左右摇摆，从强烈的奉献到同样强烈的厌倦。许多知识分子都承受过心理崩溃，而这正是日本人的传统现象。在 20 世纪 30 年代中期，他们中有好多人以传统方式摆脱过这种心态：拥抱民族主义目标，再度把攻击的矛头从自己的胸口移开，转而攻击外国。在针对外国的极权主义侵略中，他们能重新"找到自我"。他们把自己从糟糕的心态中挽救出来，感到内心有一股新的伟大的力量。他们不能在同胞交往中这么做，但他们相信，作为侵略国，他们能这么做。

现在，战争的结果已经证明，他们的这种信心是错误的，于是，倦怠情绪再度成为日本严重的心理威胁。不管他们怀着什么样的意向，他们都无法轻易地对付这种威胁，它已根深蒂固。"再也没有轰炸了，"一个日本人在东京说，"解脱了，真好。可是，我们再也不打仗了，也就没有目标了。大家都很茫然，不太关心自己的所作所为。我就是这样，我妻子也是，医院里的病人都这样。我们大家做什么都是慢腾腾的，感到迷茫。人们抱怨政府在战后清理和提供救济方面，动作太慢，但是，我认为，真正的原因是所有政府官员跟我们一样，也是感到懒洋洋的。"这种无精打采的样子在日本是一种危险，在解放后的法国也存在过这种危险。在德国投降后的 6 到 8 个月里，这不是一个问题。在日本，它是个问题。美国人能够充分理解这一反应，但在我们看来，日本人对征服者如此友好，却令人难以置信。形势几乎一下子就明朗了，他们以极端的友善的态度接受了战败的事实及其后果。他们用鞠躬、微笑欢迎美国人，以挥手和欢呼向美国人致意，既不快快不乐，也不怒气冲冲。正如天皇在投降诏书中所说的，他们已经"忍所难忍"。那么，他们为何不把家园建设得秩序井然？在被占领的条件下，他们是有这样做的机会的。外国军队没有占领他们的一个村子，行政管理事务依然掌握在他们手里。整个国家似乎都在微笑并挥手致意，而不是处理各项事务。然而，同样是这个国家，在明治时代早期，就创造了复兴的奇迹，在 20 世纪30 年代，已经做好了军事征服的准备；他们的士兵曾经在太平洋的一个个岛屿上，舍身战斗。

事实上，这就是日本人，他们以自己的方式做出反应。在高强度的努力和纯粹消磨时间的懈怠之间，他们的情绪摇摆不定，而这对他们而言是自然的。目前，日本人主要意识到要在失败的情形中保护自己的名声，他们感到，通过友好的表示，他们能做到这一点。作为一种推论的结果，许多日本人感到，依赖美国，就能最安全地做到这一点。他们很容易会走到这一步，即感到努力会引起猜疑，还不如消磨时间。于是懈怠的情绪到处蔓延。

但是，日本人不喜欢倦怠。在日本，为了更加美好地生活，他们常常呼吁"唤醒自己，摆脱倦怠"，"唤醒别人，摆脱倦怠"。哪怕是在战争期间，这话也经常被挂在播音员的嘴边。1946 年春天，他们的报纸连续讨论有损日本荣耀的一个污点，即"全世界的眼睛都看着我们"，而他们尚未清理轰炸的废墟，尚未启用某些公共设施。他们抱怨无家可归者的倦怠，那些人整个一家子会在火车站睡觉过夜。美国人曾见过他们的惨状。日本人明白这些呼吁有益于他们的名誉，他们也希望，作为一个国家，他们将来能够通过最大的努力，在联合国组织中拥有一个受人尊重的位置。这将是再度为荣誉而战，不过有了新的方向。将来，大国如果和平共处，那么，日本就能走上自重之路。

在日本，持之以恒的目标是荣誉，受人尊重是必要的。为了达到这一目的，日本人所采取的手段能拿得起来，也能放得下，由周遭环境而定。一旦形势有变，日本人就会改变他们的方向，把自己调整到新的轨道上。西方人认为，多变涉及道德问题，而日本人却不这么认为。我们奉守"原则"，奉守意识形态上的信念。我们在失败时，心态不会有变化。

111

欧洲人被打败之后，会到处三五成群地从事地下活动。除了一些死硬分子，日本人认为不需要组织针对美国占领军的抵抗运动和地下运动。他们觉得，在道义上无须坚守旧路线。从占领的最初几个月开始，美国人就乘坐沙丁鱼罐头般拥挤不堪的火车，前往日本的穷乡僻壤，即使单枪匹马，也是安全的，他们还受到了曾经是国家主义者的官员的礼节性招待，没有发生报复行为。当我们的吉普车穿越村庄时，路边会有孩子排成队，高呼"你们好""再见"。如果孩子太小，自己不能向美国士兵挥手，他的母亲就会帮助他。

日本人在战败后判若两人，美国人很难理解其表面价值。这根本不是我们所能做到的。在我们的拘留营里，日本战俘们的态度也会有大变，但这一点让我们觉得更难理解。战俘们认为自己之于日本已经死了，我们真的不知道"死人"还能有什么用。极少数了解日本的西方人曾经预言，在日本战败之后，战俘们在前线所表现出来的典型变化可能还会出现。大多数人相信，日本人"只知胜败"，在他们看来，战败是一种耻辱，要以持续不断、不顾一切的暴力进行报复。有人相信，日本的国民性格禁止他们接受任何和平条款。这样的学者不懂日本人的情义。在各种各样让人享有荣誉的可以选择的做法中，日本人唯独挑选出来的是复仇和侵略，那是非常明显的传统伎俩。他们还不承认日本人有采取另一种行动方针的习惯。他们混淆了日本人的侵略伦理和欧洲的思维方式，根据后者，任何参与战斗的个人或国家首先得相信他们所从事的战争具有永远的正义性，憎恨和义愤是他们汲取力量的源泉。

日本人则用别的方式寻找侵略的依据。他们强烈需要受到世界的尊重。他们明白，大国靠军事力量赢得尊重，于是他们走上了一条要与大国平起平坐的道路。由于他们资源匮乏、技术原始，他们不得不表现得比希律还残暴。他们付出了极大的努力，但他们失败了，这意味着，侵略毕竟不是通向荣耀的正道。情义往往一方面意味着使用侵略的手段，另一方面意味着遵守相互敬重的关系；在战败之时，日本人会从这一方面转到另一方面。显然，他们根本意识不到这样做对自己的心理压力。他们的目标仍然是他们的名誉。

日本在其历史上、在别的场合，也曾采取过类似的行为方式，这总是让西方人感到迷惑。日本有漫长的闭关锁国的封建历史；到1862年，新的历史帷幕很难说已经升起，当时，一个叫里查德的英国人在萨摩被杀害。①萨摩藩是煽动针对白种野蛮人的忧虑的一方热土，萨摩武士在整个日本以傲慢和好战而闻名。英国派了一支远征军，去惩罚萨摩藩，炮轰了萨摩藩的重要港口鹿儿岛。在整个德川时代，日本人一直在制造火器，但是，那些火器都是葡萄牙老式枪支的仿制品。鹿儿岛当然根本无法跟英国战舰较量。然而，轰炸的结果却出人意料。萨摩人没有发誓要永远与英国结仇，反而表示了友好。他们看到了对手的强大，于是想方设法要向对方学习。他们与英国人建立了贸易关系，次年，还建立了一所学院，正如一个当代日本人所写的："那所学院里教的是西方学术的奥义……双方的友谊由生麦事件引发，继而得到了发展。"②生麦事件指的是英国军队针对萨摩藩的惩罚性远征、对其港口的轰炸。

　　这不是一个孤立的案例。长州藩堪与萨摩藩竞争，也是最好战、最恨外国人的。这两个藩都是煽动"天皇复辟"的为首者。没有实权的天皇曾颁布一道诏书，命令将军在1863年5月11日之前，把所有夷狄赶出日本国土。德川幕府没有理睬这道御令，但长州藩却执行了，从其各个堡垒向西方商船开火，那些商船正在驶离岸滩，通过下关海峡。日本人的枪支弹药太原始，无法伤害到商船。为了给长州藩一个教训，一队西方各国战舰很快就摧毁了堡垒。这次轰炸之后，尽管西方列强要求日本人赔偿300万美元，但最终出现的结果跟萨摩藩的一样奇怪。正如诺曼关于萨摩藩事件和长州藩事件所说："这些领导排外的藩出现了180度的转变，这样的转变后面的动机无论多么复杂，这一行动本身证明了他们的现实主义和镇定心态，我们只能对此表示敬意。"③

　　这种随机应变的现实主义是日本人对自己名声的情义的光明面。如

---

　　① 应是横滨市的生麦村，当时萨摩藩兵队列通过生麦村时，里查德想横穿队列，因而被杀。

　　② 诺曼：《日本近代国家的诞生》第44—45页及注释第85条。

　　③ 诺曼：《日本近代国家的诞生》第45页。

同月亮，情义有其光明面，也有其阴暗面。正是因其阴暗面，日本人把诸如美国排外法案和英国海军裁军条约等看作是对全体国民的奇耻大辱，并制订了毁灭性的战争计划。正是因其光明面，日本人才可能有友好意愿，从而在1945年接受投降的结果，这还是他们的国民性在起作用。

现代日本作家和政治评论家从情义的各项义务中，选出了一批呈现给西方读者，称其为"武士道"的崇拜，其字面意思就是"武士之道"。这是一种误导。这么说有以下几个原因。在日本，"迫于情义""只是出于情义"和"为情义而竭尽全力"等说法的后面都有深刻的民间感情背景，而武士道是一个现代的正式名称，所以没有那样的感情背景，也不能涵盖情义的复杂和多义。这是评论家一时的灵感的产物。另外，它成了民族主义分子和军国主义分子的一个标语。由于倡导者的信誉打了折扣，这个概念也受到了怀疑。这绝不意味着日本人从此将不再"懂得情义"。西方人应弄明白情义在日本意味着什么，这一点比以往任何时候都重要。把武士道跟武士等同起来，也是产生这种误解的一个原因。所有阶层的人都认为，情义是一种美德。与其他所有的义务和准则一样，在日本，当一个人在社会上爬得越高时，他所要负担的情义也越重，但是，社会所有层面都需要讲情义。至少日本人认为，武士要承担的情义更加沉重。外国观察者可能会感到，"情义"对普通人的要求最高，因为，在他看来，他们所相应得到的报酬比较少。对日本人而言，在自己所处的社会中受到尊重，就是足够多的报酬了；"不懂情义的人"仍然是"可怜虫"，要受到同伴们的奚落和排斥。

第九章　人之常情

　　日本的伦理准则要求极端的对义务的回报和强烈的自制精神，这似乎坚决把打上了个人烙印的欲望当作罪孽，要从人的心胸里根除掉。这是佛教的经典教义，因此，让人更加感到惊讶的是，日本人的准则对五官的享乐非常宽容。尽管事实上日本是世界上最大的佛教国家之一，但在这一点上，日本人的伦理与佛陀和佛教圣典的训诫形成了鲜明的对比。日本人不会谴责自我满足的行为。他们不是清教徒，他们认为，感官快乐是有益的，因而值得培养。他们寻欢作乐，重视享乐。但是，享乐的范围必须有所限定，不得侵入人生的要务。

　　这样一种准则使生活高度紧张。跟美国人相比，印度人发现，他们更容易看到日本人接受感官享乐的结果。美国人不会相信，享乐还得学，他们可能会拒绝沉溺于感官享乐，但他拒绝的是一种已知的诱惑。然而，正如义务，享乐也需要学习。在许多文化中，享乐本身并不是教出来的，因而人们会变得特别容易就把自己献给自我牺牲的义务。哪怕是男女之间的肉体吸引力有时也会被削弱到最低程度，直到它几乎威胁不到平稳的家庭生活，在这样的国家里，那种吸引力夹杂着其他一些考虑。日本人因为培养感官快乐而使自己的生活变得艰辛，于是，他们订立了一条准则，规定感官享乐不得作为一种严肃的生活方式，不得沉溺其中。他们把肉体快乐当作精致的艺术进行培养；因此，在他们尽情享受之后，他们就会去为义务献身。

　　日本人最喜欢的一种肉体方面的小小享乐是洗热水澡。最穷的农民、最卑微的仆人和有钱有势的贵族一样，每天下午晚些时候在热水里泡个澡，已经成为他们日常生活的一部分。最通用的浴具是木桶，下面烧着炭火，使水温保持在华氏 110 度甚至更高。在进入木桶之前，先要把全身洗干净，然后，开始忘我地享受泡澡带来的温暖和放松。他们坐在浴桶中，膝盖上曲，像胎儿一样，水一直漫到他们的下巴颏。他们看重这一每天进行的洗澡习惯，跟美国人一样，也是为了清洁。但是，在这一意义之外，还有一种消极沉迷的精细艺术的况味，这在世界其他地方的洗澡习惯中罕见其匹。他们说，年龄越大，况味越浓。

他们通过各种各样的办法尽可能地降低洗澡的成本和麻烦，但是，他们必须洗澡。在城市和乡镇，都有大型公共浴场，就像游泳池一样，人们可以去泡澡，还可以在水中碰巧遇到自己的邻居。在乡村，几名妇女会在场院里轮流准备洗澡水——她们在洗澡时，不避众目，这跟日本人的羞怯无关——几家人会轮流用同一桶水洗澡。任何家庭，哪怕是富贵人家，总是按照严格的先后顺序使用家庭浴桶：客人、祖父、父亲、大儿子，以此类推，直到家里地位最低的仆人。他们从浴桶里出来时，身体红得像龙虾；然后，一家子坐在一起，在晚饭前，享受一天里最放松的时光。

正如热水澡是极其让人受用的一大乐事，"磨砺自己"传统上也包括最出格的冲凉水浴习俗。这一习俗往往被称为"冬炼"或"冷水苦行"，现在还有人这么做，不过，形式上已经不是老传统了。老传统要求人们天亮前就出门，坐到冰冷的山泉瀑布下面。在冬天的夜里，在没有暖气的房子里，用冰水把自己浇个透，甚至这样的行为都不是轻而易举的苦行。珀西瓦尔·洛厄尔写到这种习俗时说，它在 19 世纪 90 年代依然存在。有志于取得治疗或预言的特殊能力的人——那时还没有成为祭司——要在上床睡觉前做一次"冷水苦行"，在凌晨两点钟时，起来再做一次，因为那个时刻"众神都在洗澡"。早上、中午和夜幕降临时，他们要一日三洗。① 在那些认真学习乐器演奏或准备从事某项长期工作的人们中，这种清晨苦行尤为流行。为了磨砺自己，一个人可能会把自己暴露在严寒中；对于练习书法的孩子来说，这种苦行被认为尤其有效，

---

① 珀西瓦尔·洛厄尔（Perceval Lowel）：《神秘的日本》（Occult Japan），1895 年，第 106—121 页。

以至于在练习时间过去之后，他们的手指都被冻僵了，长了冻疮。现代小学里也没有暖气，人们把这说成是一大好处，可以磨砺孩子们，以应付未来生活中的种种磨难。给西方人留下更深印象的是，日本孩子们不断受凉、流鼻涕，对此，日本习俗根本不予防止。

睡觉是日本人沉迷于其中的另一种喜好，是他们最熟练的技艺之一。他们睡觉时完全放松，姿态各种各样，甚至在我们认为不可能睡着的情境下都能睡着。这使许多研究日本的西方学者感到惊讶。美国人几乎把失眠看作心理紧张的同义词，而根据我们的标准，日本人的心理应该是高度紧张的。但是，他们能把沉睡当作儿戏。他们很早就上床睡觉，我们很难找到另一个国家的人睡得那么早。夜幕刚刚降临，村民们就全都入睡了，这并不意味着他们遵循我们的格言，在为明天积蓄能量，因为他们并不进行那样的算计。一位深知日本人的西方人士写道："一个人到日本去时，必须不再相信：今晚睡觉休息是为明天的工作做准备，是一种需要承担的义务。他必须把睡眠和体力恢复、休息，以及消遣等问题区别开来。"正如某项工作提议，睡眠"是独立的，跟生与死的任何已知因素都无关"[1]。美国人习惯于把睡眠看作用以保持体力的事情。我们在早上起来时，大部分人的第一个念头是：昨晚我睡了几个小时。睡眠的长度告诉我们当天将拥有多少能量和效率。日本人睡觉是出于别的原因。他们喜欢睡觉，无人阻碍时，他们准会乐滋滋地去睡觉。

由于同样的原因，他们也能毫不留情地牺牲睡眠。准备考试的学生会夜以继日地复习功课，睡眠实际上更有利于他的考试，但是无论你怎么说，他都不听。在军事训练中，他们往往为了训练而牺牲睡眠。从1934年到1935年，哈罗德·杜德上校在日本军队中工作，他记录了与手岛上尉的一次谈话。在和平时期的演习中，"往往三天两夜连续行军，除了在十分钟的休息时间，能抓住机会，就地打个盹之外，没有时间睡觉。有时士兵会边走边睡。我们中间的一位少尉睡得太沉了，径直撞进了路旁的一堆木料，使大家乐了好一阵子。"终于到达了营地，但还是

---

① 沃生·佩特里：《日本的未来》，1907年。

没有机会睡觉，他们全都被派出去站岗放哨了。"'可是，为什么不让某一部分士兵去睡觉？'我问，'哦，不行！'他说，'没必要。他们已经知道如何睡觉。他们需要的是训练如何保持清醒。'"这话概括了日本人的睡眠观。

吃饭，正如取暖和睡觉，既是一种自由自在、享受快乐的放松状态，也是一种用来磨砺人的训练。作为一种休闲的仪式，日本人沉迷于无穷无尽的饭局，一汤勺菜肴端上来也需要花费一定的时间，菜肴的色和味都会受到赞美。但是，在另外的方面，被强调的是训练。"快吃快拉被弄成日本人的最高德行之一。"爱克斯坦引用一个日本村民的话说[1]，"吃饭可不是什么人生要务……只是维持生命的需要，因此，吃饭时间应尽可能短。孩子，尤其是男孩子，应该尽快吃饭，而不像在欧洲那样，要求他们慢慢吃。"[2]僧侣是在佛教寺院经受训练的，在吃饭前，他们都要明白，饭只是一种药，意即，那些磨砺自己的人不应该把吃饭当作乐事，它只是一件必须做的事。

根据日本人的观念，强行剥夺一个人吃饭的权利，是一种特别好的考验，可以测试一个人受到了怎样的"磨砺"。如同放弃温暖和睡眠，不吃饭也是一个宣布自己能够"扛得住"的机会，比如，武士"咬着一根牙签"。如果一个人在没有吃饭的情况下，去接受这一考验，他的力量就会因为精神的胜利而提升，而不会因为缺乏热量和维生素而降低。美国人认为，营养和体力是一一对应的关系，日本人不承认这一点。因此，在战争期间，在防空洞里，东京电台会告诉人们：体操会使饥饿的人重新变得强壮有力。

浪漫的爱情是日本人所营造的另一种"人之常情"，在日本全然是家常便饭，不管它跟他们的婚姻形式和家庭义务是多么冲突。日本小说中充满了浪漫的爱情，而且，跟法国文学中的情形一样，主人公都是已婚的。双双殉情是人们最爱阅读和谈论的话题。10世纪[3]的《源氏物语》

---

① 爱克斯坦：《日本在和平时期滋养战争》，1943年，第153页。

② 诺哈拉：《日本的真面目》，伦敦，1936年，第140页。

③ 应该是11世纪。

是一部描写浪漫爱情的长篇小说，其精细程度不亚于世界上任何一个国家所产生的任何一部小说，封建时代大名和武士的爱情故事也属于这一类浪漫题材。这是当代日本小说的主要主题，与中国文学的差异非常大。中国人对浪漫爱情和感官快乐总是轻描淡写，由此省去了许多烦恼，从而使他们的家庭生活最终具有非常平稳的特征。

当然，在这方面，美国人对日本人要比对中国人有更好的了解，但是，这种了解只能起很小的作用。我们在感官快乐上有许多禁忌，而日本人没有。日本人认为，跟任何其他"人之常情"一样，在人生的次要位置上，"性"好得不能再好。"人之常情"是没有邪恶的，因此，对性的快乐不需要进行道德约束。日本人仍然在评论这样一个事实，即美国人和英国人认为日本人所珍爱的一些画册是色情读物，还看到吉原——艺伎和妓女集中的地方——是多么可怕。甚至在与西方接触之初，日本人就对这种外国人的评论非常敏感，还曾通过立法来使他们的实践活动更加符合西方标准。但是，任何法律规定都不能使文化天堑变为通途。

受过教育的日本人完全明白：英国人和美国人认为不道德的淫秽的地方，他们认为没有问题；不过，他们没有意识到，在我们的习惯态度和他们的信条（"人之常情"不应该侵犯人生的要务）之间，有着深刻的分歧。然而，我们很难理解日本人对爱情和色情的态度，那种分歧就是一个重要的原因。他们把属于妻子的范围和属于色情的范围隔开。两个范围同样是众所周知、正大光明；不像在美国人的生活中，两者是分开的；前者可以向公众坦承，而后者是偷偷摸摸的。两者之所以相互不搭界，是因为前者属于一个人主要的义务圈，而后者属于次要的消遣范畴。这是在把每个范围的"合适位置"标出来，使家庭中的模范父亲和市井中的浪荡男子完全分开。我们美国人树立了把爱情和婚姻合二为一的理想，但日本人从不这么做。我们赞许爱情，只因为它是我们选择配偶的基础。"相爱"是我们最赞许的婚姻的理由。结婚之后，丈夫的肉体吸引别的女人，这是对他妻子的侮辱，因为他把本来属于妻子的东西放到了别处。日本人却有不同的看法。在选择配偶时，年轻人应该听从父母的决定，盲目结婚。在与妻子的关系上，他必须遵守礼节规矩。

甚至在互谅互让的家庭生活中，孩子们也看不到父母之间交换性爱的表示。"在这个国家，婚姻的真正目的，"正如一个当代日本人在某家刊物上所说的，"被认为是生儿育女，从而确保香火的赓续。任何别的目的所起的作用肯定都是颠倒婚姻的真正含义。"

但是，这并不意味着：日本人把自己限定在这样的婚姻生活中，就是有美德。如果有足够的钱，他可以养情人。他不会把这个让他迷恋的女人带到家里，成为家庭的新成员。这一点与中国的情况形成鲜明的对比。假如他这么做了，势必使生活中本来应该泾渭分明的范畴混淆起来。那女孩可能是一个艺伎，在音乐、舞蹈、按摩和其他娱乐技艺方面，具有很高的修养，她也可能是个妓女。在任何情况下，男人会跟妓院签署一份契约，有关条款规定她是被雇佣的，这可以保护她不至于被随意抛弃，还能确保她有一笔经济回报。男人会把她安置在一处属于她自己的住处。当女孩生下孩子，而男人又愿意把这孩子跟自己的其他孩子一起抚养时，他才会把女孩带到家里，从此，那女孩就成了女仆，而不是小妾，这种情况是非常罕见的例外。这孩子管男人的原配叫"妈"，他和亲妈的关系不再被承认。东方的一夫多妻制很显然是中国的传统婚姻模式，但这根本不是日本的模式。甚至在空间上，日本人也把家庭义务和"人之常情"分开。

只有上层人物有钱蓄养情妇，大多数人只能时不时光顾艺伎或妓女，一点都不用掩饰。妻子可能会帮助丈夫穿衣服、准备当夜的消遣。丈夫所光顾的妓院可能会把账单送到妻子手里，妻子也认为应当付这钱。她可能会不高兴，但那是她自己的事。找艺伎比找妓女贵多了，但是，男人买下的这一夜特权并不包括性交易的权利。他所得到的是受到款待的快乐，款待他的女孩衣着漂亮、举止得体、曾经受过精当的训练。为了接近某个特定的艺伎，男人得变成她的供养人，还要签契约，按照契约规定，那个艺伎会成为他的情妇，否则，他就得凭借自己的魅力，勾引她，让她心甘情愿地献身。然而，跟艺伎度过一夜，不一定不发生性关系。艺伎们的舞蹈、应答、唱歌、姿势都在传统意义上暗示着性，都经过精心的算计，她们所表现的一切都不是上流社会的夫人们所具备的。

她们使男人进入"人之常情的世界"，从那个"孝的世界"中解脱出来。男人们没有理由不让自己沉迷，但这两个世界是分开的。

妓女住在有执照的妓院。跟艺伎消磨一夜之后，男人如果愿意，他可以去找妓女。妓女的费用较低，没什么钱的男人得通过这种消遣方式满足自己，并放弃对艺伎的贪馋。妓女们的相片展示在妓院外，男人们一般要在大庭广众中，花费很长时间，研究那些相片，并最终做出抉择。妓女们的地位低微，不像艺伎处于这一行业的顶端。她们中的大多数是穷人家的孩子，家里因为经济压力而把她们卖到妓院里，因此她们不像艺伎那样学过娱乐顾客的技艺。在早年，妓女们往往坐在大庭广众中，向顾客展现她们没有表情的面孔，顾客们挑选的是活生生的人体商品。后来，日本人意识到西方人不赞成这一习俗，从而把它废止了，从此她们本人换成了相片。

男人可能会选中某个妓女，在与妓院签订契约之后，成为她独一无二的供养人，并把她作为情妇养起来，她则受到协议条款的保护。然而，男人可能在没有签署契约的情况下，把某个女仆或售货员用作情妇，这些"自愿的情妇"最没有保障，她们很可能是爱上了嫖客，但她们置身于所有公认的义务范围之外。我们的故事和诗篇会描写某个女孩年纪轻轻，膝上抱着孩子，却被情人抛弃；日本人读后，会把这样带着私生子的母亲跟"自愿的情妇"等同起来。

沉迷于同性恋游戏，也属于传统的"人之常情"。在古代日本，这是诸如武士和僧侣等地位很高的人认可的享乐。在明治时代，为了赢得西方人的赞赏，日本政府宣布许多习俗是非法的，如规定同性恋应该受到法律的惩处。然而，它仍然归于"人之常情"，对它采取教训的态度是不恰当的。它必须被限定在恰当的位置，不妨碍家庭事务。因此，尽管男人可以选择去当职业男伎，但正如西方人所说的，我们几乎不用考虑，会出现男人或女人"变成"同性恋的危险。在美国，成年人可以是被动的同性恋，对此，日本人尤其感到震惊。日本成年人会寻觅青年人作为同性恋伴侣，因为成年人认为，被动角色会降低他们的尊严。日本人划出了他们自己的界线，如一个人能做什么来保持自重，但那些界线跟我们所划定的不同。

日本人对自取其乐的色情行为也不会采取教训的态度。没有一个民族会像日本人那样随身带着那么多自取其乐的工具，那些工具本来是昭然若揭、众所周知的。在这一领域，日本人也试图通过在一定程度上消除其公开性，以防外国人的非议。但是，他们自己没有感觉到，那些东西是邪恶的器具。西方人强烈反对手淫，大部分欧洲人比美国人反对得更加强烈，在我们长大成人之前，这种态度已经深深扎根在我们的意识之中。男孩子会听到私底下的警告，手淫会使人发疯，或者使人变成秃子。在他还是婴孩时，母亲就看护着他，会把这当成一件大事，对孩子进行体罚，如把他的手绑起来；也许会对他说，上帝会惩罚他。日本的婴孩和儿童没有这样的经历，因此，长大之后，他们的态度不可能跟我们的一样。自淫是一种快乐，他们根本不会为此而感到愧疚。他们认为，在合乎礼仪的生活中，只要把它放在次要的位置，就能充分控制它。

酗酒是另一种被许可的"人之常情"。我们美国人誓言要绝对戒酒，在日本人看来，那是东方人的一种奇思怪想。所以，对于我们兴致勃勃地通过投票，想把自己家所在的地区变成无酒区，他们也做如是观。喝米酒是一桩乐事，心理正常的人都不会拒绝。不过，饮酒只是一种消遣，属于比较次要的事情，心智正常的人不会沉迷于此。根据他们的思维方式，日本人不怕"变成"醉鬼，正如他们不怕成为同性恋。事实上，在日本，禁止不了的酗酒行为不是一个社会问题。喝酒是一种快乐的消遣，当一个人喝得烂醉如泥时，家庭和公众也不会嫌恶他。他不会行凶，所以没有人认为他会殴打自己的孩子。大喊大叫狂欢是家常便饭；日本人的仪态和姿态都有严格的规定，但喝酒时可以完全放松。在城市里的米酒聚会上，大家喜欢坐在别人的腿上。

按照惯例，日本人的喝酒和吃饭是完全分开的。在乡村聚会上，都会上米酒；一个人一开始吃米饭，就意味着停止喝酒。他已涉足另一个"圈"，两者是分开的。在家里，吃完饭后，他会喝点酒，但他不会同时又吃又喝。他会轮流享受这种和那种乐趣。

日本人这些关于"人之常情"的观念产生了一些重要后果。关于肉体与精神这两种力量的西方哲学的基础被挖掉了，在我们每个人的生活中，这两种力量一直在为孰占上风而争斗。在日本哲学中，肉体无恶，享受可能的肉体快乐也无罪。精神和肉体不是宇宙中相互对立的两种力量。日本人从这一信条中推导出的逻辑结论是：世界不是善恶斗争的战场。乔治·桑塞姆爵士写道："纵观历史，日本人似乎在某种程度上一直缺乏洞悉'恶'这个问题的能力，或者他们不情愿抓这个问题。"事实上，日本人一直拒绝把恶的问题当作一种人生观。他们相信，每个人有两个灵魂，但不是相互斗争的善的冲动与恶的冲动，而是"温和"的灵魂和"粗暴"的灵魂。在每个人的生活中、每个国家的事务中，都有"温和"的时候，也有"粗暴"的时候，并不是注定一个灵魂要进地狱，另一个要上天堂。换一种情形的话，两者都是必须的、善良的。

同样，甚至他们的神祇也显然善恶兼具。他们最普遍的神是素盏鸣尊，是天照大神的弟弟，是一位"迅猛的男神"。他对他姐姐动不动就发怒，在西方神话中，他会被看成一个恶魔。他姐姐力图把他从自己的房间里扔出去，因为她怀疑到了弟弟来找她的动机。当时，她和她的信徒们正在餐厅里举行尝新祭的仪式，素盏鸣尊放肆地当众拉大便，还破坏了稻田的田埂——这是可怕的冒犯。最大的冒犯是：他在姐姐的房顶上挖了个洞，从洞口扔进去一匹花斑马，那马的皮被他倒着剥掉了——这一点最让西方人感到迷惑。素盏鸣尊犯下了种种暴行，受到了众神的审判和严重的处罚，并被从天堂贬到了黑暗王国。但他依然是日本众神中一位受人爱戴的神祇，适时接受人们的崇拜。在全世界的神话中，普遍存在着这样的神。然而，在更高的宗教伦理中，他们是被排斥的；因为善恶之间的冲突是普遍的，而这种冲突的哲学会更加适意地把相互分开的超自然的事物分成不同的两个种群，即黑与白。

日本人否认"美德"有"与邪恶做斗争"的含义，对此他们极为清楚。几个世纪来，日本的哲学家和宗教大师一直说，这样的伦理规则在日本是不适合的。他们大声宣称，这恰恰证明他们民族道德上的优越性。他们说，中国人不得不确立一种道德规则，由那种规则把"仁"提升为绝对标准；"仁"指的是正当而仁慈的行为。通过应用这一标准，任何人、任何行为的缺陷都可以被发现。"有些民族的天性比较低劣，需要用人为的方式进行限制；所以确立道德规则是有好处的。"18 世纪伟大的神道家本居宣长就是这么写的，现代佛教大师和国家主义领袖也写过、说过同样的话。他们说，日本人天性善良，值得信赖，不需要跟恶的一半做斗争，只需要清洁灵魂的窗户，在各个不同场合，举止得体即可。如果它由着自己变"脏"，杂质也很容易被去除，人的善良本性将再度发光。佛教哲学训诫说：每个人都是潜在的佛，美德的规则不是在神圣的经籍中，而是在他自己被照亮的纯洁灵魂内所揭露出来的东西中。

为什么不相信他在灵魂中发现的东西？没有任何恶是人类灵魂所固有的。他们日本人没有高唱这样的赞美诗的神学："瞧，我是不公平的产物，我母亲怀我时就有罪。"他们不教关于人类堕落的教义。"人之常情"是人类不应该谴责的幸事，哲学家和农民都不会谴责。

在美国人听来，这样的教义似乎会导致自我沉迷和放纵的哲学。然而，正如我们所看到的，日本人所定义的人生最高的任务是：圆满完成自己的各项义务。他们完全接受这样的事实，即报恩意味着牺牲个人的欲望和享乐。追求幸福是人生严肃的目标——对他们来说，这样的想法是奇怪的、不道德的。幸福就是放松，一个人能放松时就要尽可能地放松；但是，把它神化为某种用以评判国家和家庭的东西，是不可思议的。日本人经常要竭力履行"忠""孝"和"情义"的义务，这使他们感到极为痛苦，这一事实是他们完全能预料到的。这使他们生活艰难，但他们乐意这么做。他们常常放弃那些他们认为一点都不邪恶的享乐。那需要很强的意志力。不过，强大的意志力是日本人最歆羡的美德。

与日本人的这一立场相一致的是：在日本的小说和戏剧中，几乎没有"圆满的结局"。美国的普通观众渴望的是问题的解决。他们相信，主人公从那之后将幸福地生活。他们想知道的是善有善报。如果他们在戏剧落幕时哭了，那肯定是因为主人公的性格有缺陷，或者是某种糟糕的社会秩序的牺牲品。但是，观众更乐意看到，主人公有一个幸福的结局。日本普通观众会坐在剧院里，看着男主人公遭遇到悲惨的结局，可爱的女主人公被杀害，因为他们无法阻挡命运的车轮的旋转。观众们都哭成了泪人。这样的情节使日本人一晚上的娱乐情绪达到最高点，也是人们到剧院去想要看到的。甚至现代日本电影都建立在男女主人公受苦受难的主题上。他们深爱对方但又不得不放弃对方。他们高高兴兴地结了婚，但丈夫或妻子为了正确地履行义务，自杀了。为了挽救丈夫的职业生涯，鼓励他培养作为演员所具有的伟大才能，妻子献出了自己的一切；而在丈夫成功的前夕，为了让他自由地走向新的生活，妻子隐藏在偌大的城市里，最后，在丈夫取得伟大胜利的日子，她死于贫困，毫无怨言。不需要有任何幸福的结局，对于自我牺牲的男女主人公表示怜悯和同情就足矣。他们所受的苦难不是上帝加在他们头上的裁决。这表明，他们不惜一切代价，尽到了自己的义务，他们不允许任何事情——抛弃、疾病或死亡——搞得他们偏离正道。

现代日本电影也遵循这一传统。经常看这类电影的美国人说，那是他们所看过的最好的和平主义宣传。这是典型的美国人的反应，因为这些电影整个儿关注的是战争中的牺牲和苦难，没有阅兵和乐队，也没有骄傲地炫耀舰队演习和大炮。不管他们处理的是"日俄战争"还是"中国事件"，他们都一贯坚持走单调的套路，如泥泞、行军、恶劣条件下战斗的艰苦，以及结果的难以预料。他们银幕上没有胜利场面，甚至没有高喊着"万岁"的冲锋场面。他们所表现的是：在某个没有特征的中国小镇，士兵们深陷于泥泞，暂时歇一夜；或者，一家三代的代表，作为三场战争的幸存者，变成了残废，腿也瘸了，眼也瞎了；或者，在士兵战死之后，家里人哀悼自己失去了丈夫、父亲和养家糊口者，然后团结起来，坚持活下去。英美电影中表现的"骑兵"场景往往激动人心，但日本电影中是没有的。他们甚至不表现伤兵安置的主题，更别说是提及打仗的目的了。电影里的所有人物倾其所有报了恩，日本观众就会感到足够了，因此，在日本，这些电影是军国主义的宣传片。投资者知道，日本观众是不会因为这些电影而投向和平主义的。

第十章 美德：进退两难

日本人关于"忠""孝""情义""仁"和"人之常情"有种种规定，这些规定的内容就是日本人的人生观。他们看到的是"人的整体义务"，那义务被分成不同的种类，就好像是地图上标志出来的不同的省份。用他们的话说，一个人的生活包括"忠的圈子""孝的圈子""情义的圈子""仁的圈子"和"人之常情的圈子"，还有许多其他的圈子。每个圈子都有特定的具体的规则；一个人判断他身边的人，不会说他们整体人格有问题，而会说"他们不知道'孝'"，或说"他们不知道'情义'"。美国人会谴责某人行为不端，但日本人会具体说出他的行为在哪个圈子里没有做好。他们不会谴责某个人自私或不厚道，而是会具体说出是在哪个特定的领域触犯了规则。他们不会施用绝对命令或金箴。得到赞许的行为与行为表现所处的圈子是关联的。当一个人"尽孝"时，他只是在尽孝。当他在"为情义而行动"时，或者"在仁的圈子里"行动时，他会有完全不同的行为表现——西方人会如是判断。任何一个圈子的规则都是这样设定的：当圈子里的情形发生变化时，就可能相应地需要截然不同的行为表现。家臣对主子的情义要求最大的忠诚，直到主子侮辱家臣，在那之后，任何背叛都不是大问题。直到1945年8月，"忠"都要求日本人与敌人战斗到最后一个人。当天皇通过广播颁布投降诏书时，"忠"的要求发生了变化。日本人战胜了自己的心理，表现出与外来者合作的态度。

这让西方人感到困惑。根据我们的经验，人们会按照自己的性格行事。我们把绵羊和山羊分开，看的是他们是忠诚还是背叛，是合作还是顽固。我们给别人贴上标签，预料到他们的下一个行为会像上一个。他们慷慨或吝啬，乐意或迟疑，保守或自由。我们预料：他们会相信某种特定的政治意识形态，并且坚持不懈地与敌对意识形态做斗争。在欧洲的战争经验中，我们既看到了合作派，也看到了抵抗派。我们有十足的理由怀疑，在胜利日之后，合作者会改弦更张。在美国国内的争论中，我们认识到，新形势一出现，支持和反对新政的两派会继续按照自己的性格行事。如果某些人从一边转到另一边——如，一个不信教的人变成了天主教徒，或者一个激进人士变成保守派——我们应该给这种变化贴上"转向"的标签，并且树立一种新型人格以适应这种变化。

西方人相信行为的完整性，当然，我们并不总能证明这种信任是正当的，不过，它也不是幻觉。在大多数文化中，不管是原始的还是文明的，男人和女人都以行动把自己描画成某些特定种类的人。如果他们对权力感兴趣，他们会以别人是否服从他们的意志来判断他们是成功还是失败。如果他们喜欢得到爱护，他们就会在非个人的处境中遭受挫折。他们幻想自己绝对是正派人士，或者具有"艺术家气质"，或者在家里是个好人。他们自己的性格一般都具有某种格式（Gestalt），这种格式把秩序带入人类的生存。

西方人不会轻易相信：日本人能在没有心理负担的情形下，从一种行为转向另一种。因为西方人的经验中不包括这些极端的可能性。但是，在日本人的生活中，那些在我们看来是矛盾的因素深深扎根于他们的人生观，正如一些一致的因素扎根于我们的人生观。尤其重要的是，西方人应该意识到，日本人把生活分成不同的一些"圈子"，这些"圈子"不包括任何"邪恶的圈子"。这倒不是说，日本人认识不到邪恶行为的存在，而是他们看不到。人类的生活是一个舞台，上演着善与恶的战斗。他们把人生看作一出戏，要求认真地去平衡一个"圈子"和另一个"圈子"、一种程序和另一种程序之间的关系，每一个圈子和每一道程序本身都是善良的。如果大家都遵循其真正的本能，那么每个人都是善良的。日本人就不需要各个方面的伦理指令。用我们前面已经引用过的乔治·桑塞姆爵士的话来说，他们"不抓邪恶问题"。根据他们的观点，他们所赖以充分说明邪恶行径的方法不是那么具有普遍性。尽管每一个灵魂在最初都因为具有新铸宝剑那样的美德而闪闪发光，但是，如果不经常擦拭，它也会锈蚀。正如他们所解释的，这种"身体上的锈"跟刀上的锈一样糟糕。人们既然愿意擦拭刀，也就应该以同样的态度照料他们自己的性格。不过，哪怕在锈迹下，那颗闪闪发光的灵魂也依然存在。我们所需要做的，就是擦拭它，使它的光彩焕发出来。

在西方人看来，日本人的这一人生观使他们的民间故事、小说和戏曲变得尤其难以定论——除非我们能改写有关情节，以符合我们对性格一致的要求和善恶冲突的要求，这种改写现象经常发生。但是，这不是日本人看待这些情节的方式。他们的评说是：主人公深陷于"情义与人之常情之间的冲突""忠与孝之间的冲突"和"情义与义务之间的冲突"。主人公之所以失败，是因为他放任"人之常情"，而忽视"情义"所规定的种种义务，或者无法同时尽忠又尽孝。因为"情义"，他无法做到堂堂正正；迫于"情义"，他只能牺牲家庭。上述冲突仍然处于两种义务之间，这两种义务本身都具有约束力，都是"善"的。在两者之间做出选择，就像是债台高筑的人所面临的选择。他当时必须先还给一些债主，而不顾其他债主，但是，事实上，他还了一笔债，并不意味着其他的债就可以不还了。

日本人就是这样看待主人公的人生的，这与西方人的观点大相径庭。我们的主人公之所以是好人，只是因为他们选择了"比较好的人生"，而且与邪恶的对手针锋相对。我们常说"这是美德的胜利"，所以故事应该有一个幸福的结局。好人应该有好报。然而，日本人对这样的故事抱有无法满足的胃口：主人公犯了臭名昭著的案子，最后对这个世界和他自己的名声欠下了一屁股无法还清的债，所以只好选择自杀以求解脱。在许多文化中，这样的故事意在教人服从苦难的命运。但是，在日本，它们的寓意恰恰不是这样的，而是要人变得主动和残忍。主人公们付出种种努力，履行他们应该负担的某项义务，这么做时，他们对别的义务就不够重视了，但是，到最后，他们还得应付他们所轻视的那个"圈子"。

日本真正的民族史诗是《四十七士》。在世界文学中，它不是一部有很高地位的作品；但是，它具有能抓住日本人心灵的无与伦比的魅力。每一个日本男孩不仅知道故事的梗概，而且知道故事的具体情节。不断地有人在讲、在印制这些故事，还有人把它改编成受人欢迎的现代电影系列。四十七士的坟墓历来都是人们喜欢去的圣地，成千上万的人前去拜祭。他们在那儿留下拜祭卡，常常使坟墓周围变成一片白色。

《四十七士》的主题以臣子对主子的情义为中心。在日本人看来，它写的是情义与忠之间、情义与正义之间的冲突——从道德上说，情义当然是取得了胜利——还有"单纯的情义"与"无限的情义"之间的冲突。这是个发生在 1703 年的历史故事，那是在封建时代的鼎盛时期，根据现代日本人的幻想，那时的男人都是男子汉，没有人"不愿意履行情义"。47 个英雄为情义献出了自己的一切：名声、父亲、妻子、姐妹，甚至正义。最后，他们为了效忠献出了自己的生命，死在自己的手里。

幕府将军委派两个大名去主持一项仪式，其中一个是浅野侯。在那个仪式上，所有大名都要向将军致敬表示臣服。两位主持人都是地方领主，不知道需要注意的礼仪，因此，他们不得不去向幕府中地位显赫的大名吉良侯请教。不幸的是，浅野侯最聪明的家臣大石——故事的主人公——本来会给浅野侯一些谨慎的建议，但当时回老家了；于是，天真的浅野侯没有准备好一份大"礼"，送给那位他要请教的大人物。而另一个大名的家臣们老于世故，在吉良侯教导他们的主子时，给那位师傅送上了丰厚的礼物。因此，吉良侯在教导浅野侯时态度恶劣，故意让他在仪式上穿戴完全错误的礼服。浅野侯就以那样的穿着出现在那个重要的日子；当他意识到自己所受的欺侮时，他拔出刀来，在他和吉良侯被拉开之前，他砍伤了后者的额头。作为一个看重荣誉——对自己名声的情义的人，这是一种美德——他报了仇；但他在将军府第拔刀伤人，就是不忠。浅野侯在对自己名声的情义上，表现了美德；但是，为了表示忠心，他只能按照有关规则，剖腹自尽。他回到自己的住所，穿戴停当，准备剖腹，只等最聪明、最忠诚的家臣大石回来。两人诀别时，相互久久对视，浅野侯早已端坐在那儿，他用刀刺入自己的腹部，就这样死了。没有一个亲戚愿意继承他的爵位，因为他不忠，而且引起了幕府将军的不快；浅野侯的藩地被没收，家臣们也成了没有主子的浪人。

根据"情义"所要求的义务，浅野侯手下的武士们应该像他们的主子所做的那样，也要剖腹自尽。浅野侯那样做，是出于对自己名声的情义；家臣们那样做，则是出于对他的情义，因此这是对吉良侯侮辱他们主子的一种抗议。但是，大石窃自以为，为表现他们对主子的情义，剖腹自尽是微不足道的行为。他们应该完成主子的复仇大业，必须杀掉吉良侯；主子当时之所以无法实施其复仇行为，是因为他被地位比他高的吉良侯的家臣们给拉开了。但是，只有冒不忠之名才能完成此复仇大业。吉良侯是幕府将军的近臣，浪人要实施他们的复仇行为，不可能得到中央政府的官方许可。在一般情况下，任何筹划复仇的团体都要到幕府去登记他们的计划，声明复仇的最后期限，在那之前，他们要完成复仇行为，否则，只能放弃。这一安排允许某些幸运者调和"忠"与"情义"之间的关系。大石知道，这个门道对他和他的同伙是不开放的。因此，他把曾经是浅野侯的家臣的浪人们召集起来，但是，关于刺杀吉良侯的计划，他一个字都没说。他们总共有 300 多人。1940 年，在日本学校里所教的这个故事的版本说，他们全都同意剖腹自尽。然而，大石明白，并不是所有的人都愿意承担"无限的情义"——日本人所说的"情义加忠诚"，而刺杀吉良侯是一桩很危险的举动，因此，有些人是不能信任的。为了区分哪些人负有"单纯情义"，哪些人负有"情义加忠诚"，大石决定考验大家。他的测试手段是：如何分配主子的私人财产。在日本人看来，这一测试就好像是：他们还没有同意自杀，他们的家属就获益了。有些浪人对财产分配的基本原则提出了强烈的不满。总管在家臣中俸禄最高，以他为首的一批人想要按照以前的俸禄标准来分配。以大石为首的一批人则想让所有人平分。哪些浪人具有"单纯情义"这一点一旦完全搞定，大石就同意总管的分配计划，并且让那些赚了便宜的人离开了大家。总管离开之后，就得到了"狗武士""不懂情义之人"和"无赖"等恶名。大石断定只有 47 个人在情义上足以靠得住，可以秘密共谋复仇大业。他跟这 47 人约法，发誓任何信条、爱情和义务都阻挡不住他们去完成他们的誓言。"情义"是他们的最高法令。47 人割伤手指，歃血为盟。

　　他们的第一个任务是：不让吉良侯嗅到复仇的气味。他们解散了，并且装作失去了所有的荣誉。大石频频光顾最低级的妓院，参与斯文扫地的争吵。以这种放荡生活为掩饰，他跟妻子离了婚——任何日本人打算做违法之事，这是通常的也是完全正当的步骤，因为这样做可以免得他的妻儿在他最后的行动中跟他一起担当责任。大石的妻子怀着巨大的悲痛离开了他，但他的儿子加入了浪人的行列。

　　整个东京都在推测他们的报仇计划。所有尊敬浪人的人们当然都相信，他们将刺杀吉良侯。但这 47 名武士否认自己有任何这类意图。他们假装成"不懂情义的人"。他们的岳父为他们如此丢脸的行为而震怒，把他们赶出了家，让女儿跟他们离了婚。朋友们嘲笑他们。一天，大石的一位密友遇见他，他当时正在喝酒、跟女人狂欢，甚至在这位朋友面前，大石都否认自己对主子的情义。"报仇？"他说，"这是愚蠢的行为。我们应该享受生活。没有什么比喝酒、到处玩耍更好的了。"他的朋友不相信他，把大石的刀拔出刀鞘，本以为那刀是闪闪发光的，以证明大石所言不实。但是，那刀生锈了。那朋友不得不相信了，在开阔的大街上，他朝喝醉了的大石又是踢又是吐唾沫。

　　有一个浪人，为了掩饰自己在复仇计划中的角色，需要钱，把妻子卖到了妓院。他妻子的兄弟也是一名浪人，发现自己的姐姐已经知悉了复仇计划，遂提议由自己动手杀了姐姐，还辩解说，这样就可以证明其忠诚，大石就会让他加入复仇者的行列。还有一名浪人杀了自己的岳父。还有一名浪人则把妹妹送给吉良侯，去当女仆兼小妾，这样浪人们可以从幕府内部获得消息，从而知道动手的时间。这一行动中让人难以置信的部分是：复仇大业完成之时，她就要自杀，因为她以前假装是吉良侯那边的人，这是一个污点，她不得不以死来洗刷。

　　12 月 14 日，那是一个大雪纷飞的夜晚，吉良侯举办了一场米酒聚会，卫兵们都喝醉了。浪人们突然袭击了吉良侯的府第，制伏了卫兵，径直冲向吉良侯的卧室。吉良侯不在房间里，但床上还有体温。浪人们知道他是藏在了院子里的某个角落。最后，他们发现，一个男人蜷缩在外面一个用于储藏炭的房间里。一名浪人用长矛刺透了那小屋的墙壁，但他拔出长矛时，上面没有一点血。实际上，长矛刺中了吉良侯，但在往外拔时，他居然用和服的袖子擦去了上面的血迹。他的诡计没有得逞。浪人们逼他走出屋子，但他声称，他只是吉良侯家的总管。就在那时，一名浪人记得，在将军的朝堂上，浅野侯曾经刺伤过吉良侯。由这个伤疤，浪人们认定此人就是吉良侯，并要求他立即剖腹自尽。他拒绝了——这当然证明他是个懦夫。他们拿出浅野侯用以剖腹自尽的那把刀，砍掉了吉良侯的脑袋，按例把那脑袋清洗干净。就这样，他们完成了复仇大业，带着那两度染血的刀和吉良侯的脑袋，排成队走向浅野侯的坟墓。

整个东京都弥漫着浪人们这一壮举所引起的兴奋情绪。他们的家属和岳父曾经怀疑过他们，现在冲上去拥抱他们，表示敬意。诸侯们沿途款待他们。他们列队来到浅野侯的坟墓前，放下刀和首级，还有一篇写给主子的悼词（至今还留存着呢）：

> 我们今天到这儿来向您表达敬意……除非已经完成由您开始的复仇大业，我们一直不敢在您的坟前现身。等待的时间一日三秋……今天才让吉良侯来陪您。去年您万分珍视这把刀，并把它托付给我们，现在我们把它给您带回来了。我们祈请您拿着它，再次砍向敌人的脑袋，报仇雪恨。

四十七士敬悼

他们履行了"情义"，但还得尽忠。只有一死才能两全。他们事先不申报就去复仇，这冒犯了国法，但他们没有背叛"忠"。在"忠"的名义下，无论需要他们做什么，他们都必须去完成。幕府将军下令，四十七士必须剖腹自尽。小学五年级《日语读本》上说：

> 由于他们是为主君复仇，情义坚定不渝，为永世垂立了榜样……因此，幕府将军经过审慎考虑，命令他们剖腹自尽，

此乃一石二鸟之策也。

这意味着，浪人们用自己的手结束了生命，从而履行了最高的情义和义务。

日本民族的这一史诗的不同版本有一些变化。在现代电影版本中，开始时候的贿赂主题变成了性主题：吉良侯对浅野侯的妻子得寸进尺，而后者也被他所吸引，于是他给了浅野侯错误的指导，从而羞辱了浅野侯；不过，事情败露了。贿赂的情节就这样被取消了。但是，跟情义有关的所有义务的故事都讲述得令人毛骨悚然。"为了情义，他们抛弃了妻子，离开了孩子，丧失了（杀死了）双亲。"

义务和情义之间的冲突主题是其他许多故事和电影的基础。最为优秀的一部历史电影的时代背景是德川幕府第三代将军时期。这位将军被任命登上宝座时，还是一个没有经受过什么考验的年轻人；在他的继位问题上，廷臣们分成了不同的派别，有的支持一位跟他同龄的他的近亲。他们失败了，其中一位大名以为受到了侮辱；尽管第三代将军在行政上很能干，但这位大名任由他的情绪在心理滋长。他要伺机报复。终于，将军及其随从通知他，他们将要去视察几个藩邦。这位大名的职责就是接待将军一行，于是，他准备抓住机会，消除所有的宿怨，履行对自己名声的情义。他的府第本来就是个堡垒，此番他为即将到来的大事做好了充分的准备，以至于所有的出口都可以随时被堵住，整个堡垒都可以封锁起来。然后，他想方设法使得墙壁和天花板可以一推就倒，砸到将军一行人的头上。他的谋划实施得冠冕堂皇，他的接待工作做得小心翼翼。他安排手下的一名武士在将军面前舞刀，以博将军一乐；这名武士已经得到他的指令，在舞刀的高潮时刻，把刀刺入将军的胸膛。那武士应该明智地拒绝他主子的命令，但出于对大名的情义，他无法拒绝。然而，"忠"道又不允许他举刀刺向将军。他的刀舞完全显现了他内心的冲突。他必须采取行动，但又不应该那么做。他几乎让自己出招了，但他不能那么做。尽管他要讲情义，但他的忠心太强了。他舞得越来越差，将军一行起了疑心，就在绝望的大名下令毁坏屋宇的时刻，他们起身离开了座位。将军虽然逃过了武士的刀，但仍然面临着死于房屋废墟的危险。正在这时，那舞刀的武士走上前来，引领将军一行通过地下通道，从而使他们安全地逃到了屋外。忠战胜了情义。将军的代言人出于感激，再三规劝武士跟他们一起去东京。这是他的荣耀啊；但是，武士回头看着那倒塌的房子，说："不行，我得留下来。这是我的义务、我的情义。"他转身离开他们，死在了废墟里。"他以死履行了忠和情义，两者合二而一了。"

这些古老的故事没有把义务和"人之常情"之间的冲突放在最重要的位置。近年来，这种冲突变成了一个主要话题。现代小说讲述的是爱和人类的善良，但出于义务或情义，我们不得不舍弃爱与善。冲突主题不仅没有被削弱，反而得到了提升。在西方人看来，他们的战争电影似乎都是很好的和平主义宣传片；跟电影一样，他们的小说也常常是一种吁求；根据对自己心灵的监管，他们要求生活中有更多的言行自由。这些小说本身就证明了这种冲突的存在。但是，日本人在讨论小说或电影的情节时，看到的意义往往与我们看到的不同。我们之所以同情主人公，是因为他坠入了情网，或者怀有某种个人的雄心；而日本人会谴责他软弱，因为他居然允许这样的情感存在于他自己和情义（义务）之间。反抗惯例，克服障碍去争取幸福，这在西方人看来可能是力量的标志。但是，根据日本人的判断，那些漠视个人幸福并履行自己义务的人才是有力的。因此，他们以自己的眼光看待他们的小说和电影的情节，跟我们西方人的眼光不同，所赋予这些情节的意义也截然不同。

当日本人对自己的人生或那些他们熟知的人的生活进行判断时，他们也会做出这样的评判。当一个人的个人欲望和义务规则发生冲突时，如果他关心的是自己的欲望，那么，他就会被认为是软弱的。各种各样的情形都可作如是观，但是，与西方伦理完全背离的，还是他对自己妻子的态度。妻子处于"孝道圈"的边缘，而父母才是中心。因此，他的义务是明确的。道德意识很强的人会遵循孝道，接受母亲要他休掉妻子的决定。如果他爱妻子，而且妻子已经给他生了孩子，那么，休妻行为只会使他变得更加坚强。日本人常说："孝道可以让你把妻子儿女归入陌生人的行列。"因此,你对待他们的态度充其量也只属于"仁的圈子"。最坏的情况是,他们不能对你提出任何要求。哪怕婚姻幸福,妻子也不会占据义务圈子的中心位置。因此,男人不应该提升与自己妻子的关系的水平,否则,夫妻之情就会跟他对父母或国家的感情处于同一水平。20世纪30年代,一位著名的自由主义者公开说,回到日本,他感到非常高兴,高兴的理由之一是与妻子重逢,这番话成了流传一时的丑闻。他应该说到自己的父母、富士山,以及为国家使命而献身。他妻子不属于这一层次。

在近代,日本人自己表明,强调对如此沉重的道德规则、对不同层次不同圈子的规则要加以区别对待,这是不能令他们满意的。日本教育中有很大一部分是致力于把"忠"变成最高道德。正如政治家们通过把天皇置于等级制的顶端,并且取消将军和领主,从而简化了等级制,在道德领域,他们通过把所有美德置于"忠"这一范畴之下,从而简化了义务系统。他们用这种手段不仅把国家统一在"天皇崇拜"之下,而且削弱了日本道德的原始基础。他们想方设法教导说,履行了"忠",也就履行了所有其他义务。他们想方设法使"忠"不再只是图表上的一个圆圈,而是道德拱门的拱心石。

关于这一计划,最好最权威的声明是军人《赦谕》,这是1882年由明治天皇颁布的。这份赦谕和《教育赦谕》是真正的日本圣典。日本两大宗教的经书都没有上升到圣典的地位。神道没有,佛教也没有。佛教各派要么信守对经籍表示幻灭的教条,要么用反复念诵"南无阿弥陀佛"或"南无妙法莲华经"这类经语来代替经典。然而,明治《赦谕》才是真正的圣典。宣读《赦谕》是神圣的仪式,听者屏息静气,恭敬地垂首弯腰。它们就像《圣经》的"旧约五卷",宣读时恭恭敬敬地从神龛里取出,在听众散去之前就要恭恭敬敬地放回去。被委派读它们的人仅仅因为读错了一个句子就自杀了。军人《赦谕》首先是颁给现役军人的。军人们要逐字逐句地学习《赦谕》,每天早上还有默想十分钟。在重要的全国性的假日,在新兵入伍时,在老兵训练期满准备退伍时,以及在其他类似的场合,都要举行诵读这份《赦谕》的仪式。所有中学和继续教育学校的男生也都要学习这份《赦谕》。

军人《赦谕》是一份有几页纸的文件，纲举目张，清晰而明确。然而，对西方人来说，它奇怪得让人难以理解，其中的规则似乎是相互矛盾的。善良和美德被作为真正的目标而标举出来，而且是用西方人所能理解的方式加以描述的。《赦谕》警告听者不要像古代英雄那样死得不光荣，因为"罔知公道之理，徒守私情之义"。这是日本官方的翻译，虽然不是逐字逐句，但很能表现原文的意思。"因此，你们应该，"《赦谕》接着说，"以旧时英雄为鉴，严加警戒。"

如果不了解日本的义务体系，就无法理解此处的"警戒"。整个《赦谕》表明官方力图抑"情义"而扬"忠"。在日本，"情义"一词家喻户晓，但在《赦谕》中一次都没有出现。《赦谕》不提"情义"，但强调有"大节"和"小节"。大节就是"忠"，小节就是"徒守私情之义"。《赦谕》竭力证明"大节"足以证实所有的美德。"所谓正义，"它说，"就是履行义务。"忠心耿耿的士兵必然是"真勇士"，这话的意思是："在日常待人接物中，首先要温和，以赢得他人之爱与敬。"《赦谕》暗示：如果我们遵循这些规则，就够了，不必求助于"情义"。"义务"之外的职责都是"小节"，一个人在对它们进行认真考虑之前，不应该承认它们。

> 如果你愿意……信守诺言（在私人关系中），同时又履行义务……你就必须在一开始就认真考虑，你是否能成功履行。如果你……把自己捆绑在一些不明智的义务上，那么你会发现自己处于一种进退两难的境地。如果你确信自己不能信守诺言并维持正义（《赦谕》的定义是履行义务），那你最好立即抛弃自己的私下里许下的诺言。自古以来，有层出不穷的例子表明：某些古代大人物和英雄豪杰遭遇灭顶之灾之后，之所以给后代留下一个不光彩的名声，只是因为他们只力求信守小节，却辨别不了与基本原则有关的是与非，或者是因为"罔知公道之理，徒守私情之义"。

这段训词整个意思是"忠"高于"情义",正如我们说过的,里面没有提及"情义";不过,每个日本人都知道这个说法,"我因为要顾及'情义'而无法坚持正义。"《赦谕》把这话解释为"如果你确信自己不能信守诺言并维持正义……"它以天皇的权威口吻说,在这种情况下,你就应该抛弃情义,记住它只是一种小节。只要你遵从大节的规则,那么你仍然拥有美德。

这份抬高"忠"的"圣典"是日本的一个基本文件。然而,我们很难说,《赦谕》如此贬低"情义",是否就削弱了这项义务广泛的控制力。日本人频频引用《赦谕》的其他部分——"正义乃义务之完成","只要心地真诚,无往不胜"——以解释或证明他们自己或别人的行为。但是,虽然他们经常引用得很得当,但他们似乎很少提及反对信守私人关系中的警告。时至今日,在日本,"情义"仍然是一项带有很大权威的美德,说一个人"不懂情义",是最强烈的谴责之一。

日本伦理体系不会因为引进"大节"这个概念而轻易被简化。正如他们经常吹嘘的,日本人没有一种现成的普遍的美德,可以用作善良行为的试金石。在大多数文化中,个人的自重与他们所秉有的某项美德成正比,诸如善良的意志或良好的管理或成功的事业。他们树立某个目标作为人生的目的,如幸福、对别人的控制力、自由或社会活动能力。日本人遵循的是更加特殊的准则。无论是在封建时代,还是在军人《赦谕》中,甚至在他们谈论大节时,他们的意思也只是:对等级制中地位较高的人的义务应该支配那些对地位较低的人的义务。他们仍然在搞特权。对西方人来说,"大节"一般是指以忠诚对忠诚,而不是忠于某个特定的人或某件特定的事。对日本人而言,却不是这么回事。

当现代日本人力图把某一项美德弄得超越所有"圈子"时,他们往往选择的是"真诚"。大隈伯爵在讨论日本的伦理学时说,真诚"是规则中的规则。各种道德教条的基础可以用这个词来解释。除了真诚——只有这一个词——我们古代的词汇中没有别的任何伦理概念"。[①]现代小

---

① 大隈重信:《开国五十年史》,英译本,伦敦,1909年,第2卷第37页。

说家也是这样认为。在 20 世纪早期，他们赞美新进的西方个人主义，但后来对西方的伦理规则表示了不满，力图把真诚称赞为唯一真正的"教义"。

这种对道德真诚的强调，得到了军人《赦谕》本身的支持。《赦谕》的开端是一段历史性的序言，相当于常常要列举华盛顿、杰弗逊等开国元勋的名字的美国序言。在日本，这段序言在吁求"恩"和"忠"时达到了高潮：

> 朕为首，汝等为体。朕依赖汝等为股肱。朕之能否护佑
> 吾国、报答祖先之恩，全赖汝等之能否履行义务。

随后便是具体的规则：1. 最高的美德是履行与"忠"有关的义务。一个士兵，如果忠心不够，那么，他再有才干，也只是一个傀儡。一队士兵如果缺乏忠，那么在危机时刻，就只是一群乌合之众。"因此，既不能被一时之舆论牵入迷途，也不能干预政治，只要一味尽忠即可。记住，死轻于鸿毛，而义重于泰山。"2. 遵守外在仪态和行为举止方面的规则，这些规则与军衔相关。"下级要尊重上级的命令，就如同这些命令乃朕所直接发布，上级也要善待下级。3. 勇气。真正的勇气与"血脉贲张的野蛮行为"大相径庭，而是被定义为"不鄙视下级，也不惧怕上级"。因此，"尚武者在日常待人接物中，首先要温和，以赢得他人之爱与敬。"4. 针对"徒守私情之义"提出警告。5. 奉劝大家要节俭。"汝若不以朴素为目标，将会变得柔弱、轻薄，喜好奢侈而浮夸的生活方式，最终将会变得越来越自私、龌龊，沦为最卑鄙的小人，以至于为世人所蔑视，无论忠诚还是勇气都无法拯救汝……由于担心此风暴长，朕心力交瘁，遂重申此诫。"

《赦谕》最后一段称此五条规则为"天地之大道，人伦之纲常"，乃"军人之灵魂"。反过来，这五条规则的"灵魂"是"真诚"。"若心不诚，则纵然懿言善行，亦不过外在之表现，无任何益处。只要心诚，无往不胜。"因此，这五条规则很容易遵守并实践。在说完所有的美德和义务

之后，再加上真诚，这是典型的日本人的思维。中国人认为所有美德的基础是仁爱之心的推动；而日本人不这么认为，他们先设立义务的规则，到最后提出要求，要人们全心全意、竭尽全力履行义务。

在佛教的主要流派"禅宗"的教义中，"真诚"具有同样的意义。在铃木大拙论禅的重要著作中，他写到了徒弟与师傅之间的一场对话：

　　和尚：我知道，当狮子捕捉猎物时，无论那是一只野兔，还是一头大象，都会竭尽全力；请告诉我，这是一种什么样的力量？

　　师傅：真诚之精力（字面意思是不欺之力）也。真诚，也就是不欺，意即"献出全部"，所谓"全力以赴"也……一点都不保留，一点都不掩饰，一点都不浪费。人生如此，便是金发狮子，乃是刚强、真诚与全心全意之象征，乃神人也。

"真诚"一词在日语中具有特定的意思，我在前面已经提及。日语中的"诚"和英语中的"真诚"意思并不相同，它比后者内涵更丰富，也更单调。西方人总是很快就发现，它在日语中的含义比它在他们自己语言中的含义更单调。他们常常说，当日本人说某人不真诚时，他的意思只是别人不同意那人的看法。这么说有一定的道理，因为，在日本，说某人"真诚"，并不指他做事是否"诚实"，是否按照自己的爱憎、决断或迷惑而采取行动，而是看哪一种方面在他灵魂中占上风。美国人说"他见到我真高兴""他真的很满意"时，表达的是赞许之情，日本人则没有这么说的。他们有一整套谚语似的表达法，都表现了对这种"真诚"的蔑视。他们会嘲笑说："瞧那只青蛙，把嘴张开，暴露了肚子里的一切。""像只石榴，嘴巴一张，心里的一切就暴露无遗。"对任何人来说，"随口说出自己的心思"，都是一种羞耻，因为那样他被暴露了。在美国，这些与"真诚"关联的含义非常重要，但在日本，"真诚"一词根本就没有这样的含义。前面说到的那个日本少年在骂美国传教士"不真诚"时，他从未曾想到：面对他这样甚至连根鞋带都没有的穷苦少年，偏偏计划要到美国去，那个美国人是否"真的"感到迷惑不解。在过去十年间，日本政治家们总是谴责美英不真诚，他们不曾想想，西方国家是否在以他们没有真切感受过的方式做事情。他们甚至不骂英美伪善，因为伪善是一种轻微的谴责。与此类似，当军人《敕谕》说"真诚乃规则之灵魂"时，并不意味着这一会使所有其他美德都成为有效美德的这种"真诚"，是灵魂的诚实，会使一个人的言行与他内心的感受相互一致。这肯定不是说，无论他的信念跟别人的有多么不同，他都被要求保持真诚。

但是，"诚"在日本具有一些正面的意义。既然日本人如此强调这一概念的伦理作用，西方人就迫切需要掌握日本人用这个概念时所表达的意思。在《四十七士》中，日本人所说的"诚"的基本含义已经得到了很好的解释。那个故事里的"真诚"是一个添加在"情义"上的附加码。"情义加诚"与"单纯情义"恰成对照，意谓"作为永世典范的情义"。当代日本人还在说，"诚则使之能坚持"。在这个短语中，根据上下文，"之"指的是日本的任何戒律，或者"日本精神"中规定的任何态度。

在战争期间，在日本隔离收容所里，这个词的用法跟它在《四十七士》中的用法完全一致。这清楚地表明，这一逻辑被延伸到了何种程度，美国人在使用它时，其含义会变得完全相反。亲日的一世（生于日本的美国移民）常常谴责亲美的二世（第二代移民），说后者不"诚"。一世说的是，二世没有那种构成日本精神的灵魂的品质，这种品质在战争期间是有官方定义的，那就是"坚持"。一世的意思根本不是说，他们孩子的亲美倾向是伪善的，远远不是。二世志愿加入美国军队，而且在任何人看来都显而易见的是：二世支持这个收养他们的国家，是出于一种真诚的热情；在这种情况下，一世更能振振有词地指责二世的不真诚了。

日本人使用"真诚"一词时，它的一个基本含义是：去热诚地遵循一条道路，那条道路是由日本的规则和精神标志出来的。无论"诚"这个词在某些特殊语境中具有什么样特殊的意义，它总是可以被读解为一种赞扬，赞扬的是日本精神中那些公认的方面和美德地图上那些大家都接受的指示标志。一旦人们接受这样一个事实，即"真诚"没有美国人所认为的含义，那么，在所有日本文献中，它都是最有用的、值得注意的词，因为它与日本人真正强调的那些正面品德几乎完全一致。"诚"往往用来赞扬某个不追逐私利的人。这反映出日本人的伦理对牟利行为是大加鞭挞的。利益，当它不是等级制的自然产物时，就会被断定是剥削的结果，走歪门邪道并从中牟利的中间人慢慢就成了可恶的高利贷主，这样的人总是被说成是"缺乏真诚"的人。"诚"也往往用作赞语，赞扬那些不受制于激情的人。这反映了日本人的自律观念。一个日本人，如果他配得上"真诚"这个概念，那么他绝对不会冒险去侮辱他不想冒犯的人。这反映了日本人的这样一条教义：一个人要为其行为本身以及行为所导致的边际效果负责。最后，只有"诚"者才能"领导人民"，有效地施展他的才干并摆脱内心的冲突。这三个含义，还有一系列其他的含义，都非常简明地说出了日本伦理的同质性。这些意义反映了这样一个事实，即在日本，只有当一个人在遵循准则时，他才能有效地做事，并避免冲突。

既然这些都是日本人的"忠诚"的含义，那么，尽管有《敕谕》和大隈伯爵，但这种道德并没有简化日本人的伦理。它既不在那套伦理体系下设置一个基础，也不赋予其"灵魂"。它是一个指数，可以适当地放在任何数字后面，以提高幂的层次。比如二次方可以是 9 或 159 或 b 或 x 的平方，没有任何差别。同理，在日本的道德体系中，"诚"可以提高任何一条日本教条的层次。过去它曾是一项独立的道德，现在已不是独立的了，而是信徒对信条的狂热。

无论日本人如何致力于他们的道德体系，它仍然跟原来一样，其原则仍然是平衡一个举动和另一个举动之间的关系，两者相互对立，但本身都有益处。日本人所创立的伦理体系就像是桥牌游戏。一名好的桥牌手会接受规则，并按牌理出牌。他把自己跟低劣的选手区别开来，因为他接受过计算的训练，按照比赛规则，他完全知道别的选手出牌意味着什么，从而紧跟不舍。他是按照霍伊尔规则出牌的，每一步他都必须进行无穷无尽的精微计算。比赛中可能会出现偶然性，但这已经包含在了规则之中，记分方法是提前约定的。在这样的比赛中，美国人所理解的善意变得没有意义了。

在任何语言中，人们都会说到失去或获得自重，其语境能很好地揭示他们的人生观。在日本，"自重"往往表明你是一个小心谨慎的选手。在英语中，它指的是故意与有价值的行为标准保持一致——不讨好别人，不说谎，不做伪证，但它在日语中没有这些含义。在日本，"自重"的字面意思是"自我尊重"，其反面意思是"自轻自贱"。当一个人说"你必须自重"时，他的意思是"你必须精明地估计这种情形中涉及的所有因素，不要做任何会引起非议或减少你成功机会的事情"。日本的"自重"所指向的行为正好与美国的相反。当一个雇员说"我必须自重"时，他的意思不是说他必须维护自己的权利，而是说他丝毫不应该顶撞雇主，哪怕后者要让他陷入麻烦。在政治场合，"自重"说的也是这个意思，即假如一个"重量级的人物"沉迷于任何鲁莽的行为，如谈论"危险思想"，那么他就无法做到"自重"。在美国，"自重"意味着：纵然思想是危险的，但"自重"要求我们根据自己的领悟和良知进行思考；而在日本，它没有这样的意味。

"你必须自重"常常挂在父母的嘴边，用以告诫他们未成年的孩子，意思是要举止得体，符合别人的期望。因此，女孩子会被告诫：坐着时不能动，腿要放在合适的地方；男孩子被告诫：要训练自己，学会察言观色，因为"此时此刻决定着你的未来"。当长辈说自己的孩子"你的行为不像是一个自重的人所应该有的"，这是在谴责孩子举止不当，而不是说他缺乏勇气，不能维护自己的权利。

一个农民如果还不起债，他会说自己"应该自重"，但他的意思不是在指责自己懒惰或讨好债主，而是说他应该预见到这一紧急情况，应该考虑得更加周到些。当一个在社区里有一定地位的人说"我的自重要求我这样做"时，他的意思不是说，他必须遵循真理和正直的原则，而是说他在处理事情时，必须充分考虑到自己家庭的地位，他必须全力以赴地投入到对事情的处理中去。

当一个商业主管谈到他的公司时，说"我们必须表现出自重"，他的意思是他们必须加倍谨慎小心。当一个人谈到自己必须报仇时，说"我要自重地报复"，他的意思不是说，"要把火炭堆在别人头上"，或者倾向于遵守任何道德规则，而等于是说"我要彻底地报仇"，小心翼翼地做计划，考虑到这一情形中的各种因素。在日语中，"自重再自重"，是一个非常强烈的说法，意思是要万分慎重，千万不能急着下结论，要权衡各种策略和方针，以恰到好处的努力，正好达到目的。

所有这些关于"自重"的含义都符合日本人的人生观，这是一个你应该按照"霍伊尔规则"小心翼翼行动的世界。这种定义"自重"的方法不允许任何人以用心良好为理由，来为自己的失败进行辩解。每一步都会导致一定的后果，我们不应该在没有充分评估的情况下贸然行动。慷慨当然是正确的行为，但你必须预见到，那个受你恩惠的人是否会感到自己"背上了恩情债"。你必须见机行事。批评别人完全是可以的，但只有在你充分考虑到那会招致他的怨恨后，你才能提出批评。那个年轻画家谴责美国传教士嘲笑他，但这不可能是嘲笑，因为传教士的本意是善良的。传教士没有充分考虑到自己每走一步棋意味着什么，这在日本人看来，完全是不讲规矩。

自重与审慎周到是完全一致的，所以，要察言观色，要敏感到如同别人坐在审判席上。"一个人要培养自重意识，"日本人说，"因为社会的缘故。""如果没有社会，人就不需要自重。"这些话完全是在说，自重是要得到外人的认可，而不考虑自己内心对举止得体的认可。像许多国家的一些俗语一样，这些说法是在夸大事态，因为日本人有时会像清教徒一样，对自己积重的罪孽，做出强烈的反应。不过，他们这些极端的说法仍然明确地指向他们所强调的地方，与其说他们强调罪孽，还不如说他们更重视羞耻。

在关于不同文化的人类学研究中，要对主要依赖于耻辱的文化和主要依赖于罪孽的文化之间加以区分，这是非常重要的。如果一个社会提倡道德的绝对标准，而且依赖于人的良知的进步，它的文化就可以被定义为罪孽文化。不过，在这样的社会中，比如在美国，一个人会责备自己做事不够老练，但那绝对不是罪孽，因此他会觉得羞耻。衣着不得体，或一时失言，都可能使他感到极为懊恼。在以羞耻为主要制裁手段的文化中，人们会为自己的某些行为感到懊恼，而我们猜想，他们感到内疚就可以了。这份懊恼会非常强烈，而且无法缓和，而我们认为罪恶感是可以通过忏悔和赎罪得到缓和的。一个人即使犯了罪，也可以通过给自己解压而减轻痛苦。这种忏悔手段被应用于世俗疗法，许多宗教团体几乎没有什么其他的共同特点，但都在用这种手段。我们知道，它能减轻痛苦。在以羞耻为主要制裁手段的地方，当一个人向别人甚至向神父坦白他的错误时，他体会不到这种痛苦的缓和。只要他的不良行为"没有暴露给世人"，他就不需要自寻烦恼，而在他看来，忏悔只会招致麻烦。因此，羞耻文化没有忏悔，甚至对上帝也没有。他们有表示好运的仪式，却没有赎罪的仪式。

为使人做好事，真正的羞耻文化依赖的是外在的制约手段，而真正的赎罪文化依赖的是内心对罪恶的确认。羞耻是对别人的批评的反应。一个人感到羞耻，是因为他被公开嘲笑或拒绝，或者是因为他认为自己受到了嘲笑。无论是哪种情况，羞耻感都是有效的制裁手段。不过，它需要有一个外人，至少在幻想中要有一个外人。罪恶感却不需要。在有的国家，荣誉意味着遵循自己描画的形象；尽管没有人知道你的错误行为，但你还是会有罪恶感，而且，通过坦白你的罪恶，你的罪恶感真的可能会减轻。

早年，当清教徒定居在美国时，他们力图把罪恶作为整个道德体系的基础，所有心理医生都知道，当代美国人因为良心而遇到了多少麻烦。但是，在美国，羞耻是一项越来越沉重的负担，而罪恶感不像早年那样极端。这种现象被解释为道德的松懈；这么说在很大程度上是对的，但那是因为我们没有预料到羞耻会承担如此沉重的道德任务。我们也没有把个人的懊恼情绪装载到我们基本的道德体系之中，这种剧烈的情绪往往伴随着羞耻。

但日本人是这么做的。关于善行，他们有明确的指示性标志，不遵照这样的标志行事，就是耻辱；不能平衡各种义务，或者不能预见到各种偶然情况，也是耻辱。他们说，耻辱是美德的根源。一个人能敏感到耻辱，就会履行关于善行的所有规则。"知耻者"有时被翻译成"有德者"，或"荣耀者"。在日本伦理学中，"耻辱"具有权威地位，相当于西方伦理学中"纯洁的良知""笃信上帝"和"避免犯罪"。由此逻辑足以推出，一个人死后不会受到处罚。日本人——除了一些了解印度经书的僧侣——都不太熟悉轮回观念，而轮回取决于今生的功德。除了一些受过很好的基督教教育的皈依者，他们不承认死后的报答和惩罚，也不承认天堂和地狱。

在日本人的生活中，羞耻是首先要考虑的，这意味着，任何人做任何事，都要看公众对自己的评价。在任何部落或国家，只要人们深深感受到羞耻，情况就是如此。他只需要想象公众会做出什么样的裁定，而他的行动方向就是那些裁定。当所有人按照同样的规则玩游戏并相互支持时，日本人就会玩得轻松快乐。当他们感到那是一种让他们履行国家"使命"的游戏时，他们就会狂热地去玩。他们企图把他们的美德输出到别的国土，但那里的人们并不认可他们关于善良行为的正式标志；每当他们发现这一点，他们就会变得极为脆弱。他们没能完成带着"善意"的"大东亚"使命，许多人感到，中国人和菲律宾人真的很讨厌他们。

如果不是被国家主义的情感所激励，来到美国学习或经商的日本人常常深深地感到：当他们生活在一个规矩不那么严格的社会里，他们以前所受的那种小心翼翼的教育失败了，他们的美德无法输出。任何人都很难改变文化，这是放之四海皆准的看法；但日本人力图推出的不是这样的观点，而是某种别的想法。有时，他们会把自己跟中国人或暹罗人进行对比，他们自己很难适应美国生活，而他们知道，中国人或暹罗人没那么困难。正如他们所看到的，他们的特殊问题在于，他们遵守行为准则的细微差别是由别人认可的，而他们从小到大所受的教育要求他们去相信：只有依赖于别人的认可，才是安全的。当外国人不把所有这些礼仪放在心上时，他们会感到迷惘。他们设法在西方人的生活中找到类似的审慎的礼仪，但他们失败了，于是，有人说他们感到愤怒，有人说感到恐惧。

关于日本人在不那么严格的文化里的这些体验，在三岛小姐的自传《我那狭隘的岛国》中，有着无与伦比的描写。她想方设法要到美国上大学，但她保守的家庭不愿意接受美国助学金的恩惠，最后她战胜了家庭，来到卫斯理女子学院。学院的老师和同学，她说，都非常好；但她觉得，这使她感到更加困难。"我在礼仪上一丝不苟，那可是日本人的普遍特征啊，我还为此感到骄傲呢，但到了美国，我的这种骄傲心理受到了重创。我恨自己，因为我不知道在这儿如何做到举止得体；我也恨周围的人们，他们似乎在嘲笑我以前所受的教育。除了这种模糊但深深扎根于我心间的恼恨情绪，我不再有任何别的情绪。"她感觉自己"是一个来自某颗别的星球的生物，在这个世界上，我的感觉和情绪根本用不上。我所受的日本教育要求我做每一个动作都要优雅，说每一句话都要合乎礼节；这使我在美国这样的环境里变得极为敏感，处处想着自己，以至于在跟别人接触时，完全是盲目的"。两三年之后，她才放松下来，开始接受别人对她的善意。她得出的结论是：美国人生活带着一种她所说的"优雅的亲密感"。但是，"在我三岁时，我心中的这种亲密感就以鲁莽之名被灭掉了。"

在她所认识的在美国的日本女生和中国女生之间，三岛小姐做了对比。她的评说表明，美国对两者的影响多么不同。中国女生"镇定自若，善于交际，那是日本女生所完全缺乏的。在我看来，来自中国上流社会的女生似乎是地球上最文雅的造物，每个人都很优雅，几乎像公主一样端庄，就好像她们是真正的世界主人。她们无所畏惧、高度沉着，哪怕在重视机械与速度的美国文明中，她们也一点不受惊扰。这与我们日本女生的胆怯和过于敏感形成鲜明的对照，这显示了某种源于社会背景的根本差异"。

像许多其他日本人一样，三岛小姐感到，自己好像是一名专业的网球手，但参加的是槌球比赛。她自己的特长就是用不上。她感到，自己以前学到的东西无法转移到新的环境中。她以前信奉的准则是无用的，美国人的相处之道中没有这样的准则。

指导美国人行为的法规不如日本法规那么"庄重"，日本人一旦接受了这样的法规，哪怕程度很低，他们也会发现，他们无法想象自己还能应付以前日本生活中的那些严厉规矩。有时，他们把以前的生活说成是失去的乐园，有时说成是"羁绊"，有时说成是"牢监"，有时说成是

"小花盆"，盆里栽种的是一棵侏儒一样的小树。只要这棵微缩松树的根受制于那个花盆，那它就是一件艺术品，能使可爱的花园变得更加优美；但是，一旦它被移植到野外的土壤里，就不可能再放回到盆里去。他们觉得，自己再也不可能到那个日本花园里去做装饰品，因为他们再也不可能去满足日本社会的要求。他们体验到了日本道德的两难困境，而且是这种困境表现最激烈的形式。

第十一章　自我修炼

在来自别的国家的观察者看来，一种文化中的自我修炼似乎无关紧要。那些修炼的方法在他们看来是最清楚不过的了，问题是为什么要弄得那么麻烦？为什么要心甘情愿地把自己吊在钩子上，或者专注于丹田，或者决不花钱？为什么要关注这样的苦行，而对一些外人看来真正重要的、需要修炼的冲动，却根本不加控制？如果观察者从一个没有自我修炼的技术性方法的国度，来到一个非常依赖于这些方法的民族中间，那他极有可能对自我修炼产生误解。

在美国，自我修炼的技术性传统方法相对而言还没有发展起来。美国人认为，一个人，在其个人生活中，如果已经预计某个目标自己是有可能达到的，若有必要，那么他就会进行自我修炼，以达成这个既定的目标。他是否能成功，取决于他的心志或他的良知，或者维伯伦所谓的"工作本能"。他可能会接受一种严格的训练体系，目的是为了加入某个足球队；或者，他放弃所有娱乐，目的是为了把自己训练成音乐家，或在事业上取得成功。他可能会出于良知而避开邪恶和轻率。但是，在美国，自我修炼是一种技术训练，不是可以学习的算术一样的事情，在特殊情况下，它完全没有用场。这样的技术如果真的在美国出现，那肯定是欧洲的某些教派领袖或印度教高僧教的，后者教的是创立于印度的教义。沉思和祈祷是宗教的自我修炼，由基督教的圣特蕾莎或圣约翰教授实践，但即使是这样的自我修炼，也几乎不曾在美国幸存。

然而，日本人认为，参加中学考试的少年或进行剑术比赛的男子或过惯贵族生活的人，都需要自我修炼，这与考试时所需要学习的特殊技能没有任何关系。无论他考试时答得多么完满，无论他在出剑时多么专业，无论他多么注意繁文缛节，他都需要把书本、剑和公众形象扔到一边，去进行某种特殊的修炼。当然，并不是所有的日本人都信从深奥的修炼，但是，哪怕是对那些不信从的人来说，自我修炼的措辞和实践也在生活中拥有公认的地位。各个阶层的日本人都以一整套概念来判断他们自己和别人，那套概念依赖于某个观念，那是关于泛化的技术上的自控和自治的观念。

日本人关于自我修炼的概念可以大致分为两类，一类能培养能力，另一类所培养的不仅是能力，这能力之外的东西我愿意称之为"圆熟"。这两类在日本是有区别的，它们的目的是要在人的心里达成某种异样的效果，形成某种基本原理，并通过不同的标志加以识别。我们已经描述过了第一类，即自我修炼能力的许多事例。在和平演习中，士兵们要活动 60 个小时，但睡觉的时间只有十分钟，而军官居然说"他们知道如何睡觉，需要训练的是如何保持清醒"；无论如何，对我们来说，这似乎是极端的要求，其目的只是培养一种行为能力。他说的是日本的心理机制的一条被公认的原则，即意志应该超越身体，因为身体几乎能接受无穷无尽的训练。一个人忽视健康规律，就要付出代价，但身体本身没有这样的规律可言。日本关于"人之情感"的整套理论都依赖于这种认识。当它与人生真正的要事有关的时候，无论健康多么重要，无论那些不相关的事情是经过了怎样的培养，身体的需要都应该完全放在第二位。自我修炼无论需要付出什么样的代价，一个人都应该表现出"日本精神"。

然而，用这种方法来表达日本人的立场，是对日本人的观念的粗暴解释。因为，在美国人的日常说法中，"无论什么样的自我修炼的代价"跟"无论什么样的自我牺牲的代价"意思几乎是一样的，也常常意味着"无论什么样的个人挫折的代价"。美国人的修炼理论——这种修炼无论是外力强加的，还是向内投射为检点自我的良知——是这样的，从孩提时代起，男人和女人都得通过修炼而被社会化，它或者是自主接受的，或者是权威强加的。它是一种折磨。个人为自己的愿望被褫夺而感到不满。他不得不做出牺牲，内心里不可避免地会激起反抗情绪。这不仅是许多美国职业心理学家的看法，而且是由父母在家里带大的每一代孩子的哲学，因此，在我们自己的社会里，心理学家的分析包含着大量的真理。到了一定的时间，孩子就"得"上床睡觉，他从父母的态度中了解到睡觉是一种"折磨"。在数不胜数的家庭里，孩子每天晚上都要大闹一番，以表示不满。作为一个已经受过训练的美国孩子，他把睡觉当成是一件"不得不"做的事，因此他会做出以卵击石似的反抗。他母亲还规定，他"得"吃某些东西，那可能是燕麦粥、菠菜、面包或橙汁，但是美国孩子会对他"不得不"吃的食物表示抗议。他总结出，对他"有益"的食物都是不好吃的。这种美国惯例在日本是闻所未闻的，但也存在于某些西方国家如希腊。在美国，长大成人，意味着从食物折磨中解放出来。成年人可以吃好吃的东西，而不是对他有益的东西。

然而，跟西方人一整套关于自我牺牲的概念相比，这些关于睡觉和食物的观念是微不足道的。西方的标准信条是：父母要为孩子做出巨大牺牲，妻子要为丈夫牺牲她们自己的事业，丈夫为了养家糊口要牺牲自由。在有些社会中，男人和女人不承认自我牺牲的必要性，这在美国人看来是很难理解的。但的确有这样的社会，那儿的人们说，父母自然认为孩子是高兴的，女人们喜欢婚姻生活胜过其他生活方式，养家糊口的男人是在从事他自己钟爱的工作，如打猎或园艺。为什么说那是自我牺牲？当社会强调这些解释，而且允许人们按照这些解释生活时，自我牺牲的观念就几乎不会有人承认。

在美国，一个人为他人所做的所有这些事都是自我牺牲，但在其他文化中，被认为是相互之间的交换，要么是往后会有回报的投资，要么是对他人以前给予自己好处的回报。在那样的国家中，甚至父子之间的关系也是如此对待的，在儿子小时候父亲为他所做的一切，在父亲老了的时候甚至去世之后，儿子要进行报答。所有事务关系都是民间契约，往往要保证对等，正如一般契约所约定的，一方要履行保护义务，另一方要履行服务义务。如果这对利益双方都有好处，那么任何一方都不会认为他要履行的义务是一种"牺牲"。

在日本，为他人服务背后的制裁手段当然是相互的，在责任的种类上如此，在责任的等级交换上也是如此。因此，日本人关于自我牺牲的道德立场跟美国迥然不同，他们总是一条条地反对基督教传教士们宣讲的关于牺牲的教义。他们辩解说，好人不应该想到他为别人做事是在折磨自己。"我们之所以做你们称之为'自我牺牲'的事情，"一个日本人跟我说，"是因为我们愿意给予，或者说是因为给予是好事。我们不会为自己感到难过。不管我们为了别人要放弃多少利益，我们都不会那样认为。这种给予会在精神上提升我们，或者我们应该为此而得到'回报'。"像日本人那样把人生组织在这样细致的相互义务的周围，自然会发现这些义务与自我牺牲无关。他们把自己推向履行极端义务的界限，但是，相互关系上的传统制裁手段阻止他们去感受自怨自艾、自以为是；而在更强调个人和竞争的国家里，那种感受是很容易出现的。

因此，为了理解日本人在自我修炼方面的日常行为，美国人必须对自己的"自我修炼"观念进行一次某种意义上的外科手术，必须割掉"自我牺牲"和"折磨"的增生物，这种东西已经丛生在我们的文化概念的周围。在日本，一个人要想把自己修炼成一名优秀的选手，他在进行修炼时，要像打桥牌一样，不能想到这是一种牺牲。这种训练当然很严格，但这是事物的本质所固有的。幼儿固然幸福，但没有"品尝人生"的能力。只有通过思想训练（或自我修炼），人才能获得全面生活的能力，才能"品尝到人生的滋味"。这个短语往往被翻译成"只有这样，才能享受人生"。自我修炼"能锻炼丹田（控制部位）"，从而扩大人生的范畴。

日本的"有能力的"自我修炼就包含这一基本原理，它能提高人打理自己生活的能力。在刚刚训练时，他会感到不耐烦，但是，他们说，这种情绪很快就会过去，因为最终他会要么喜欢上这种修炼，要么干脆放弃。学徒要正确对待自己的行当，男孩要学柔道，小媳妇要适应婆婆的要求。在修炼的前几个阶段，一般人会不习惯新的要求，因此可能会希望摆脱这种"修养"，这是完全可以理解的。他们的父亲会开导他们说，"你想要什么？要想品尝人生，你必须做些修炼。如果你放弃，一点都不修炼，那么结果肯定是，你将来不会幸福。假如出现这样的结果，我可不愿意保护你让你免受舆论的攻击。""修养"是他们用得非常频繁的一个词，意思是磨掉"身上的锈"。它能让人变成一把明晃晃的利刃，那当然是人所巴不得的。

日本人很强调自我修炼如何给人自己带来好处，这并不意味着，他们的极端行为不是真正严重的折磨，这样的折磨不会导致侵犯冲动，但他们的道德体系往往要求他们做出极端举动。在游戏和比赛中，美国人能理解这种区别。桥牌冠军不会抱怨自我牺牲，为了学得更好，他需要做出自我牺牲；为了成为一名出色的选手，他得投入很多时间，但他不会说那是"折磨"。然而，医生们说，在有些情况下，当一个人为了高额赌注或冠军而进行比赛时，需要万分集中精力，这与胃溃疡和身体过度紧张等问题不无关系。同样的事情也发生在日本人身上。不过，他们在相互关系上有制裁手段，而且他们相信自我修炼对修炼者自己是有好处的，这使他们觉得很多事情是很容易做的，而在美国人看来那些事可能是做不到的。跟美国人相比，他们更多关注他们有能力做的事，而且不允许自己有更多的辩解。他们不会经常把自己对生活的不满归咎于替罪羊，也不会因为没有得到美国人所谓的"平均幸福"，而沉溺于自怨自艾。他们受过训练，所以他们比美国人更加关注"身上的锈"。

在"有能力的自我修炼"之外、之上，还有"圆通"水准的自我修炼。关于后一种类，日本人有过一些著述，但西方读者不太能理解这一类的修炼技巧。有些西方学者也专门论述过这个话题，但他们往往抱着比较轻视的态度。有时，他们称之为"怪癖"。有一位法国学者说，这些技巧全都是"对常识的否认"；"禅宗"是所有讲究修炼的门派中最大的一派，但他竟然说，那是"一连串严肃的废话"。然而，这些技巧所要达成的目的不是不可参透的，这整个话题能使我们在相当大的程度上了解到日本人的心理机制。

关于"圆通"在自我修炼中所达到的心理状态，日本人有许多说法。这些说法有的用于演员，有的用于宗教信徒，有的用于剑术家，有的用于公共演说家，有的用于画家，还有的用于茶道师。它们的含义一般都一样，我只用一个词"无我"，它用于在上层社会中盛行的"禅宗"。关于这种"圆通"状态的描写指的是这样的一些体验，即无论在世俗生活中还是在宗教生活中，人的意志和行为之间，"没有任何间隙，甚至一根头发那样的间隙都没有"，犹如电流直接从正极流到负极。在没有达到圆通状态的人的意志和行为之间，存在着——似乎存在着一道不导电的屏障。他们称之为"观我""妨我"；通过一些特殊的修炼，高手能驱除它，每当此时，他根本意识不到"是我在这么做"。电流自由流动，不费吹灰之力，这就是"一点通"的状态。行为人的行为完全是他心里所描画的行为图式的翻版。

大多数普通的日本人都在追寻这种"圆通"状态。查尔斯·艾略特爵士是英国的佛学权威，说到过一个女生，曾经向在东京的一位著名的传教士提出申请，说希望成为一个基督徒。当被问及她想这么做的原因时，她回答说，她最大的愿望是乘飞机上天。当她被要求解释飞机和基督教之间的关系时，她回答说，曾经有人告诉她，在她乘飞机上天之前，她必须有一种非常镇静的、调节得很好的心态，只有通过宗教修炼，才能获取这种心态。她认为，在所有宗教中，基督教可能是最好的，所以她来向传教士求教。[1]

日本人不仅把基督教和飞机联系起来，还把修炼"一种非常镇静的、调节得很好的心态"和学校考试、演讲，以及政治生涯联系起来。在他们看来，为"一点通"境界所做的技术训练在几乎任何事情上都有益，这是没有问题的。

许多文明都发展出了这类修炼技巧，但是，日本人的目的和方法具有非常鲜明的属于他们自己的特色。这尤其有意思，因为许多技巧起源于印度，那就是在印度众所周知的瑜伽。日本的自我催眠、集中精力、五官控制等方面的技巧至今仍然显示出与印度修炼方法的亲缘关系。他们同样强调"空心""静体"，同一个短语重复念诵一万遍，把注意力集中在某个选定的象征物上。甚至印度人用的术语也仍然被日本人所认可。然而，除了这些"裸露在外的骨头之外"，日本版的佛教与印度版几乎没有任何共同之处。

瑜伽派在印度是一个极端崇奉禁欲苦行的教派，是摆脱轮回的一种

---

① 查尔斯·艾略特爵士：《日本佛教》，286 页。

方法。除了"涅槃"，没有任何别的解脱法，解脱之路上的障碍就是人的欲望。通过忍饥挨饿、领受侮辱和自讨苦吃，人能消除自身的欲望，达到圣人的状态，还能获得灵性，臻于神人合一的境界。瑜伽是一种与肉体世界断绝关系的方法，也是一种逃避虚妄而单调的人生的方法，还是一种掌握精神力量的方法。越是极端的苦行，越能使人尽快到达目标。

这种哲学在日本是异端。尽管日本是一个佛教盛行的国家，但在日本人的佛教信仰中，从未曾有过轮回和涅槃的观念，某些佛教徒接受这些信条，但那是他们自己个人的事，因为这些信条从未曾影响民间和大众的思维。按照轮回观念，杀死一只动物或虫子，就会杀死一个转世的人的灵魂，但是，在日本，人们不会因此而放生。在他们的葬礼和庆生仪式上，看不到任何轮回观念。转世不是日本思想的一种范式，涅槃观念也不是，它不仅对普通大众没有任何意义，而且僧侣们自己也修改它，使它不存在了。僧侣学者宣称，顿悟之人已经处于涅槃状态，涅槃就在此时此地，在一棵松树或一只野鸟身上，我们也能"看到涅槃"。日本人对死后世界的幻象一直没有兴趣。他们的神话讲的是神，但不是死后的生命。他们甚至放弃了佛教中关于死后各种不同因果报应的观念。任何人，包括最微贱的农民，死后都能成佛。他们把自家祠堂里的灵位径直称为"佛"。没有任何别的佛教国家的人们会这么说。一个民族居然如此大胆地称呼死去的普通人，可想而知，他们是不会描绘任何像达到涅槃这样困难的目标的。一个人通过任何途径都可以成佛，也就不需要通过一辈子禁欲，来达到这一绝对静止的目标了。

灵与肉无法妥协，这一信条在日本也是闻所未闻的。瑜伽是消除欲望的方法，而欲望就在肉体之内。但日本人没有这个教条。"人之常情"不是邪恶的，而是享受感官快乐的智慧的一部分。只有为履行人生的重要义务时，才可以牺牲"人之常情"。在日本人修炼瑜伽术的方式中，这一信条被带到了它逻辑上的极端：不仅所有的自我折磨都被去除了，而且瑜伽术甚至都不再是一种苦行了。甚至那些在隐居状态中"领悟"的人，尽管被称为隐士，但他们一般都定居在日本的胜地，跟老婆孩子一起过着舒适的生活。有老婆陪伴，甚至接二连三地生孩子，都被认为与圣洁是完全融洽的。在所有佛教门派中最流行的那一派中，僧侣也可随意娶妻生子，对于灵与肉不相容的理论，日本人从未曾发现自己很容易就能接受。领悟的神圣性包括自我修炼时的沉思默想和生活的简单化，从不意味着穿脏衣服或对自然的美和弦乐的美闭目塞听。圣人们可能每天都安排得满满当当的，或写作优雅的诗歌，或参加茶道仪式，或"观赏"月亮和樱花。禅宗甚至指引信徒避免"三不足"：短衣，缺食，少睡眠。在日本，同样被视为异端的，是瑜伽哲学的最后信条，即神秘主义的修炼，可以把修炼者送到与宇宙合一的狂喜状态。无论在世界上哪个地方进行这种神秘主义的修炼，无论修炼者是原始民族、伊斯兰教的苦修僧、印度的瑜伽修行者，还是中世纪的基督教徒，神秘主义修行者几乎一致认为，无论他们的信条是什么，他们都达到了"天人合一"的境界，体验到了人间所没有的"狂喜"。日本有神秘的修炼法，但没有神秘主义。这并不意味着他们没有达到出神状态。他们是达到了的。但是，他们甚至把出神状态都看作修炼法，能使人修炼到"一点通"的境界。他们不把这种境界描写为"狂喜"。禅宗甚至不说，出神时五官处于关闭状态，而其他国家的神秘主义者都是这么说的。禅宗说，这种修炼法能把"六官"全都带到一种超常的敏锐状态。第六感官位于心间，能通过修炼超过平常的五官，但是，味觉、触觉、视觉、嗅觉和听觉在出神时都要进行特殊的训练。禅宗修行者的一种修行是：听到无声的脚步，并且能准确地跟随那脚步从一个地方转移到另一个地方，或者，辨别同样诱人的不同的美味——这是故意引入的——而出神状态没有被打破。嗅觉、视觉、听觉、触觉和味觉一起"帮助第六感官"，修炼者要在这种状态中学会让"每一种感官都保持警觉"。

在任何一种重视超感觉体验的宗教中，这都是非同寻常的修炼。哪怕是在出神状态，禅宗修行者也不会力图摆脱自我，而是像尼采在论述古希腊人时所说的"保留自己的样子，保持公民的名声"。在日本佛教大师的言论中，有许多关于这一观点的生动陈述，而最精彩的是道元的陈述，他在 13 世纪开创了曹洞宗，这是禅宗的一个门派，至今仍然是禅宗最大、最有影响的门派。道元在讲到自己"开悟"时说："我只承认，我的眼睛横在直挺的鼻子之上……在禅宗的体验中，没有任何神秘性。时间自然地流逝，日升于东，月落于西。"① 禅宗经书也不允许出神状态在给予自我修炼的力量外，再给予别的力量。"瑜伽宣称，各种各样的超自然力量可以通过冥思苦想获得，"一个日本佛教徒写道，"但是，禅宗没有做过任何这样荒谬的宣言。"②

由此，日本人把那些作为印度瑜伽修炼的基础的观点从思想的石板上擦去了，擦得一干二净。日本人非常喜欢设置限定，这使我们想起古希腊人。他们把瑜伽修炼法理解成一种完善状态下的自我修炼，一种能让人达到"圆通"境界的方法；在"圆通"境界中，在人和他的行为之间，连一根头发那样的间隙都不会有。这是一种效率的训练，一种自力更生的训练。它的回报就在此时此地，因为它能使人应付任何局面，而且付出的努力又恰到好处，不多也不少。它还能使人控制自己任性的脾气，那样，不管是外来的人身危险，还是内在的激情，都不会使他失去自我。

对于武士和僧侣，这样的修炼当然具有完全相同的价值，而正是日本的武士把禅宗当作了他们自己的信仰。在日本，人们进行神秘主义修炼所追求的回报不是至上的神秘体验，而是被武士用来训练自己进行短兵相接的战斗，这种情况在其他任何国家都几乎是不可能看到的。然而，从禅宗最早流入日本开始，情况都是这样。荣西是日本禅宗的祖师爷，他在 12 世纪所写的伟大著作就题为《兴禅护国论》。日本人用禅宗训练了武士、政治家、剑术家和大学生，目的是为了达到各种非常世俗的目标。正如查尔斯·艾略特爵士所说，在中国禅宗史上，没有任何迹象表明，在未来，在日本，禅宗被当作了一种军事训练，"像茶道、能剧一样，禅宗已经完全变成日本的了。我们可以这样设想：在某个充满麻烦的时代，比如 12 世纪和 13 世纪，这一讲究沉思默想的神秘信仰，因为它不是在经书中而是在个人心里的瞬间体验中寻找真理，所以，在作为避风

---

① 忽滑谷快天：《武士的宗教》，伦敦，1913 年，197 页。

② 忽滑谷快天：《武士的宗教》，伦敦，1913 年，197 页。

港的寺庙里，在那些逃离世界风暴的难民中间，它兴盛起来，但是，它不应被武士阶层接受为他们所青睐的生活准则，而事实上它却成了那样的准则。"①

许多日本教派，包括佛教和神道，都非常强调沉思默想的神秘修炼法、自我催眠和出神。然而，有些教派声称，这种修炼的结果是上帝之恩的证据，他们自己把哲学的基础说成是"他力"，即"他人的帮助"，比如说上帝的赐恩。另有些教派则只依赖"自力"，即"自助"，禅宗是这些教派中最高的典范。他们宣教说，潜在的力量只存在于人自身，只有通过自己的努力，人才能扩大这种力量。日本武士们发现，这种说法正合他们的心意，无论作为僧侣、政治家还是教育家——他们担当着所有这些角色——他们都在支持禅宗的修炼法，支持质朴的个人主义。禅宗的教义极为清楚。"禅宗只寻找人能在他自己身上找到的光。在这样的追寻过程中，不允许有任何的障碍。清除你路上的所有障碍吧……在你的追求之路上，遇佛杀佛，逢祖灭祖，见圣毁圣! 只有这样，你才能走向自救!"②

寻求真理的人绝不能接受二手货，决不能接受佛的教义、经书和神学。"佛教经典十二章是一小片纸而已。"研究它们可能是有益的，但它们跟那进入心灵的闪电没什么关系，那闪电能使人领悟。在 部禅宗对话录中，一个初学者要求师傅讲《法华经》。师傅讲得非常精彩，但初学者干巴巴地说："我还以为禅师蔑视经文、理论和逻辑解释的体系呢。""禅，"禅师答道，"并非指什么都不知，而在于相信，真知在所有经文和文献之外。你没跟我说，你想要得到的是真知，你要的只是经文的解释啊。"③

禅师们所给予的传统训练是教导初学者如何"去知"，这种训练可能是身体上的，也可能是心智上的，但在初学者的内在意识里，它最终必须是有效的。剑术家的禅学训练能很好地说明问题。剑术家必须学习

① 查尔斯·艾略特爵士：《日本佛教》，186 页。
② 斯坦尼尔伯·奥博林：《日本的佛教教派》，伦敦，第 143 页。
③ 转引自斯坦尼尔伯·奥博林：《日本的佛教教派》，伦敦，第 143 页。

并经常练习的当然是正确的击剑，但即使他的击剑技术很娴熟了，也只属于"能力"的范畴。另外，他还必须学会"无我"。首先，他被要求站在平地上，集中精力于那支撑他身体的几英寸地面，作为他立足之地的那块小小地板逐渐升高，直到他学会轻松地站在那根四英尺高的柱子上，就好像是站在院子的地上。当他稳稳当当地站在那根柱子上时，他"知道"了。他的心智永远不会再因为头昏眼花、害怕摔倒而背叛他了。

日本的这一站桩法是把圣西蒙教派的苦行转变成有目的的自我修炼，那种苦行是中世纪西方人所熟悉的。但在日本，它已不再是一种苦行，各种各样的身体训练，无论是禅宗的，还是农村中的日常实践，都经过这种改造。在世界上许多地方，潜入冰水和站在瀑布下，被认为是标准的苦行，这么做有时是为了苦修肉体，有时是为了得到神灵的怜悯，有时是为了进入出神状态。日本人钟爱耐寒苦行，天亮前站在或坐在冰冷的瀑布下，或在冬天的夜里，用冰水冲三次澡。但是，这么做的目的是锻炼人的"意识自我"，直到他不再注意到有什么不适。皈依者的目的是要训练自己不受干扰地进行冥思苦想。无论是冷水的冲击还是寒冷早晨里身体的颤抖，当人意识不到时，他就"圆通"了，他不求别的任何回报。

心智训练也同样必须适合于自我。一个人可能会跟老师一起，但老师不会进行西方意义上的"教学活动"，因为初学者在自身之外学到的任何东西都是不重要的。老师会跟初学者进行讨论，但他不会温和地引导他进入一种知识的新境界。当老师表现得最为粗暴时，被认为是最有帮助的。在没有警告的情况下，师傅会打落徒弟刚刚举到嘴边的茶碗，或把他绊倒，或用一把铜如意敲打他的指关节，这样的打击如同电击，会使他顿悟，会打破他的自我满足。僧书里充满了这类事情。

为使初学者拼命努力去"开悟"的修炼法是"公案"，这是人们最钟爱的修炼法，其字面意义是"问题"。据说，有1700个这样的问题，而据一些奇闻录记载，一个人为了解决其中一个问题，要花费七年时间。他们要得到的不是理性的解决之道。有一个公案是"设想拍响一个巴掌"，另一个是"怀想母亲在怀上自己之前的样子"。其他还如"那个没有生命的身体是谁的？""那向我走来的人是谁？""万物归一，一归何处？"在12、13世纪之前，这些禅宗公案在中国被广泛应用，日本把它们跟禅宗一起接受了。然而，在中国大陆，这些公案没能幸存下来。在日本，它们却是最重要的"圆满"的修炼法。禅宗手册对它们的态度是极为严肃的，"公案铭记着人生的两难困境。"他们说，一个沉思公案的人会到达一种僵局，就像"一只耗子被追到了一条黑暗的地道里"，就像一个人的"嗓子眼里被塞了一颗火红的铁球"，"一只蚊子企图咬动铁疙瘩"。他忘我地加倍努力着，最后，横在他的心灵和公案之间的"观我"的屏障倒在了一边，心灵和公案相互达成妥协，而且迅如闪电。他"开悟"了。

这些都是关于心智努力的描述，这努力像拉满的弓一样紧张；在读完这些描述之后，如果你想在故事书中搜寻由这样的努力所达成的伟大真理，那你就会有虎头蛇尾之感。例如，南岳在这样的公案上花了八年时间："那向我走来的人是谁？"最终他明白了，他说："甚至在我们确定此地有一物时，我们也是忽略了全体。"不过，禅悟有一个一般的模式，下面这几句对话就暗示着这种模式：

初学者：如何逃脱生死轮回？

师傅：谁束缚了你？（即把你绑在轮回上）

他们说，他们所悟到的，用众所周知的中国俗语来说，便是"骑牛找牛"。他们明白"他们所需要的，不是网和陷阱，而是要用这些工具去抓住的鱼和兽"。用西方的术语来说，他们所学到的是：两难困境的两难之间没什么关系。他们明白，如果打开心眼，用现在的手段就可能达到目标。一切都有可能，而且不需要任何人的任何帮助，只靠自己。

公案的要义不在于这些追索真理的人所发现的真理，而在于日本人追求真理时所设想的途径，因为那些真理是全世界神秘主义者的真理。

公案被称作"敲门砖"。"门"被安在墙里，而墙被修在未被照亮的人性周围；因为人性未被照亮，所以人们担心现在的手段是否够用，并且幻想有一大群警觉的目击者，他们像云一样笼罩着自己，会对自己做出褒或贬。这就是对所有日本人来说都是真实无比的"羞耻"之墙。人一旦用砖头把门砸坏，门豁然打开，他就进入了自由的户外，就可以扔掉砖头，不需要继续去解决别的公案。功课学完了，日本人的道德困境也得到了解决。他们带着绝望而紧张的心情，把自己砸向某个僵局；为了修炼，他们变成了"咬铁疙瘩的蚊子"。最后，他们明白，其实没有僵局——义务和情义之间没有，情义和人之常情之间、正义和义务之间也没有。他们找到了一条出路，他们自由了，并且首次完全地"品尝"了人生。他们进入了"无我"状态，他们的修炼成功地达到了"圆通"的境界。

铃木是禅学泰斗，他把"无我"状态描写为"意识不到自己在做什么的狂喜状态""不着力状态"①"观我"被去除了，人失去了"自我"，即他暂时不再是自己行为的旁观者。铃木说："随着意识之觉醒，意志被一分为二……行为者和旁观者。两者之间的冲突不可避免，因为行为者自我想要摆脱旁观者自我的种种限制。"因此，在开悟时，信徒发现，旁观者自我是不存在的，"作为未知或不可知的量的灵魂实体也不存在"②。除了目标和达成目标的行为，其他一无所存。研究人类行为的学者可以改变一下这一陈述，从而能更加明确地谈及日本文化。还在孩提时代，人就受训观察自己的行为，并设想别人会对自己的行为说些什么，从而做出判断。他的观察者自我非常脆弱。为了把自己提升到灵魂的狂喜状态，他消除了这个脆弱的自我，不再感到"自己在做什么"。于是，他感到，自己在这种灵魂状态中所受到的训练，跟初学击剑者对受训的感受是一样的；后者被训练站在四脚柱上，不能有害怕掉下去的感觉。

画家、诗人、公共演说家和战士都用过类似的方法，修炼过"无我"。他们所得到的，不是"无限"，而是对"有限之美"的感受，那种感受是清晰的，不受任何干扰，或者是对方式和目标的调整，以便他们能恰

---

① 铃木大拙教授：《禅宗论集》，第3卷，第318页，京都。
② 转引自查尔斯·艾略特爵士：《日本佛教》，第401页。

到好处地努力，"不多也不少"，去达到目标。

甚至没有经受过任何训练的人也可能有某种"无我"的体验。当一个人在观看能剧或歌舞伎时，他的自我会彻底消失在剧情之中，也可以说是失去了"观察者自我"。他的手掌会变湿，他会感到"无我之汗"。轰炸机驾驶员在接近目标而没有投掷炸弹时，也会出"无我之汗"。"不是他在做事"，他的意识中不存在观察者自我。防空炮手的自我会消失于他周边的一切，据说，他也会出"无我之汗"，也会去除那个观察者自我。日本人的观念是：在所有这些场合中，处于这种状态的人都达到了他们的最高境界。

这些概念雄辩地证明：日本人从自我监视和自我监督中搞成了沉重的负担。他们说，在这些抑制因素消失时，他们才会体验到自由和自足。美国人把他们的观察者自我和内心的理性原则等同起来，并且为自己在危机中还能"保持机智"而感到骄傲；而日本人不同，只有当他们把自己提高到灵魂的狂喜状态时，忘掉自我监视所强加给他们的种种抑制时，他们才会感到，那悬在他们头上的磨盘掉了下来，而且没有砸到他们的脖子。正如我们所看到的，日本人的文化絮絮叨叨地说，他们的灵魂需要的是谨小慎微；他们宣称，心里的石头一落下，意识就会达到一个更加有效的水平。他们以这样的宣称反驳了我们对他们的看法。

日本人陈述这一信条的方式之一是，他们高度赞赏"虽生犹死"的人；至少在西方人听起来，这种方式是最极端的。"虽生犹死"可以直译为"行尸走肉"，而在所有西方语言里，"行尸走肉"是一个恐怖的说法。我们用这个说法表示的是：一个人的自我已经死了，只留下躯体干扰着世事，他心里已经没有任何重要的原则。但日本人用这个说法表示的是：一个人活到了"圆通"的水平。他们把它用在日常的劝告之中。例如，当一个男孩子为中学毕业考试犯愁时，为了鼓励他，父亲会说："就当你已经死了，你就会轻松过关。"为了鼓励一个正在做一笔大买卖的人时，他的朋友会说："就当你已经死了。"当一个人处于严重的心理危机，看不到前方的道路时，他常常表现出"就当已死"的决心，继续活下去。贺川是一位伟大的基督教领袖，战败后成了贵族院的一名议员。在他带有虚构色彩的自传里，他说："像一个人受到了恶魔的蛊惑，天天待在自己的屋子里哭泣，一阵阵的抽泣已经到了歇斯底里的边缘。他的痛苦持续了一个半月，但最后，生命取得了胜利……他愿意带着死亡的力量去生活……他愿意像一个已经死去的人，去经受生与死的冲突……他决定皈依基督教。"① 战争期间，日本士兵说："我决定像个已死之人那样地去活，以报皇恩。"他们这么说，也这么做，例如，在出征前，为自己举行葬礼，誓把自己的身体托付给"硫黄岛上的尘土"，决心"与缅甸的花朵一起凋谢"。

强调"无我"的哲学也强调"虽生犹死"。在这种心态下，人会消除所有的自我监视，并由此消除所有的恐惧和审慎。他变得像死人一样，不需要再考虑自己的行为是否正确。死人不再需要报"恩"，他们自由了。因此，说"我虽生犹死"，意思是完全摆脱了冲突，"我的精力和注意力可以自由地直接用来实现我自己的目标。在我和我的目标之间，已经不存在带着恐惧负担的观察者自我。随之而去的，还有紧张而疲劳的感觉和压抑的倾向，它们在此前一直干扰着我的奋斗。现在，我无所不能了。"

按照西方人的说法，日本人在"无我"和"虽生犹死"方面的修炼使良知泯灭。他们所谓的"观我"和"妨我"是用以判断自己行为的审查机制。它生动地指出了西方说法和东方说法之间的差异，即当我们说到某个没有良知的美国人时，我们的意思是，他虽然可能不再有罪恶感，但他做错了事，就应该有罪恶感；但是，当日本人使用同样的说法时，他的意思是，那人不再紧张、不再受到妨碍。美国人说的是一个坏人；而日本人说的是一个好人，一个受过修炼的人，一个能够使自己的才能发挥到极致的人，一个能够完成最困难的任务的人，一个无私奉献的人。在美国，对善行的最大制约因素是罪行，一个人的良知如果变成铁石心肠，他就不再能感觉到这一点，就会变成一个反社会分子。日本人对这个问题有不同的分析。根据他们的哲学，人心深处都是善良的。如果他

---

① 贺川丰彦：《黎明前》，第240页。

的内心冲动能直接表现在行动中，那他的行为就会既善良又轻松。因此，他会进行娴熟的自我修炼，以消除对羞耻的自我审查。只有到了那时，他的"第六感官"才能摆脱障碍，他也就彻底摆脱了自我意识和矛盾冲突。

如果把日本人的这种自我修炼哲学与他们在自己文化中的个人生活体验分开，那它就会成为不解之谜。我们已经看到，他们把羞耻指派给"观我"，使之对自己产生强大的压力，但是，如果不对他们抚养孩子的行为做一番描述，我们就仍然无法看到他们心理机制中的哲学的真义。在任何一种文化中，传统的道德约定都会代代相传，不仅通过语言，而且通过所有成年人对孩子的态度。如果不研究一个国家中孩子被抚养长大的方式，外人就几乎不可能理解那个国家生活中的重要事情。到目前为止，我们只是在成年人的层面上对日本人的生活观念进行描述，而他们的育儿方式使许多这些观念变得更加清晰。

第十二章　童　蒙

日本孩子被抚养长大的方式，可能是西方人所猜想不到的。日本父母训练孩子去过一种审慎而节俭的生活，美国父母则不会那么做，他们从一开始就向孩子证明：他们那些小小的愿望不是至高无上的。在吃奶和睡觉等方面，我们对他们也严加管教。时间未到，他无论怎么大呼小叫，都得等着。一会儿之后，他会把手指塞到嘴里，或摸自己身体的其他部位，母亲就要打他的手，让他把手拿开。母亲常常离开他的视线，每当母亲出门，他就得自个儿待着。在他喜欢上别的食物之前，就得断奶；或者，如果他是用奶瓶喂养的，那他就得放弃奶瓶。有些食物对他有好处，他就得吃。他做得不对时，就要受到处罚。美国人自然会猜想到，这些规则用在日本幼儿身上肯定更加严厉，因为日本孩子在成年之后，就得压制自己的愿望，就得小心谨慎地去遵守这样一套道德规范。

然而，日本人并没有这么做。他们描绘的人生弧线与美国人的正好相反。这是一根 U 形曲线，两头大，底部浅，允许幼儿和老人享有最大程度的自由和任性。过了幼儿期，限制程度慢慢地加强，到了结婚前后，一个人的自主程度达到最低点。在壮年时期，这种低水平会延续许多年。但是，一过 60 岁，这条曲线又会渐渐上升，老年男女跟孩子一样，不受羞耻感的牵制。在美国，我们的人生曲线是倒过来的。幼儿受到严厉的管教，随着孩子的力气慢慢变大，他所受到的管教也越来越松；当他找到了一份能够养活自己的工作，当他建立了自己的家庭，他就能自由地打理自己的生活。我们在壮年时期享有最高的自由和自主。当我们失去了控制力或精力，或者变成了依靠别人的人，针对我们的各种限制又会出现。要按照日本人的模式安排生活，甚至让美国人想象一下都很难，在我们看来，这肯定会让人在现实面前碰一鼻子灰。

然而，这两种人生曲线的安排都在事实上确保了这一点：个人在壮年时期能积极参与本国的文化建设。在美国，为了确保这一目标，我们会在一个人的壮年时期，让他拥有越来越多的自由选择。在日本，他会受到最大程度的限制。壮年人在体力方面和谋生能力方面，确实处于顶峰状态，但这并不就使他成为自己生活的主人。他们高度确信：限制是很好的精神修炼（修养），能产生自由所无法达到的效果。在日本人最有活力和创造力的年龄段，男男女女受到了严厉的限制，不过，这并不意味着这些限制贯穿他们的一生。儿童时期和老年时期是"自由的领地"。

一个纵容孩子的民族非常喜欢拥有孩子。日本人就是这样。他们想要孩子，其首要的原因，跟美国的父母一样，即爱一个孩子是一种乐趣。但是，他们也有一些在美国人看来不那么重要的原因。日本父母需要孩子，不仅出于情感上的满足，而且因为：如果他们不赓续家族的香火，那他们的人生就是失败的。每个日本男人都一定要有一个儿子，在他死后，儿子会每天到他的牌位前缅怀他，向他表达敬意，那牌位放在客厅的佛龛里。他需要儿子传宗接代，保持家族的荣誉和财产。出于传统社会方面的原因，父亲对儿子的需要，几乎跟儿子对父亲的需要是一样的。儿子在将来会取代父亲，父亲不会感觉自己受到了排挤，而会感到更保险了。在若干年内，父亲托管着"家务"，以后由儿子接替。假如父亲不把管家的权力传给儿子，由他自己履行职责，那就没什么意义。在日本，儿子完全长大之后，还会依赖父亲，这种依赖关系会延续很长时间，比美国的时间长得多。但是，由于他们深深意识到家族的延续性，他们不会预感到羞耻，而在西方国家，儿子如果这样依赖父亲，一般都会感到羞耻。

女人也需要孩子，也不仅是为了满足自己的情感，而是因为只有做了母亲，她才能得到一定的地位。如果没有孩子，她的家庭地位就最不稳固。哪怕她不被休掉，她也决不能期望成为婆婆，进而拥有决定儿子婚姻并掌控儿媳妇的权威。她丈夫会领养一个儿子，以赓续香火，但是，根据日本人的观念，没有自己孩子的女人永远是失败者。日本人期望妇女能多生孩子。20 世纪 30 年代上半期，日本平均每年的出生率是317/1000，哪怕跟出生率比较高的东欧国家相比，这一出生率也是很高的。1940 年，美国的出生率是 176/1000。日本女人开始生孩子的年龄也比较小，19 岁年轻女子生孩子的数量多于美国的同龄妇女。

在日本，生孩子和行房事一样，都是私密的。女人在分娩时不可叫出声来，因为她一叫，别人就知道了。一张简陋的小床早就给孩子准备好了，带有新的床垫和被面。新生儿如果不能拥有属于自己的新床，会是不好的预兆，所以，哪怕家里除了被面，实在买不起别的新东西了，也要把里面的棉花彻底拿出来，翻新一下，使被子看起来是"新"的。小床上的被子不像成年人盖的那样僵硬，而要轻得多。据说，这样的话，孩子在自己的床上就会感觉舒服得多。之所以要给孩子单独备床，其深层次的原因还是一种公认的神秘观点：新生儿一定要有属于自己的新床。孩子的小床被拉到母亲的床边，但孩子不会跟母亲一起睡，直到它能表现出自主意识。他们说，大概在一岁的时候，孩子会伸出胳膊，让别人知道他的要求。那时，孩子才能由母亲抱着，跟母亲一起睡。

孩子出生头三天，不给奶喝，因为真正的奶汁要等到三天后才会流出来。从此，孩子可以随时叼奶头，或者为了喝奶，或者为了舒服。母亲也觉得喂奶是一种享受。日本人相信，喂奶是女人最大的生理快乐之一，孩子轻易就学会了分享她的快乐。乳房不仅提供奶，也提供快乐和舒服。头一个月，孩子或者睡在自己的小床里，或者由母亲抱在怀里。人们认为，只有在孩子满月之后，在抱到当地的神社去亮相之后，他体内的生命才牢牢地扎下了根，从此，把他抱到公众场合随意转悠，也是安全的。满月之后，他就会被驮在母亲的背上。在他的腋下和屁股下，拉上一根双股带子，这带子绕过母亲的肩头，在母亲的腰前打结。天冷的时候，母亲的棉衣会穿在孩子的外头，把他裹得严严实实。家里大一点的孩子，无论是男孩还是女孩，也要帮着带小孩，甚至在他们玩垒球游戏或跳房子游戏时，也要背着小孩。农民和比较穷的人家尤其依赖这种孩子带孩子的方式："这些日本小孩由于生活在大庭广众之中，很快就显得既聪明又有趣，大孩子背着他们玩游戏，他们似乎也跟大孩子一样，享受着游戏的快乐。"① 日本小孩被绑在背上，像张开翅膀的雏鹰；这跟太平洋群岛和其他地方流行的带孩子的方式很相像，那些地方的人们用披肩把孩子绑在自己身上。用这种方法带的孩子具有被动性，长大之后，他们能在任何地方、以任何姿势睡觉。但是，用披肩和袋子装孩子，会鼓励孩子养成彻底的被动习惯，而日本人用的带子却不会有这种后果。"不管被谁背着，婴儿都会像小猫一样，紧紧地贴在他背上……那些把他绑在背上的带子足够安全……不过，为了确保拥有一种舒服的姿势，他靠的是自己的努力；他很快就学会用相当有难度的技巧趴在背上，而不只是待在一个绑在大人肩膀上的兜子里。"②

无论何时，母亲在干活时，就把孩子放在床上，而上街时，则无论走到哪里，她都会带着孩子。她对着孩子说话或哼哼。她让孩子做各种礼貌动作。如果她自己向人还礼，就会往前移动孩子的头和肩膀，让他也做出还礼的样子。孩子总是被挂在心上。每天下午，她带着孩子去洗热水澡，把他放在自己的膝盖上，逗他玩。

孩子戴尿布的时间是三四个月，尿布是很重的布垫子，日本人有时会抱怨说，自己的罗圈腿就是这样的布垫子造成的。在孩子三四个月大的时候，母亲开始对他进行配合照料的训练。她估计孩子需要便溺了，便把他抱到门外，往往一边等着，一边低声地、单调地吹着口哨；孩子呢，也学会了解到了这种声音刺激的目的。大家一致认为，日本孩子，正如中国孩子，很早就受到了便溺的训练。如果有闪失，有些母亲会捏弄孩子，但她们一般只会变更口哨声的调子，以更加频繁的间隔，把很难训练好的孩子抱到门外去。如果孩子便秘，母亲就会让他吃灌肠剂或泻药。母亲们常说，她们要让孩子感觉更舒服。孩子在受训时，就不再需要戴不舒服的粗糙尿布。事实上，日本孩子肯定发觉尿布不适意，这不仅是因为尿布很重，而且因为习俗没要求尿布一湿就换。孩子毕竟太小，还

---

① 培根·爱丽丝·马贝尔：《日本的女人和女孩》，第 6 页。

② 培根·爱丽丝·马贝尔：《日本的女人和女孩》，第 6 页。

意识不到那种配合照料的训练跟摆脱不舒服的尿布之间的关系。他们只是体验到，这是每天自己被强迫做的事，无法逃避。另外，母亲抱着便溺的孩子时，得让孩子跟自己的身体隔着一点距离，但必须抱紧。孩子们从这样不折不扣的训练中学到的东西有助于他成年之后，去接受日本文化中那些微妙的强制性规定。[①]

日本婴儿往往先学说话后学走路。大人们往往怂恿他爬行。以前，人们认为，婴儿在一岁前，不应该站立或迈步，他有任何这方面的努力，母亲就会加以制止。在便宜而发行很广的《母亲杂志》上，政府曾花了一二十年时间，教导母亲们：应该鼓励婴儿走路，现在，这种行为普遍多了。母亲们在婴儿的腋下拴一根带子，或者用手扶着他。不过，婴儿还是更喜欢先学说话。当他开始牙牙学语时，往往会乱七八糟地说出一大串，大人们喜欢学他说话，以逗他玩，这使他的话更具有目的性。大人们没有把婴儿学习说话的事放手交给偶然的模仿，而是教婴儿词语、语法和敬语，他们和婴儿都喜欢这样的游戏。

在日本家庭里，孩子们学会走路之后，可能会做出许多恶作剧。他们会用手指戳穿纸墙，掉进地板中间开着盖的火坑里。为了表示不满，大人们甚至夸大屋子里的各种危险。踏在门槛上是危险的，而且绝对是禁忌。日本民居当然没有地窖，是靠托梁架在地面上的。人们严肃地认为，哪怕是一个孩子在门槛上踏一脚，都可能使整座房子走形。不仅如此，孩子还必须明白：不能踩或坐在铺席交叉的地方。铺席都有标准尺寸，房间大小往往用"三席房"或"十二席房"来表示。孩子们常常听到这样的故事：在这些席子交叉的地方，古时的武士往往从席子底下用刀往上捅，刺穿房间的占领者。只有又厚又软的铺席能提供安全保障，但是，哪怕是席子交接处的缝隙都有危险。母亲把这种感觉放进她一贯使用的训诫中，她对孩子的告诫是"危险"和"不好"。第三个经常用到的告诫词是"脏"。日本人家里的整洁有口皆碑，孩子从小就被告诫要重视整洁。

---

① 乔福里·郭雷也曾强调过日本人训练小孩便溺的人生作用，见其所著《日本文化的主题》，《纽约科学院学报》，第 5 卷，第 106—124 页，1943 年。

直到更小的婴儿出生前不久，大多数日本孩子才会断奶；不过，近年来，政府主办的《母亲杂志》赞成婴儿在八个月大时断奶。中产阶级的母亲经常会这么做，但这绝对不是日本的普遍习俗。日本人真的感到，喂奶能给母亲带来很大的快乐；那些慢慢接受了新习惯的人认为，喂奶时间变短，是母亲为了孩子的好处做出了牺牲。他们一旦接受那种新的说法，即"喝奶时间越长，孩子的身体越弱"，他们就会责备孩子的母亲，如果她还没有给孩子断奶，就会被说成纵容自己。"她说她没法给孩子断奶，只不过她自己没下定决心罢了。她想继续喂奶，大部分的好处是她自己得的。"因为有这样的态度，我们很容易理解到：那八个月断奶的倡议至今没有传开。断奶晚还有一个现实的原因：日本的传统饮食中没有专门给刚刚断奶的孩子吃的东西。如果他很小就断了奶，大人就只能给他喂粥，不过，一般情况下，他会直接由喝母乳转而吃大人常吃的食物。日本人的食谱里不包括牛奶，他们也不专门给孩子准备一些蔬菜。在这样的情形下，我们有理由怀疑，"喝奶时间越长，孩子的身体越弱"，这样的政府教导是否正确？

　　孩子往往是在听懂别人说话之后断奶。以前，当一家人围着饭桌吃饭时，他会坐在母亲怀里，被喂上几口；现在，他吃的更多了。这时，有些孩子不愿意吃大人喂的食物，这很容易理解；他们之所以断奶，是因为更小的孩子出生了。他们乞求喝奶，母亲们却常常给他们糖果，买走他们的注意力。有时，母亲会在乳头上涂抹一些胡椒粉。不过，所有母亲都会嘲笑他们说，如果他们还想喝奶，就表明他们还是小小孩。"看看你堂弟，他跟你一样小，但他不再要奶喝。你可是个男人啊"，"他在嘲笑你呢，因为你已经长大了，却还想喝奶"。一个两岁到四岁的孩子纠缠着要喝母亲的奶，当他听到另一个比较大的孩子走近时，他往往会放弃吃奶的念头，并装出一副不喝也无所谓的样子。

　　这种嘲笑，这种敦促孩子向大人看齐的做法，不局限于断奶这一个方面。从孩子能够听懂别人说话时开始，这些方法在任何情况下都可能被用到。当孩子哭时，母亲会跟他说"你可不是女孩啊"，或者"你可是个男人啊"，或者"看看那个小小孩，连他都不哭呢"。这时，正好有一个婴儿被抱着来串门，母亲就会当着自己孩子的面，抚弄那个婴儿，说："我打算领养这娃娃，因为他真是个好娃娃。你都多大了，还哭。"她自己的孩子会拼命冲向她，常常会用小拳头连续打她，哭着说："不，不，咱们不要别的娃娃了。我保证听你的话。"当一个两三岁的孩子吵闹不休，或者该做的事没有及时做时，母亲会跟某个男客人说："您愿意把这孩子带走吧？我们不要他了。"那客人假装愿意，开始把孩子拉到屋子外，孩子会尖叫着，要他妈妈去救他。他怒气冲冲的了。这时，母亲认为，嘲笑已经起作用了，她温和地把孩子牵回到自己身边，要求还在暴怒中的孩子答应以后好好的。这种小戏有时也在五六岁的孩子那儿上演。

嘲笑也有别的形式。母亲会转向丈夫，对孩子说："我更喜欢你爸爸，他是个好人。"孩子会表现出十分的嫉妒，力图闯入父亲和母亲之间。母亲说："你爸爸不会在屋子里到处喊叫、乱跑。"孩子抗议道："我没叫，也没跑，我不想那么做。我是好孩子。现在你喜欢我吗？"当戏演得足够长的时候，父亲和母亲会相视一笑。他们用这种方法嘲笑儿子，也同样嘲笑女儿。

这样的体验是害怕被嘲笑和被排斥的沃土，在日本成年人中，那样的害怕是显而易见的。我们很难说，小孩多久能明白，大人是在用这种嘲笑逗自己玩，不过，他早晚会理解到。在他理解之时，这种被嘲笑的感觉就会跟他被威胁时的恐惧感结合起来，他还被威胁将失去所有的安全和亲密。等他长大之后，一旦被嘲笑，他就会回想起这幅童年的情景。

这种嘲笑在两岁到五岁的孩子中会引起更大的恐慌，因为家庭真的是安全与放任的港湾。无论是在体力上还是情绪上，父亲和母亲都有彻底的分工，因此，在孩子面前，他们很少表现出竞争。母亲或祖母管理家务、教育孩子。她们对父亲百依百顺，都以父亲为荣耀。家庭等级制中的先后顺序是非常明确的。孩子领会到：长辈有特权，跟女性相比男性有特权，跟弟弟相比哥哥有特权。但是，在人生的这个阶段，孩子在所有这些关系中都可以放任自己。如果他是男孩，这一点就更是确切无疑。男孩和女孩都觉得，母亲永远会满足他们的要求，哪怕是极端的要求；但是，一个三岁的男孩甚至可以纵容自己对母亲发火。他对父亲绝不会表现出任何冒犯的倾向。但是，在他受到父母嘲笑时，他会感到不满；在他被威胁"送给别人"时，他会感到怨恨；在他对母亲和祖母发脾气时，这些不满和怨恨都可以表现出来。当然，并不是所有的小男孩都脾气暴躁，不过，无论是在农村还是在上层社会的家庭里，人们都认为，三到六岁之间的男孩子发脾气，是他们童年生活的正常表现。他连续用拳头打他母亲，尖叫着，最后，用暴力扯下母亲珍爱的发髻。他母亲是女人，而他，哪怕只有三岁，也确实是男人。他甚至可以纵容自己为非作歹。

但对父亲他只能表现出尊敬。对孩子来说，父亲在等级制中地位崇高，是个伟大的榜样。用日本人常用的话来说，孩子必须学会对父亲表现出应有的尊敬，是"为了训练"。跟几乎任何西方国家的父亲相比，日本的父亲很少教育孩子。教育孩子的权利掌握在女人手中。他对自己的小孩子表达愿望时，往往只是简单地默默地盯着孩子看一眼，或者，简短地训上几句；由于这样的举动非常罕见，孩子很快就会服从。在空闲时间，他会给孩子们做玩具。在孩子们学会走路很长时间之后，他有时还会抱着他们到处走走——母亲也会这么做——对这个年龄的孩子，他偶尔会履行照料的职责；在美国，丈夫通常会把这样的职责交给妻子。

尽管祖父母也是尊敬的对象，但孩子们跟他们在一起时，享有很大的自由。他们不承担教育孩子的角色。当他们对孩子松松垮垮的教育表示抗议时，会承当起那样的角色，但这会引起很多摩擦。祖母往往一天24小时都在孩子身边，在日本家庭里，祖母和母亲为孩子经常吵架。从孩子的观点来看，他是受到了双方的宠爱。从祖母的观点来看，她常常利用孩子来控制儿媳妇。让婆婆感到满意，是小媳妇生活中最大的义务，所以，不管爷爷奶奶如何溺爱她的孩子，她也不会提出抗议。在母亲说了不能再吃糖之后，祖母还会给孩子糖吃，而且会针锋相对地说："我的糖可没毒。"在许多家庭里，祖母可以送给孩子一些母亲无法搞到的礼物，而且有更多的闲暇逗孩子玩。

哥哥姐姐也都被要求纵容弟弟妹妹。当新的孩子出生时，大孩子会警觉到自己有被排挤掉的危险，我们说"他的鼻子都会被气歪"。受到排挤的孩子很容易会把新生儿跟这样一个事实联系起来：他得放弃母亲的乳房和床，把这些让给那个新生儿了。在新的孩子出生之前，母亲就会跟大孩子说，现在，他就要拥有一个真正的活娃娃了，而不再是一个"假"宝宝。他被告知，现在，他能跟父亲而不是母亲一起睡觉了。这被描绘成一种特权。他也被带入了为新生儿做准备的工作。他往往真的为新生儿的到来感到兴奋和快乐，但同时失落感也出现了，而且这被认为是完全能够预料到的，不是什么特别的威胁。受到排挤的孩子会把新生儿抱起来就走开，边走边跟母亲说："咱们把宝宝送给别人吧。""不行，"母亲答道，"这是咱家的宝宝。瞧，咱们要对他好。他多像你啊。我们需要你帮着照顾他呢。"在相当长一段时间里，这一幕有时会反复出现，但母亲似乎并不为此而担心。在大家庭里，会自动出现这样一条规定：年龄相对比较接近的孩子交替着联在一起。老大会是老三最喜欢的看护，老二则是老四的看护。更小的孩子们也互相结成对子，直到孩子长到七八岁为止。孩子的性别在这种安排上基本没有区别。

所有日本孩子都有玩具。父亲、母亲和所有亲戚朋友都会给孩子做或买洋娃娃或其他各种各样的玩具。穷人们会自己做，所以不用花费一个子儿。小孩子们用这些玩具玩过家家、结婚和过节等游戏；玩之前，要进行辩论：大人们做这些事的真正的程序是什么样的，有时会把争论的问题提交给母亲。碰到争吵时，母亲可能会引用"大人有大量"这个说法，要求大一点的孩子让着小的。她通常会说："有失必有得。"三岁大的孩子很快就能明白她的意思：如果大孩子把玩具让给小孩子，小孩子很快就玩腻，转而去关注别的玩具；这时，大孩子哪怕真的放弃了那玩具，也可以拿回来。或者，她的意思是：在孩子们打算玩主仆游戏时，大孩子如果接受不那么受欢迎的仆人角色，他就会"赢得"大家都能有的乐趣。日本人生活中，哪怕在孩子长大之后，他们也很看重"有失必有得"这种说法。

除了训诫和嘲笑，转移孩子的注意力，即让他的心思离开一直关注的对象，也是日本人教育孩子的一种方法。在幼儿教育领域，这种方法占有重要的位置。甚至不断地给孩子吃糖，也往往被认为是分散孩子注意力的一种手段。在孩子接近上学年龄时，大人就会采用各种"疗救"法。如果小男孩脾气暴躁、不听话或吵闹，母亲就会带他到神社或佛教寺庙中去。母亲的态度是："咱们还是求助于神灵吧。"这样的举动往往相当于一次短途旅行，实施疗救的僧侣会严肃地跟孩子谈话，问他的生日和他的毛病。那僧侣会退到里屋去祈祷，然后回来，宣称病已治好。有时，他会扔掉一条蠕虫或一只昆虫，说那是孩子的淘气的化身；他祛除了孩子的毛病，然后送孩子轻松地回家。日本人说"这种疗效会维持一段时间"。日本孩子当然也受处罚，但哪怕是最严厉的处罚也被认为是"药物疗法"。其具体的疗法是：在孩子的皮肤上，放一小堆艾粉，呈圆锥形，然后点燃。这会留下终生的疤痕。在东亚，艾灸是一种古老的、流传很广的药物疗法，在日本，也曾经被用来治疗许多种病痛。它也能治疗暴躁脾气和顽固心理。母亲或祖母会用这种疗法去治一个六七岁小男孩的毛病。如果病情难治，甚至可以实施二次治疗；不过，用艾灸法治疗孩子的淘气，很少有用三次的。它不是那种意义上的惩罚——"如果你那么做，我就要打你的屁股。"不过，它所造成的伤害比打屁股要严重得多，孩子明白，他不能淘气，否则就要受到处罚。

除了这些对付任性的孩子的方法之外，还有一些习惯是用来教孩子学习必要的身体技能。日本人非常强调：教的人要通过实际行动，手把手地教孩子。孩子应该是被动接受。在孩子两岁前，父亲会帮他把腿弯起来，坐正，双腿向后盘着，脚背对着地板。一开始，孩子发现自己很难不向后仰倒，尤其是因为大人在训练他的坐姿时，必然强调要他一动都不能动。他不能坐立不安或改变坐姿。日本人说，学习的窍门是要放松，要被动，父亲在摆正孩子的腿时，特别强调这种被动性。坐姿不是孩子要学的唯一的身体姿势。还有睡姿。日本女人对自己睡姿的态度很谨慎，正如美国女人时刻提防不让人看到自己的裸体。尽管日本人不以澡堂里的赤身裸体为耻，直到政府为了赢得外国人的赞赏，发起运动，引进裸浴羞耻的观念，但他们却非常在乎睡姿。女孩必须学会直着身子睡觉，而且两腿要并拢，男孩子则自由得多。这是把男孩和女孩分开训练的最初规则之一。与日本的大多数其他要求一样，上层社会对这一规则的要求比下层社会更加严格。杉本夫人在谈到自己的武士阶层教养时说："从我能记事起，我晚上一直小心地静静地躺在我那小小的木枕上……武士家庭的女儿被教导决不能失去对自己心灵和身体的控制——哪怕在睡觉时都不行。男孩子可以伸展四肢，呈'大'字形，不需要有什么顾虑。但是，女孩必须曲身成端庄优雅的身形，这意味着'控制精神'。"① 日本妇女告诉我，晚上，当母亲或保姆把她们放到床上去时，都要帮她们摆好四肢。

在传统的书写教育中，教的人也要把着孩子的手，描出象形文字，"就是让他有那样的感觉"。在孩子还不认识那些字，更谈不上写它们时，先要学会感受写字的动作，如何控制，如何有节奏感。在现代的大众教育背景下，这种教法不是那么显著了，但仍然有人在用。鞠躬、使用筷子、射箭或把枕头当作孩子绑到背上，在教所有这些动作时，都要移动孩子的手，而且要让他们的身体保持正确的姿势。

除非是在上层社会，孩子们不用等到上学，便与邻居家的小伙伴们一起自由玩耍了。在农村，他们在三岁之前，会成群结队地玩；甚至在城镇，在拥挤不堪的街头，他们也会自由玩耍，自由得令人心惊肉跳，如出没于车水马龙之间。他们享有特权。他们逗留在商铺周围，听大人说话，或者玩跳房子游戏，或者玩手球。为了玩耍，他们聚集在村社，在神灵的保护下，他们是安全的。在上学之前和上学之后的两三年里，男孩和女孩都是一起玩的；不过，在同性孩子之间，尤其是在同龄孩子之间，更可能出现密友关系。这样的同年团体会持续终生，胜过其他任何团体，在农村，尤其如此。在须惠村，"随着性欲的减退，同年聚会成为老年人生活中的真正快乐。村民们说，'同年人比老婆还亲近。'"②

在学龄前孩子组成的团体内部，成员相互之间非常随意。在西方人看来，他们的许多游戏淫秽得令人害臊。孩子们了解生殖真相，既是因

---

① 杉本钺子：《武士家的女儿》，双日公司，1926 年，第 15、24 页。
② 安布雷·约翰：《须惠村》，第 190 页。

为大人们的随意谈论，也是因为日本的家庭成员往往生活在相隔很近的空间里。另外，母亲在跟孩子们一起玩时，或在给他们洗澡时，常常让他们注意到自己的生殖器，尤其是男孩子的阴茎。除非是在错误的地方、跟错误的伙伴一起玩性游戏，而且沉溺于此，否则日本人不会责备孩子们玩这种游戏。手淫不被认为是危险的。孩子团体也会非常随意地相互批评——在成年人生活中，这种批评会变成侮辱，而且还吹嘘——在成年人看来，这种吹嘘就让人感到奇耻大辱。"孩子们，"日本人平静地笑着说，"不知什么羞耻。"他们补充说，"这就是他们何以如此快乐的原因。"在小孩和大人之间，就有这么一道鸿沟。如果说一个成年人"不知什么羞耻"，就是说他一点都不庄重。

这个年龄段的孩子会相互批评对方的家庭和财物，尤其喜欢吹嘘自己的父亲。"我爸爸比你爸爸厉害！""我爸爸比你爸爸聪明。"他们通常这么说。他们甚至为他们可敬的父亲而打架。在美国人看来，这类习惯行为不值得关注；但在日本，这与孩子们所听到的关于他们父亲的谈话形成巨大的反差。成年人谈到自己家时，会说"敝宅"；谈到邻居家时，会说"府上"；提到自己的家庭时，会说"寒舍"，提到别人的家庭时，会说"尊府"。日本人一致认为，在童年时期——从游戏团体的形成一直到小学三年级，九岁时——孩子们往往不由自主地做出这类充满个人主义色彩的声张。有时，他们会说："我来演主君，你演家臣。""不行，我不想当仆人，我要当主君。"有时，这是在吹嘘自我，贬损别人。"他们有想说什么就说什么的自由。在他们长大之后，他们会发现，他们不能想怎么样就怎么样；随后，他们会等着别人来问自己，才开口说话，而且再也不会吹嘘。"

日本孩子在家里学习对超自然神灵的态度。僧侣们是不会"教"他的。他对有组织的宗教的体验一般来自这样的机会：他跟着别人去参加盛大的节日活动，在那儿，僧侣会给他喷洒祛病除灾的圣水。有些孩子被带去参加佛教仪式，但这种情况也往往出现在节日活动中。家庭祭祀仪式往往以自己家里的佛龛和神社为中心，在这样的仪式上，孩子也能进行宗教体验，而且这样的体验是最一以贯之、最根深蒂固的。更显著的是佛龛，里面放着祖先的牌位，前面则供着鲜花、某种树枝和香火。神龛每天要供奉食品，家里的长辈每天要向祖先报告家里发生的一切，还要每天在神坛前鞠躬。晚上，那儿会燃着小灯。人们常常说，他们不喜欢睡在外面，因为如果没有这些主导家庭气氛的东西，他们会感到失落。神社往往是一个简陋的架子，主要供奉的是来自伊势宫的神符，也供奉着其他种类的供品。在厨房里，还有满身是灰烬的灶神，门上和墙上则可能贴着许多神符。这些神符都有保护作用，能使家成为安全的地方。在村子里，村社是同样安全的地方，因为仁慈的神灵会显身保护它。母亲喜欢让孩子在安全的地方玩耍。在孩子的经验中，没有任何事物使他害怕神灵，也不必使自己的行为符合神灵的要求，让公正而挑剔的神灵感到满意。神灵应该受到崇敬，他们会回报以好处。他们不是独裁者。

在成年日本人的生活中，要处处谨小慎微，要让孩子适应这样的生活模式是一件非常严肃的工作；直到孩子上学两三年之后，这件工作才会真正开始。到那时，他已经学会了控制身体。如果他太任性，就会有人来治疗他的"淘气病"，分散他的注意力。他受到了和蔼的训诫和轻微的嘲笑。但他以前被允许为所欲为，甚至到了对自己母亲动粗的地步。他小小的自我得到了培育。在他刚上学那会儿，他还没多少变化。头三年是男女同校，无论是男老师还是女老师，都宠爱他们，成为他们中的一员。然而，无论是在家里，还是在学校里，更加强调的是，陷入"难堪"境地是危险的。孩子们还太小，不知道"羞耻"；但是，他们必须学会避免陷入"难堪"境地。例如，有一个故事说，一个男孩"在没有狼的时候，大喊'狼，狼来了！'""他这是在愚弄别人。如果你做任何这类事，别人就会不相信你，那就会使你难堪。"许多日本人说，当他们出错时，首先嘲笑他们的是他们的同学，而不是老师或家长。在这一点上，年长者的工作事实上不是让自己以嘲笑的态度对待孩子，而是渐渐地把嘲笑和那种要求孩子适应情义世界的道德教育结合起来。孩子六岁时，各种义务——以前是忠实的狗的爱的奉献，我们前面所引用的忠犬报恩的故事，就来自六岁孩子的读本——现在，将渐渐变成一系列约束。"如果你就这么做，如果你那么做，"他们的长辈说，"世人会嘲笑你。"

规则都具体而符合实际情况，大多数跟我们所谓的"礼节"有关。他们对邻居、家庭和国家的职责与日俱增，所以他们需要让自己的意志服从于这些职责。孩子必须约束自己，必须认识到自己的"债务"。他渐渐加入到了负债者的行列，如果他打算还债，他就得步步小心。

婴儿时期的嘲笑方式有了新的严肃的延伸，从而把这种地位的变化情况传达给正在成长的男孩子。到了八九岁的时候，他的家人可能会以冷静的态度，真的拒绝他。如果他的老师报告说，他不听话，或不尊重别人，而且给他的操行打了个不及格的分，那他的家人就会背对他。如果他被店主批评说有恶作剧行为，"家庭名誉就会因此而受到侮辱"，他的家就成了攻击他的铁桶阵。我认识两个日本人，在他们不到十岁的时候，他们的父亲有一次跟他们说，要他们别再回家了，连去投奔亲戚都会带去耻辱。那是因为此前他们在教室里受到了老师的惩罚。两人都被弄得有家不能回，最后是母亲找到了他们，安排他们回了家。小学高年级的男孩子有时会被关在屋子里，为的是让他们"谨慎"悔过。他们必须一心一意地写日记，日本人迷恋日记。在任何情况下，家人都会表明，现在他们把这男孩看成是他们在世界上的代表，他们之所以纷纷反对他，是因为他招致了批评。他还没有适应情义世界，就不能指望家人支持他，也无法指望他的同龄人的支持。他的同学们会因为他做错了事而排斥他，在他被重新接纳之前，他必须道歉并许诺。

"值得强调的是，"乔福里·郭雷说，"从社会学的角度来看，这些约束达到了很不寻常的程度。在大多数社会中，当大家族或其他宗派团体的某个成员受到其他团体成员的批评或攻击时，都会行动起来一致对外，保护那个成员。只要自己的团体依然赞成自己，那他就能在面对其他人时，确信在他需要帮助或受到攻击时，他会得到团体成员全面的支持。然而，在日本，情况似乎正好相反。一个人只有在得到别的团体赞成的情况下，才能确保得到本团体的支持。如果外人不赞成他或批评他，本团体就会转而抛弃他，加入到惩罚他的行列，直到——或者——除非，他能迫使那另一个团体撤销对他的批评。由于有这套机制，'外面世界'

的赞成变得至关重要，可能比其他任何社会都更重要。"①

到这个年龄段，女孩所受的训练在类型上跟男孩没什么区别，但在细节上是不一样的。在家里，她比她的兄弟更受限制。更多的职责加到了她身上——虽然男孩也可能要当临时保姆——在接受礼物和关注方面，她总是得到牛角的那点小尖头。她的性格不像男孩子那样的暴躁。不过，跟其他亚洲小女孩相比，她已经是非常自由的了。她可以穿鲜红的衣服，可以跟男孩子们一起到大街上去玩，还可以跟男孩子打架，而且常常绝不服输。作为一个孩子，她也"不知什么是羞耻"。在六岁到九岁之间，她渐渐学到了对世界的责任，她所学到的东西，所积累的经验，跟她的兄弟一样多。九岁时，班级分成男生和女生两部分，男孩子们很重视相互之间新建立的男性的团结。他们排斥女生，不让别人看到自己跟女生说话。女生呢，也受到母亲的警告，与男生交往是不合适的。据说，这个年龄的女生变得闷闷不乐，喜欢退缩，很不好教。日本女人们说，那是她们"欢乐童年"的终结。女孩的童年时期结束在她们被男孩排斥的时候。没有一条路是为她们标出来的，在往后的许多年里，她们只能"自重再自重"。这句训诫会一直跟随她们，直到她们订婚，直到她们结婚。

然而，男孩子们虽然已经懂得了自重和对世界的情义，但他们还没有明白一个日本成年男人所要承担的所有义务。"从十岁开始，"日本人说，"他明白对自己名声的情义。"他们的意思当然是：他懂得，受到侮辱时感到怨恨是一种美德。他还必须学习这些规则：何时与敌人面对面一决高下，何时用间接的方式洗清自己的名誉。我不认为他们的意思是：男孩子在受到侮辱时要去攻击对方。他们在很小的时候，就被允许肆意地攻击他们的母亲；为着多种多样的诽谤和抗辩，他们曾与同龄人决斗；现在他们十岁了，很难说还需要学习攻击。但是，男孩子在一二十岁的时候，就会被招纳到"对自己名声的情义"这一道德规则之下，而这一规则会把他们的攻击性引导到某些公认的形式之中，并且给他们提

---

① 乔福里·郭雷：《日本文化的结构》，《纽约科学院学报》，第27页，1943年。

供一些特殊的应付手段。正如我们所看到的，日本人往往把攻击的矛头转向自身，而不是对他人施暴。哪怕是男生也不例外。

上完六年小学之后，有些男孩子要继续上学——其人数大约占总人口的15%，在男性人口中的比例更高些——这个时候，他们突然要面对中学入学考试的激烈竞争，而且每一个学生的每一门功课的成绩都要进行排名，他们对自己名声的情义负责的时候来到了。他们没有时间慢慢地体验这种情况的到来，因为在小学里和家里，竞争小得几乎是零。新体验说来就来了，这使竞争变成一件让人痛苦但还得全力以赴的事，他们普遍想要争得名次，怀疑别的同学因老师的宠爱而受到特别照顾。然而，在人们缅怀人生时，这样的竞争情形并没有成为一个大话题，他们谈得更多的是，中学里高年级男生折磨低年级同学的惯例。前者把后者支来使去，还让后者经受种种侮辱，如让他们进行愚蠢而屈辱的表演。到处弥漫着怨恨情绪，因为日本男生做这些事情时，不带娱乐精神。小男生因此而在高年级同学面前变得卑躬屈膝，奴仆似的给他们跑腿；但他憎恶折磨他的人，内心筹划着复仇。基于现实情况，复仇不得不推迟，但这使他更加报仇心切。这就是对自己名声的情义，他视之为美德。几年之后，通过家族势力，他能让那折磨他的人失去工作。或者，他自己把柔术和剑术练得炉火纯青，在他们俩都毕业之后，他会在街头当众羞辱那人。但是，除非他有朝一日报仇雪恨了，否则他"一直会觉得有件事情还没有完成"，这就是日本人冤冤相报的核心内容。

对于那些没有升入中学的男孩子来说，同样的体验会出现在他们在部队所受的锻炼中。在和平时期，四个男孩中有一个要被征入伍，一年兵受到二年兵的侮辱比低年级学生在学校里所受的侮辱更加严重。这不关军官的事，甚至士官也只是偶然管一管。日军军规的第一条是：向军官提出任何申诉，都会使申诉者丢脸。因此，这种事都是在士兵中间了断。军官们接受这种恶习，认为这是保持部队强硬作风的一种方法，不过，他们自己不会卷入其中。二年兵在上一年积累了怨恨，现在全都转发到了一年兵身上；他们把聪明才智发挥在想方设法羞辱别人上，以证明他们的"强硬"。人们经常描绘说，新兵经过部队的锻炼之后，像换了一个人，成了"真正的沙文国家主义者"。这种变化之所以发生，不仅是因为他们被施与了极权主义国家理论的教育，而且肯定不是因为他们被灌输了忠于天皇的思想。更加重要的原因是：他们体验到了被侮辱的感觉。在家庭生活中，年轻人受到的训练是日本式的礼节，对"恰如其分的爱"的态度是极其认真的；但在这样的部队环境中，他们很容易会变得残暴起来。他们无法忍受自己被嘲笑。他们把折磨解释为受到排斥，这使他们反过来变成了善于折磨别人的人。

当然，在中学里，在军队里，近代日本这些情形的特点来源于古代日本的某些习俗，那就是关于嘲笑和侮辱的习俗。中等以上的学校和军队并没有创造出对这些习俗的反应。显而易见，由于日本有"对自己名声的情义"这样的传统道德规范，他们因为被侮辱而激发起来的怨恨，跟美国的情形相比，显得更加强烈。与古法一致的是：每一个受到侮辱的团体固然会及时地把惩罚转向某个作为牺牲品的团体，但这无法阻止一个少年一心想要去跟那个直接折磨他的人决一雌雄。在许多西方国家，替罪羊频频出现，是一种社会习俗，比如，在波兰，新学徒和年轻的收割手在受到奇耻大辱之后，不会把怨恨发泄在那些侮辱他们的人身上，而是转发在新的一茬学徒和收割手身上。但在日本，事情并不总是如此。男孩们固然也从胡乱发泄中得到满足，但他们主要考虑的，还是要与侮辱他们的人直接较量。当他们能与折磨者清算时，才会感到"痛快"。

在日本的重建过程中，领导们时刻想着国家的未来，会特别注意这一侮辱少年的恶习，它使男孩子们在成人学校和军队中做了一些愚蠢的行为。领导们会十分强调学校精神，哪怕是"老同学关系"，以打破上下年级学生之间的分歧。在部队里，他们会严厉禁止侮辱行为。纵使二年兵应该坚持像斯巴达人那样严厉地训练一年兵，恰如日本各级军官正是这么做的，这在日本不是伤天害理之事。但侮辱行为是有害的。在学校或部队里，如果年龄大一点的少年让年龄小的像狗一样对他摇尾乞怜，或像知了一样，表演丑行，或者在别人吃饭时表演"拿大顶"，这样的人没有一个不受处罚。那么，日本的再教育运动中就会出现一种变化，这种变化将比否认天皇的神圣性和从教科书中剔除国家主义的内容更加有效。

女人们不用学对自己名声的情义的道德规则，也没有男孩子们在中学和部队里所得到的近代体验，甚至没有类似的体验。她们的生活圈比她们兄弟们的更加调和。从记事时候起，她们受到的教育使她们接受这样的事实：在排序、关注和礼物方面，都是男孩子享有领先权，女孩子们的权利则被否定掉了。她们必须尊重人生规则，但这规则否认她们拥有公开自我主张的权利。不过，如同婴儿和小孩时期，女人们和她们的兄弟们分享了一般孩子的特权生活。她们在还是小女孩的时候，穿着特别的鲜红的衣服；成年之后，她们就得放弃鲜红这种颜色，直到她到了60岁，到了第二个享有特权的人生时期，才被允许再度穿鲜红颜色的衣服。在家里，在母亲和祖母的争斗中，她们会像兄弟们一样，得到双方的宠爱。兄弟姐妹们都希望有一位姐妹最喜欢自己，也希望家里其他成员一样。孩子们要求，让他们跟她一起睡，以表示她喜欢他们。她能经常地把来自祖母的恩惠分配给两岁大的孩子。日本人不喜欢独睡。夜里，孩子的小床会紧挨着某个被选出来的大人的床。那时，"你最亲我"的证据往往是：两个人的床紧挨在一起。在9岁或10岁时，女孩子会被排除在男孩子的玩伴之外；甚至在这一阶段，她们也能得到一些补偿。她们会因为新的发型而受人夸赞；在14到18岁之间，她们的头饰是全日本最精心制作的。她们到了可以穿丝绸服装而不是棉布服装的年龄了，所有的努力都是为了给她们提供增添她们魅力的衣服。通过这些方式，女孩们得到了些许满足。

女孩子需要有约束，这份责任是直接放在她们肩上的，而不是她们的父母通过武断的极权强加的。父母对女孩子施行其特权，不是通过身体的惩罚，而是通过平心静气、不偏不倚的期望，他们期望女孩子做到社会需要她们做的事。值得在此引用一个关于这类训练的极端例子，因为它非常好地说明了那种并非强制的压力，这就是日本人教育女孩子的特点，不那么严厉，还给予特权。从6岁开始，小稻垣钺子就有一名博学的儒家学者，教她背诵汉文经典。

在整个长达两小时的上课期间，除了手和嘴，他纹丝不动。我坐在他前面的榻榻米上，身子同样端正，而且一动不动。有一回，我动了一下，那是在课间。出于某个原因，我有点不安宁，微微摆动了一下身子，让蜷曲的膝盖稍稍变换一下角度。老师脸上闪过一片惊讶的淡淡的阴云。随后，他一声不响地合上书本，带着温和但又严厉的口吻说："小姐，显然，你今天的精神状态不适合学习。你该回到自己房间去，好好想想。"我的心几乎要被羞死。我无能为力，只好谦恭地先向孔子画像然后向老师鞠躬，恭敬地退出教室。一般我上完课后都要去向父亲报告，这回我慢吞吞地走到他那儿。父亲很惊讶，因为下课时间还没到呢。他不假思索地说："你的功课做得真快啊！"这话我听着像一记丧钟，我永远记得那一刻，直到今天，还像瘀伤未愈，让我感到疼痛。①

在另一个地方，杉本夫人描绘了她的祖母，概括了日本家长最典型的态度之一：

> 她安详地期望每个人都做她同意做的事；没有责备，也没有争辩；但是，她的期望像丝绵一样，柔软，但非常坚韧，让她的小家庭保持在她认为是正确的道路上。

祖母的这一期望"像丝绵一样，柔软，但非常坚韧"，之所以能有如此大的效力，其中一个原因是：每一种工艺和技能方面的训练都非常明确。孩子们学的不仅是规则，还有习惯。如，筷子的使用方法是否正确，走进房间的步态是否恰当，后来的茶道和按摩，每一个动作都由大人手把手地教，反复练习，直到娴熟。大人们认为，孩子们不会在用到正确的习惯时，随时就能把它们"捡起来"。杉本夫人描写了她在 14 岁订婚后，如何在饭桌上伺候丈夫。此前她从未曾见过她的未婚夫。他在

---

① 杉本钺子：《武士家的女儿》，双日公司，1926 年，第 20 页。

美国，而她自己在越后（Echigo）。不过，在母亲和祖母的眼皮底下，"我自己动手反复做某一道菜，我哥哥告诉我们，那是松雄特别喜欢吃的。松雄的桌子紧挨着我的，在布置自己的桌子前，我总是先把他的安排好。这样，我就学会了如何时刻注意，要让未来的丈夫感到舒服。祖母和母亲说，要假想松雄好像就在那儿，我要注意自己的衣着和举止，就好像他真的在屋子里。就这样，在我成长的过程中，我就学会尊重他，尊重自己作为他妻子的身份。"[1]

男孩子也是通过实例和模仿，接受细致的习惯训练，尽管这种训练不如女孩子的精深。一旦他"学会"了，就不允许有任何不照着做的托词。然而，过了青春期，在他自己生活的一个重要领域，他就主要得靠自己的主动性了。长辈们不会教他求爱的习惯。在家庭圈子里，所有公开的性爱行为都是受到排斥的，从9、10岁开始，没有亲属关系的男孩和女孩就绝对要分开。日本人的理想是：在男孩子真正对性发生兴趣之前，父母就给他安排一桩婚事，因此，跟女孩子在一起时，男孩子在行为上应该表现出"羞涩"。在农村，人们会拿某个话题对男孩子大肆取笑，使他们总是感到"害羞"。不过，他们还是企图学。在以前，在一些比较偏僻的村子里，甚至在最近，都有许多女孩，有时是大多数女孩，都未婚先孕。这种婚前性经验属于"自由领域"，跟严肃的人生没有关系。父母在安排婚事时，不会提及这些事。不过，在今天，正如一个须惠村的日本人对安布雷博士所说的，"哪怕是女佣人，也受过足够的教育，知道自己应该保住处女身"。男孩子上了中学之后，道德规则也严厉地反对他们跟异性有任何形式的接触。日本教育和公众舆论都力图阻止男女孩子在婚前有亲密关系。在日本电影里，年轻男子如果表现出某些跟年轻女子随便相处的倾向，就会被认为是"坏人"。在美国人看来，"好人"是那样一些人，他们对魅力女孩表现出轻率甚至不礼貌的态度。"跟女孩随便相处"的意思是：那些男孩"到处瞎玩"，或者寻找艺伎、妓女，乃至咖啡女郎。艺伎馆是学习性事的最好场所，因为"她会教你，

① 杉本钺子：《武士家的女儿》，双日公司，1926年，第92页。

你只要放松下来，看着就行了"。他不必害怕自己表现笨拙，而且不会指望自己跟艺伎发生性关系。但是，有钱去艺伎馆的男孩子并不多。他们可以去咖啡馆，看看男人们如何跟咖啡女郎亲密相处，不过，这种观察跟他们在别的领域所学到的，不属于同一种训练。在很长一段时间里，男孩子们总是害怕自己笨手笨脚。在人生的某些领域，他们不得不在没有信得过的长辈言传身教的情况下，学会某种新的行为，性就是这样一个领域。年轻夫妻结婚时，有地位的家庭会给他们几本"新婚用书"和一些带有许多细致描画的屏风，正如一个日本人所说，"你可以从书本上学，正如你可以通过这种方式学习布置园林的规则。你父亲不会教你如何打理日本式的园林，这是你长大后自己要学的一种爱好。"日本人把性和园艺结合起来，说这两样东西你都可以从书本上学得，这真有意思。不过，大多数日本年轻男人是通过别的途径学会性行为的。在任何情形下，他们都不是通过大人细致的言传身教学会的。对年轻人来说，这种训练上的差异强调了这样一项日本信条：在人生大事上，他都得听大人的，大人们会费力训练他的习惯。但性是不同于此的另一个领域，尽管在这个领域里，他会很尴尬，很害怕，但他可以自己掌握，自己满足。性和婚姻分属两个领域，有不同的规则。哪怕在结婚之后，日本人也可以到外面去寻欢作乐，根本不必偷偷摸摸。而且，他这么做，不会侵犯妻子的权利，也不会威胁婚姻的稳定。

他妻子可没有这样的特权。妻子有忠于丈夫的义务，哪怕是在被勾引的时候，她也得偷偷摸摸；在日本，很少有女人能有效地保住婚外恋的秘密。她们如果神经紧张、心神不定，就会被认为歇斯底里。"日本女人最经常碰到的难题不在社会生活中，而在性生活中。很明显，多数精神不正常的和大多数歇斯底里的妇女都是因为性生活的不协调所致。丈夫想用什么样的方式来满足她的性欲，她就必须接受那种方式。"[1] 须惠村的村民们说，大多数妇女病都"发于子宫"，然后蔓延到头部。当丈夫在外面寻花问柳时，她可能会求助于手淫，那是日本人都接受的习

---

① 安布雷·约翰：《须惠村》，第 175 页。

惯。从村民家到大户人家，妇女们都珍藏着一些用于这一目的的传统器具。另外，生了孩子之后，她被允许有大量的色情行为。在她做母亲前，连开个性玩笑都不行，但是，做了母亲之后，随着年龄越来越大，在男女一起参加的聚会上，她满口都是性话题。她还会用非常放肆的色情舞蹈，为大家助兴；伴随着下流歌曲，她快速地前后扭动着屁股。"这种表演每次都能引起哄堂大笑。"在须惠村，当士兵结束军事训练回来时，人们会到村子外围去迎接他们，妇女们会女扮男装，乱开猥亵的玩笑，甚至假装要强奸女孩子。

因此，日本女人在性事上是可以有各种各样的自由言行的，出身越低贱，自由度越大。在人生的大部分岁月里，她们必须遵守许多禁忌，但是，没有一种禁忌要求她们否认她们了解性生活的事实。当男人得到满足时，她们是淫秽的。同样，当男人得到满足时，她们又是无性的。她们到了成熟的年龄，就可以抛开禁忌；如果她们出身低微，更可以像任何男人一样下流。日本人的目标是在不同年龄和不同场合采取合适的行为，而不是一以贯之的性格——西方人意义上的"贞女"和"荡妇"。

男人在有些领域需要大力约束自己，但他也有放肆的时候。男人们聚到一起喝酒，尤其是旁边有艺伎服侍着，他认为那是最大的满足。日本男人喜欢喝得醉醺醺的感觉，没有任何规定禁止他喝个痛快。几杯米酒下肚之后，他们就会放下正经的姿势，他们喜欢互相倚靠着，显得亲密无间。喝醉时，他们很少有暴力或攻击行为；只有少数"不好相处的人"才会吵架。除了在诸如喝酒这样的"自由领域"，男人们决不应该，正如他们所说的，辜负别人的期望。在严肃的生活领域，说任何人辜负了别人的期望，那仅次于日本人用来骂人的"浑球儿"一词。

所有西方人都描写过日本人性格中的矛盾，这种矛盾性格可以从他们对孩子的教育中得到解释，正是那种教育造就了日本人世界观的两面性，哪一面都不能忽视。在幼儿时期，他们体验到的是特权和心理的惬意，在后来人生中的所有修炼过程中，他们都保留了那样的记忆：在他们"不知耻辱"的时候，生活更加轻松。他们没必要为未来描绘一个天堂，他们的天堂是在过去。在他们关于人性本善的教条中，在关于神灵仁慈的教义中，在关于最想做日本人的信条中，他们都在转述童年。这使他们很容易把对"佛种"的一些极端解释看作他们的伦理的基础。他们认为，人人心中都有"佛种"，死时都会成为神。这给了他们过分的或某种程度的自信。这使他们有理由认为，自己想干什么工作就能干，却不管那工作的要求是远远超出他们的能力的。这也使他们时刻准备着坚持自己的判断，哪怕与政府对抗，而且要用死来证明自己的判断是正确的。有时，这种童年记忆使他们患上群体性的狂妄自大症。

在六七岁之后，渐渐地，他们就要承担起审慎、"知耻"的责任，而且支持这份责任的是最强大的制约因素：如果他们出错，连自己的家庭都会背对他们。这种压力不是普鲁士式的规定，而是难以逃避的命运。小时候，他们享有特权，但那时就奠定了现在这命运；因为那时他们在便溺习惯和身体姿势方面，就不得不接受了持久的训练，还因为父母常常取笑他们，威胁说要抛弃他们。这些早期经验使孩子慢慢接受了这样的观念：当他被告知，"世人"会嘲笑他或排挤他时，他得下大力气克制自己。在童年时期，他可以自由表达自己的冲动，但现在他得把这些冲动压下去，这不是因为它们是邪恶的，而是因为现在它们变得不合适了。他现在进入了严肃的人生阶段。他一步步地被剥夺了童年的特权，同时，他得到了越来越大的成年人的快乐，但是，他的童年经验并没有真正淡出。在他的人生哲学中，他任意地利用这些经验。当他在"人之常情"方面纵容自己的时候，他就会回到童年经验中去寻找理由。在生活的"自由领域"，在整个成人阶段，他都在重温童年。

童年分成前后两个阶段，相互之间显然有联系，其延续性在于：要受到同伴的认可，这一点很重要。长辈谆谆教诲他的，就是这一点，而不是遭遇道德的绝对标准。在前期，当他长大到足以能够撒娇时，母亲会把他带到自己的床上。他会数他和他的兄弟姐妹们所得到的糖果的数量，这数量能表明他在母亲的心目中处于什么样的位置。当他被忽略时，他会很快就注意到，甚至会问姐姐："你是否最亲我？"在后期，他被要求放弃越来越多的个人乐事，不过，大人许诺给他的报酬是：他会得到"世人"的赞赏和认可。而惩罚呢，就是"世人"会嘲笑他。当然，在大多数文化中，在训练孩子时，人们都会用到这种制约因素。但在日本，它尤其严重。当父母威胁说要丢弃孩子时，他们的取笑加剧了孩子那种被世人抛弃的感觉。在人的一生中，更可怕的是被排斥，而不是遭遇暴力。他对嘲笑和排斥的威胁非常敏感，哪怕只是在自己的心里想象一下都不行。因为，在日本社会里，几乎没有隐私可言，"世人"真的了解他所做的一切，他们不同意他的做法，就可能抛弃他，这可不是什么幻觉。日本房子的构造——声音能穿透薄薄的墙壁，白天门是敞开的——对没有能力修建围墙和庭院的人来说，隐私生活完全是公开的。

日本人所使用的一些象征物有助于我们清楚地了解他们性格的两面性，造成这种两面性的根源是儿童教育的不连贯性。一方面是"没有羞耻感的自我"，形成于最初阶段；当他们看着自己映在镜子里的脸时，他们会检验一下，自己在多大程度上还保持着这个自我。他们说，镜子"反映的是永久的纯洁"，既不接纳虚荣，也不会反映"妨我"，它反映的是灵魂的深处。一个人应该在镜子里看到"没有羞耻感的自我"。在镜子里，他看到自己的眼睛，如同看到灵魂的门窗。这有助于他在生活中保持"没有羞耻感的自我"。他在镜子里看到理想化的父母的影像。据说，有些人为着这个目的，到哪儿都带着面镜子，有人甚至在自家神龛里装了一面特殊的镜子，用以鉴照自己、观察自己的灵魂。他"神化自己""膜拜自己"。这是不寻常的，但只需稍微动一下，就能做到；因为，所有家庭的神龛上都有镜子作为神器。在战争期间，日本电台广播了一首特殊的赞歌，赞美的是一个班级的女生，因为她们给自己买了一面镜子，放在教室里。没人想到，她们这么做，是一种虚荣心的表现。那首歌描写说，那表明她们要重新献身于灵魂深处的沉着的目标。揽镜自照是一种表面的仪式，会测试出她们美好的精神。

孩子心里被培植"观我"之前，日本人对镜子的感情就已经产生。在照镜子时，他们看不到"观我"，所以，没有"耻辱"的指导，镜子中的自我自然就跟童年时的一样善良。他们赋予镜子的就是这种象征意义，它也是臻于"圆通"的自我修炼观念的基础，他们坚持不懈地修炼自己，以驱除"观我"，以找回早年的率真。

尽管有特权的早期童年经验对日本人产生了种种影响，但是，他们并不一味地感到，随后阶段的限制剥夺了他们的特权。在后一阶段，羞耻成了美德的基础。正如我们所看到的，日本人常常挑战基督教的自我牺牲观念，他们批评那种认为自己正在作出牺牲的想法。在有些极端的例子里，日本人甚至说，为了尽忠、尽孝或履行"情义"，他们自愿去死，而这在他们看来，不能归入自我牺牲的范畴。他们说，这样的自愿的死，能使人达到自己想要的目标。反之，就是"一只狗的死"，意思是"没有价值的死"。在英语中，这话的意思是死在贫民窟，但日语中不是这个意思。至于那些不那么极端的行为，在英语中被称为自我牺牲，而在日语中则属于自重的范畴。自重总是意味着受约束，而约束跟自重一样，是有价值的。只有通过自我约束，才能取得伟大的成绩。美国人强调自由是取得成绩的前提条件；在日本人看来，那绝对是不行的，因为他们的经验跟美国人的不同。他们接受的观念是：通过自我约束，他们能使自我变得更有价值，他们把这一观念当作他们伦理体系中的首要信条。他们的自我是危险的，充满了冲动，那些冲动随时可能爆发出来，把正常生活搞得乱七八糟。除了自我约束，他们又如何能控制这样的自我呢？正如一位日本人所表达的：

　　　　年复一年，通过艰辛的劳作，涂上去的漆层越多，作为成品的漆器的价值就越高。一个民族也是如此……有人说："刮去苏联人的表皮，你会看到一个鞑子。"你可以同样义正词严地说："刮去日本人的表皮，擦掉漆，你会看到一个海盗。"但是，我们不应该忘记：在日本，漆是一种有价值的产品，是制作手工艺品的辅助材料。无所谓伪造，它不是一种用来掩盖缺点的涂料。至少，它跟它所要装饰的那种材料一样有价值。[1]

---

　　① 　野原·驹吉（Nohara Komakichi）：《日本的真面目》，伦敦，1936年，第50页。

在西方人看来，日本男人行为中的矛盾性是极为明显的。造成这种矛盾性的是他们童年教育的不连贯性。童年教育在他们的意识中留下了深刻的印记，哪怕在经过层层刷漆之后，也依然留存。在童年时期，他们就像小小世界里的小小神仙，他们甚至可以任意攻击别人以满足自己，他们的一切要求似乎都可能得到满足。由于这种根深蒂固的两面性，日本人长大后，可以从沉湎于死去活来的浪漫爱情转到对家长的言听计从。他们既可以沉溺于快乐与安逸，也可以不遗余力地接受极端的义务。他们所接受的审慎训练即使他们常常成为行动上的懦夫，但他们又是勇敢的，甚至到了蛮勇的地步。他们既能证明自己在等级制条件下是非常驯服的，但又不会轻易服从来自上级的控制。尽管他们彬彬有礼，但又保留着傲慢自负的样子。他们既能在部队里接受盲目信仰的训练，又不会屈从别人。他们既可以是狂热的保守主义者，又能被新的生活方式吸引，比如，他们先是宣称要接受中国习俗，继而又声明要引进西方学说。

日本人性格的两面性造成了种种紧张情况，不同的人对这些紧张情况做出反应的方式是不一样的。面对同样重要的问题，每个人都有其解决之道。那问题便是：如何协调童年经验和成年经验之间的关系，前者指的是他在早年所体验到的自发性和任性，后者指的是他在后来的人生中所关注的能确保自己安全的种种约束。许多人都感到很难解决这个问题。有些人像道学家一样，用约束自己生活的方式处理一切事情，深恐与现实不期而遇。他们越来越害怕，因为想说什么就说的习惯不是白日梦，而是他们曾经有过的经历。他们保持置身事外的态度，通过严格遵守他们自己制定的规则，他们感觉自己跟所有那些发号施令的人没什么不同。有些人更加离群索居。他们害怕自己的攻击本能，已经在心里把它控制起来，还用温和的表面行为把它掩盖起来了。他们常常忙于想一些鸡毛蒜皮的事，目的是为了逃避自己真实的感情和意识。他们机械地履行生活常规，而这些常规对他们基本上是没有意义的。另有些人，由于更多地受制于童年经验，在面对他们作为成年人需要面对的一切时，产生了强烈的焦虑情绪，他们力图增强自己的依赖性，但在他们的年龄已不再可能。他们觉得，任何失败都是对权威的冒犯，因此，任何努力都使他们激动万分。一些难以预见的情况不可能靠机械的方法去解决，这使他们惊恐不已。

当日本人为被排斥和被审查而感到无比焦虑时，他们就会面临这些典型的危险。当他们不是太受压抑时，他们会既表现出享受生活的能力，又表现出不去踩别人脚趾的小心态度，这种态度是他们的童年教育所灌输的。这是非常可观的成绩。幼儿时期给了他们过分的自信，没有唤醒他们沉重的罪过意识。后来的约束是以巩固与伙伴的关系的名义，强加给他们的，而义务也是相互的。在一些被指定的"自由领域"中，生活中的冲动仍然能够得到满足，不管别人会在多大程度上干预他们在某些事情上的愿望。一直以来，日本人以善于从天真的事物中取乐而闻名：观赏樱花、月亮、菊花或新雪，把蛐蛐养在家中笼子里以听其"唱歌"，赋诗、侍弄花园、养花，以及品茗。这些都不是深陷烦恼而且有攻击性的人所能做的。他们也不会以悲哀的态度对待快乐。在日本发动毁灭性的"使命"之前，在那些幸福的日子里，在日本的农村社区，人们的闲暇时光充满了快乐和希望，他们在干活时又非常勤奋。这与任何别的现存民族都一样。

但是，日本人对自己有很多要求。为了避免被排斥和被诽谤这样的严重威胁，他们必须放弃亲身品尝过的个人的乐事。在人生的重要事情上，他们必须把内心冲动锁起来。极少数人胆敢触犯这一范式，甚至冒着失去自尊的危险。真正自重的人会把准生活的航向，使之不在"善"与"恶"之间，而在"符合期望"与"辜负期望"之间，让他们自己的个人要求沉没于集体的"期望"之中。这些就是所谓的好人，他们"知耻"，而且总是谨小慎微。他们给家庭、村子和国家带来荣耀。这样产生的紧张感是巨大的，表现于很高水平的雄心，使日本成为亚洲领袖、世界强国。不过，这样的紧张感加在个人身上是一种沉重的压力。人们必须切切留意，唯恐失败，唯恐别人轻视自己在行动过程中的表现，这一行动已经使他们花费太多、放弃太多。有时，日本人会爆发出最具攻击性的行为。这样的行为被激发起来，不是在他们的原则或自由受到挑衅时（美国如是），而是在他们察觉到自己受了侮辱或诽谤的时候。于是，他们危险的自我就会发作，如果可能，就去攻击诽谤者，否则，就折磨自己。

日本人为他们的生活方式付出了很高的代价，他们否认自己应该拥有简单的自由。美国人把那样的自由看作他们呼吸的空气，毫无疑问。我们必须记住，战败之后，日本人正在探求民主。让他们以自己高兴的方式去做事，做得简单而天真，他们会欣喜若狂的。对此，杉本夫人做过最精彩的表述。她说，当她在东京的教会学校学英语时，她拥有过一块可以按自己喜欢的方式种植草木的花圃；老师们让每个女生都拥有一块野外的土地，而且，她想要什么种子就有什么种子。

> 这块可以按自己喜欢的方式种植草木的花圃给了我一种全新的拥有个人权利的感觉……一个人的心中居然会有这样的幸福感觉，然而这是事实，这简直让我吃惊。……我没有触犯传统，没有玷污家族的名誉，没有让父母、老师和乡亲们感到震惊，没有伤害世界上的任何事物，因此，我能自由地行动。[①]

所有其他女生都种花，而她准备种土豆：

> 没有人知道这一荒谬的举动给了我无忧无虑的自由感……自由的精灵来敲我的门了。
> 这是一个新的世界。
> 我家的庭院里有一块荒地，像是当年那块花圃的一部分……但是，总是有人在那儿忙着修剪松树或树篱。每天早晨，老大爷都要打扫石阶。他在打扫完松树下那块空地后，就会小心翼翼地撒上松针，那是刚刚从森林里采集来的。

[①] 杉本钺子：《武士家的女儿》，双日公司，1926年，第135—136页。

这块模拟荒地之于杉本夫人，代表着模拟的自由意志，她以前在受训时也享有这自由。整个日本到处都有这样的模拟荒地。在日本园林里，总有一些一半埋在地下的大石头，每一块都是经过精心挑选、小心运输，摆放在一个由一些小石头组成的隐蔽的台子上。大石头摆放的位置，也是按照它与溪流、房子、灌木丛和树林的关系，经过精心考虑的。因此，菊花生长在花罐里，是为全日本举行的一年一度的花展准备的，每一片完美的花瓣都单独由栽培者布置好，其位置往往用一根看不见的丝线固定，那丝线就插在活生生的鲜花里。

当杉本夫人得着机会，把这些丝线放到一边时，她的陶醉是快乐和纯真的。那菊花曾被栽培在小花罐里，它不得不让自己的花瓣被人小心地摆弄；后来，它发现，处于自然状态，能得到纯粹的快乐。但是，今天，在日本人中，辜负别人的期望，质问羞耻的制裁，这样的自由会颠覆生活方式的微妙平衡。在新的安排下，他们得学习新的制裁措施。而变化是昂贵的。要想出新的假设和新的美德，是不容易的。西方世界既不能认为日本人会把它们放到自己眼前好好打量，并使之成为真正属于他们自己的东西，也不应该想象日本最终都产生不了更加自由的不那么僵硬的伦理体系。在美国的"二世"日本人已经不再了解并实践日本的伦理规范，他们的伦理系统中已经没有任何东西使他们固执地坚守日本的惯例，尽管他们的父母就来自那个国家。同样，在新时代，在日本的日本人也建立了一种新的生活方式，这种方式不需要像旧的生活方式那样要求约束个人。没有丝线的缠绕，没有大举的修剪，菊花可能很漂亮。

在这向更大的心理自由转变的过程中，日本人有一种非常古老的传统美德，这有助于把他们保持在一个平稳的平台上。其中一种传统美德是"自我负责"，他们把它解释为"对我身体里的锈"负责。这个比喻把一个人的身体比成一把刀。正如佩刀者要对刀的闪闪发光负责，一个人必须对他自己的行为的结果负责。他的弱点、他的缺乏恒心、他的劳而无功自然会产生种种后果，他必须承认并接受这些后果。较之在自由的美国，日本人对自我负责的解释要彻底得多。在这个意义上，刀不是进攻的象征，而是理想化的自我负责的人的一个比喻。在尊重个人自由的安排中，没有任何平衡能比这种美德更有效。日本的儿童教养和行为哲学已经把它看成日本精神的一部分。今天，日本人已经在西方意义上主张"把刀放在一边"。在他们自己的意义上，他们有一种容忍的力量，这种力量会使他们内心的"刀"免受锈的威胁。在他们关于美德的解释中，在一个更加自由、和平的世界里，"刀"是一种他们可以保持美德的象征。

第十三章　投降后的日本人

　　在投降后的日本行政管理中，美国人起到重要的作用，他们有理由为此而感到骄傲。在国务院、陆军部和海军部的联合指示中确定下来的美国政策，在 1945 年 8 月 29 日由广播电台发布，并已经由麦克阿瑟将军巧妙地执行。美国人感到骄傲的理由是非常明显的，但往往被美国报纸和电台的党派性的赞扬和批评弄得晦暗不明。很少有人对日本文化有充分的了解，以确保某项既定政策受欢迎。

　　日本投降时的大问题是占领的性质。胜利者是利用现存政府甚至天皇呢，还是对他们进行清算？是否让每个县市的行政管理权都由美国军政府官员掌握？意大利和德国的模式是：在每个地区设立盟军军政府总部，作为战斗力量的组成部分，并由盟军行政长官掌握地方事务的管理权。

　　战胜之日，那些太平洋区域的盟军军政府首脑也期望在日本实行这种统治方式。日本人自己都不知道：他们将被允许保留什么样的责任，去负责他们自己的事务。《波茨坦公告》只是宣称"日本领土上由同盟国指定的地点都将被占领，以确保我们在此所提出的基本目标得以实现"，"那些欺骗并误导日本人民走上征服世界之路的威权和影响"必须予以永久根除。

　　关于这些事务，国务院、陆军部和海军部给麦克阿瑟将军的联合指示中包含着一个重大的决定，这一决定受到了麦克阿瑟将军的司令部的全面支持，那就是：日本人将负责他们自己国家的管理和重建。"只要能充分推进美国的目标，最高司令官将通过日本政府机制和机构——包括天皇——行使其权力。在他（麦克阿瑟将军）的指示下，在国内的行政事务中，日本政府将被允许行使政府的常规权力。"因此，麦克阿瑟将军领导下的日本行政管理体制跟德国和意大利的全然不同。它纯粹是一个总部组织，利用的是从上到下的日本官僚机构。它把通告发给日本帝国政府，而不是日本国民或某个市县的居民。它所要做的是规定一些目标，让日本政府朝着那些目标努力工作。如果某位日本内阁大臣认定目标不可能实现，那他可以提出辞职，但是，如果他的提案很好，那他可能会使指示得到修改。

这种管理体制是个大胆的举动。从美国的角度来看，这项政策的好处是显而易见的。正如希尔德林将军在当时所说的：

> 通过利用日本政府，我们能得到很大的好处。日本有7000万人，他们在语言、习俗和态度方面，都跟我们不一样。管理那样一个国家需要一整套复杂的机构，如果没有现存的日本政府供我们利用，我们就得靠自己直接去运转那套机构。通过清理并利用日本政府机构，作为一种统治工具，我们是在节省自己的时间、人力和资源。换句话说，我们是在要求日本人打扫他们自己的屋子，而我们只是在提供具体的措施。

然而，当这一指示在华盛顿制订出来时，还是有许多美国人忧惧日本人会满怀愠怒和敌意，整个国家的人都在伺机复仇，任何和平计划都可能遭到破坏。这些忧惧被证明是没有道理的。其缘由在于日本的古怪文化，而不是任何关于战败国或经济或政治的普遍真理。也许，在任何别的民族中，都不会像在日本，这样的一项充满信任的政策能取得很好的效果。在日本人看来，它从他们的惨败现实中消除了羞耻的象征，激励他们去有效实行新的国策。他们之所以能接受它，就是因为他们的性格是由他们的文化决定的。

在美国，我们曾没完没了地争论和平条件，这些条件有的很强硬，有的很温和。真正的问题不在这里，而在于如何利用强硬的程度，用得不多不少，就能摧毁日本危险而有进攻性的旧模式，设立新的目标。我们所要选择的方式取决于日本人的性格和日本社会的传统秩序。普鲁士的权威主义扎根于德国的家庭和市民的日常生活，这就有必要向德国人谈一些和平条件。适用于德国的明智的和平指令跟日本的不一样。德国人不像日本人，他们不认为自己对世界和历史欠有债务。他们所致力的，不是要偿还无法清算的债务，而是要避免自己成为牺牲者。在德国，父亲是权威人物，像其他拥有高位的人一样，正如德国人所说，他"强求尊重"。如果他得不到别人的尊重，就会感觉自己受到了威胁。在德国人的生活中，每一代年轻人在青春期都会反抗他们权威的父亲；随后，他们认为，就得委屈自己；最后，要屈服于单调而平静的生活。他们认为，这样的生活跟他们父母的一模一样。一生的高潮始终停留在青春反叛的狂飙突进的岁月。

日本文化的问题不是粗鲁的权威主义。父亲对孩子既关注又关爱，对几乎所有西方观察家来说，在西方人的经验中，这似乎是罕见的。日本孩子想当然地以为自己和父亲之间有着真正的同志之谊，并公开表示父亲让他感到骄傲。父亲的嗓音简单地变化一下，就会促使孩子去实现他的愿望。不过，父亲对孩子并不严格，青春期的孩子并不反抗父亲的权威，而会在世人眼中，变成家里负责任的驯服的代表。他们对父亲表示尊敬，正如日本人所说，"是为了练习""为了训练"。也就是说，作为尊敬的对象，父亲已经失去个性，成为等级制和正确行为的象征。

在人生最初的经验中，在跟父亲一起时，孩子就学得了这种态度，它变成了贯穿整个日本社会的一种范式。有些人因为他们在等级制中的地位而受到最高的尊重，但他们自己并不行使武断的特权，处于等级制顶端的高官一般也不使用实权。自天皇以下，都是顾问和隐蔽的势力在幕后操纵。关于日本社会的这个方面，最准确的描述之一来自黑龙会的一个头目，黑龙会是超级"爱国"的团体之一。20世纪30年代早期，那个头目对东京的一份英文报纸的记者说："社会（他指的当然是日本），是一个三角，受控于钉住其中一角的大头针。"① 换句话说，这三角就在台面上，大家都可以看，但针是看不见的。这三角有时朝右，有时朝左。

---

① 转引自阿蒲墩·克劳斯：《日本的表面与背面》，1942年，第136页。

它在一个轴上转动，那轴自己却从不承认这一点。正如西方人经常说的，"一切都做得不露真相"。他们所做的一切都是为了尽可能地隐藏那武断的威权的面容，并让所有的行为看起来都是忠于那个象征性的地位，而拥有这一地位的人往往并不行使实权。当日本人真的揭开了权力的面具，找到并确认了这权力的根源，那么，他们就会认为，它剥削别人，配不上他们的社会体系。他们对放高利贷的人和暴发户，也总是这么看。

日本人就是这样看待世界的，在压根儿没有成为革命者的情况下，他们就可能挺身而出，反抗剥削和不义。他们不是要把他们的社会结构撕成碎片。在不对社会体系泼脏水的情况下，他们就能完成最彻底的变革，在明治时代，他们就做到了这一点。他们称之为"复古"，即"回到过去"。他们不是革命派。西方人把他们的希望寄托于日本在意识形态领域的群众运动，他们在战争期间夸大日本的地下势力，并指望这些势力能在日本投降时掌握领导权，他们在日本投降之后一直在预言激进政策将在选举中获胜；他们严重地误解了形势，他们所做的预言都是错误的。币原男爵是一名保守的首相，1945 年 10 月，在他完成组阁之时，发表了更加切合实际的演说：

> 新日本政府采用民主体式，将尊重人民的意愿……在我
> 们国家，自古以来，天皇把他个人的意愿弄成人民的意愿。
> 这是明治天皇制定的宪法的精神。我现在所说的民主政府可
> 以被认为是这种精神的真正展现。

在美国人看来，这种关于民主的解释似乎还不如什么都不说，但是，毫无疑问，日本可以在这种身份意识的基础上，而不是在西方意识形态的基础上，更加容易地扩展国民的自由领域，建立国民的福利制度。

日本当然会试验西方的民主政治机制，但是，西方的种种安排虽然在美国建立了一个更好的世界，但在日本不会被人信任。选举和由被选出来的人组成的立法机关会解决许多难题，但也会造成很多难题。当这些难题扩大时，日本会修改那些我们西方人赖以获取民主的方法。那样

的话，美国人就会提高嗓门说，这仗算是白打了。我们相信我们的安排是正确的。然而，对于要重建一个长治久安的国家的日本人来说，普选至多是一种外围工具。19世纪90年代，日本首度试验选举，但是，从那时以来，没有发生根本性的变化；小泉八云曾经描写过一些旧难题，它们可能会重新出现：

> 那些狂暴的竞选活动吞噬了如此多的生命，但其中真的没有个人恩怨；国会辩论的暴力性质会让陌生人感到震惊，但其中基本上没有个人对抗。政治斗争真的不是个人之间的斗争，而是不同的宗族利益或党派利益之间的斗争。每一个宗族或党派都有一些奋不顾身的追随者，他们把新政策简单地理解为新战争——为忠于领袖而战。①

在1920年的更为晚近的选举中，村民们在投票之前，往往说："我的脖子已经为刀洗好了。"这话把竞选等同于以前有特权的武士对平民的攻击。哪怕在今天，日本选举的所有内涵解释都跟美国的不同，不管日本是否在寻求危险的侵略政策，这一点总是千真万确。

日本要把自己改造为和平国家，他所能用的真正力量，在于他能说自己的行动方针"失败了"，然后把精力投入到别的方面。日本人有一种善变的伦理。他们企图在战争中获得自己应得的地位，但他们失败了。这样的方针，现在他们可以放弃了，因为他们所受的所有训练限制了他们，使他们无法改变方向。具有更加绝对的伦理的民族肯定相信自己是在为原则而战。当他们向胜利者投降时，他们还会说："我们被打败了，正义也没了。"他们的自尊要求他们继续努力，以让"正义"在下回赢得胜利。否则，他们会捶胸顿足，悔过不已。日本人无须那样做。在日本投降五天之后，那时还没有一个美国人到达日本。东京的大报《每日新闻》在谈到战败和由此带来的变化时，说："但是，这之于彻底解救

---

① 《日本：一种解释》，1904年，第453页。

日本，完全是好事。"这篇社论强调，此时此刻，每个人都不应该忘记，日本彻底失败。因为他们竭力想建造一个完全基于武力的日本，这种努力一败涂地了，所以，从此以后，他们必须踏上一个和平建国的道路。《朝日新闻》是另一家东京的大报，在同一周概括说，日本近年来"过分相信军事力量"，这是"一个严重的错误"，在国内外政策上都是如此，"过去的态度让我们获益那么少，而吃苦这么多，应该抛弃了；一种新的态度应该扎根于国际合作和爱好和平。"

西方人通过观察认为，这是一种原则上的转变，因而对此有所怀疑。然而，在日本，不管是在个人关系还是国际关系上，这都是生活实践的组成部分。日本人认为，他施行了一项行动方针，但没有达到目标，他就是犯了错。既然失败了，他就要抛弃这项方针，因为他没必要追求失败的方针。"咬着自己的肚脐，"他说，"是没用的。"20世纪30年代，他们想得到世界的仰慕，而军国主义是他们公认的达到这一目的的途径——这种仰慕的基础是他们的军事力量——于是，他们接受这一纲领所需要的所有牺牲。1945年8月15日，天皇以全日本人都要认可的口吻，告诉他们，他们失败了。他们接受了这一事实所意味着的一切。这意味着美军在他们面前出现，所以他们欢迎美军。这意味着他们皇朝美梦的破灭，所以他们乐意考虑摒弃战争的先法条款。在投降十天之后，他们的报纸《读卖新闻》就发表文章说："这是新艺术和新文化的开始。"还说："我们心里必须牢记，军事失败与日本文化的价值没有关系。军事失败应该起到一种推动力的作用……因为，它带来的是全民族的失败，而这能使日本人民真正把他们的心灵提高到世界水平，客观地去观察事物的真相。日本人必须通过坦率的分析，去除所有那些使日本人思维颠三倒四的非理性因素……在这样一种冷酷的事实面前，我们要拿出勇气来看待这一失败，（但是我们必须）对日本文化的明天抱有信心。"他们曾力图推行一种行动方针，但是失败了。今天，他们想致力于和平的生活艺术。"日本，"他们各家报纸的社论反复说，"必将受到世界各国的尊敬。"在新的基础上赢得这种尊重，是日本人的责任。

这些社论不仅是少数知识分子的声音，在东京街头，在偏僻村落，普通民众也同样在彻底转变。让美国占领军感到难以置信的是：就是这些友好的日本人曾经发誓说要凭着竹矛战斗到死。日本人的伦理观念中包含着许多让美国人排斥的东西，但是，美国人在占领日本期间所获得的经验很好地证明：一种古怪的伦理体系可以包括多少可爱的方面。

在麦克阿瑟将军的领导下，美国对日本的管理当局已经承认，日本人有能力驶向新的航道。当局没有用羞辱的方式，阻碍这一航程。根据西方的伦理观念，假如我们那么做，在文化上是可以被接受的。因为西方伦理中有一信条认为：羞辱和惩罚是有效的社会方式，能促使做错事的人承认自己的罪行。而认罪是重新做人的第一步。正如我们所看到的，日本人在这个问题上有另外的说法。他们的伦理观念使人对自己行为的所有意义负责，一个错误行为所自然产生的种种后果应该会使他相信，这种行为是要不得的。这些后果甚至可能包括全民战争的失败。但是，这些情况不一定被日本人当作耻辱而加以憎恶。在日本人的词典中，一个人或一个国家凌辱他人或他国的方式有：诽谤、嘲笑、蔑视、鄙视和强加丢脸的象征物。当日本人相信自己受到了侮辱时，复仇就成了一种美德。不管西方伦理观念多么强烈地谴责这样一种信条，美国对日本的占领方式是有效的，而这种有效性取决于美国人在这一点上的自我约束。日本人对嘲笑深恶痛绝，他们把嘲笑和投降所带来的"自然结果"区分开来；根据他们的投降条款，"自然结果"包括诸如去军事化，甚至包括被迫接受赔偿义务。

日本曾经战胜过一个世界主要强国，当那个强国最终投降时，日本人认为对方没有嘲笑自己；于是，哪怕作为一个战胜者，他也会小心地避免去羞辱败敌。1905 年，在旅顺港，苏联军队向日本投降，有一幅照片在日本家喻户晓。照片显示，苏联人都带着军刀。胜败双方只能通过制服来加以区分，因为苏联军人并没有被缴械。关于那次投降，日本有一个著名的传闻说：当苏联司令官斯多塞尔将军表示他愿意接受日本提出的投降条件时，一名日本大尉和一名翻译带着食物前往将军的司令部。"所有的马，除了斯多塞尔将军的，都被杀了吃了。日本人随身带去了 50 只鸡、100 个鲜鸡蛋，作为礼物，很受欢迎。"斯多塞尔将军和乃木将军约定翌日会面。"两位将军握手时，斯多塞尔将军表达了他对日军的勇气的赞赏……乃木将军则赞扬俄军长期而勇敢的防御。斯多塞尔将军对乃木将军在战争中失去了两个儿子表示同情……斯多塞尔将军把他的白色阿拉伯良驹送给了乃木将军，但乃木将军说，他很想从斯多塞尔将军的手中接受这份礼物，但是必须先献给天皇。然而，他许诺说，如果天皇转赐给他——他有充足的理由相信这一点——那他一定会好好照顾这宝马，就好像那一直是他自己的座驾。"①

在日本，人人都知道，乃木将军在自己家的前院为斯多塞尔将军的马修了一个马厩——在一般人的描述中，那马厩比乃木将军本人的住房还要讲究；在他死后，那马成了国家级的乃木神社的一部分。

据说，在苏联投降和日本占领菲律宾这两个时间之间，日军发生了变化。全世界的人们都知道，他们在菲律宾是多么肆意破坏，多么残暴。然而，对于像日本那样一个伦理观念随机应变的民族来说，这不是必然的结论。首先，在巴丹战役之后，美国没有投降，投降的只是当地的美军。同样，甚至当菲律宾的日军投降时，日本作为一个国家还在战斗。其次，日本人从不认为苏联人在 20 世纪早期曾经"侮辱"过他们；但是，在 20 世纪 20 年代和 30 年代，每个日本人都人云亦云地认为，美国的政策是"轻视日本"的；或者，用他们自己的话来说，是"把日本弄成了粪便"。这就是日本人对《排外法案》、美国在《朴次茅斯和约》和《海军分配协议》中所扮演的角色所做出的反应。日本人也曾经以同样的眼光，看待美国在远东日益增强的经济影响及其对非白种人的种族主义态度。因此，战胜苏联和在菲律宾战胜美国，这两场胜利可以说明，日本人在受到侮辱和没受到侮辱的情况下所做出的行为，是完全相反的。

最后美国取得了胜利，日本人面临的形势又发生了变化。最终的失败导致他们放弃了他们一直在追逐的目标，这样的放弃行为在他们的生活中经常发生。日本人特殊的伦理观念使他们可以把历史碑铭全部清除。那块石碑已经被清除干净了，美国的政策和麦克阿瑟的管理避免在

---

① 这是一个日本的传闻。转引自阿蒲墩·克劳斯：《日本的表面与背面》，1942 年，第 294 页。这个关于俄军投降的版本未必完全真实，但它在文化上意义重大。

上面写上新的让日本人感到耻辱的象征，只是坚持那些在日本人看来是失败的"自然结果"的事情。这很有效。

保留天皇作用很大，这事做得很好。是天皇先去拜访麦克阿瑟将军，而不是倒过来。这是给日本人上的有目的的一课；西方人很难理解到它的影响力。据说，当有人建议天皇否认他的神性时，他反对说，这会让他感到尴尬，因为他要被剥夺的是他不曾拥有的东西。他真诚地说，日本人并没有把他看作西方意义上的神。然而，麦克阿瑟司令部的人规劝他说，他宣称自己拥有神性，西方人会认为，这有害于日本的国际声誉。于是，天皇同意接受否认神性所带给他的尴尬。他在新年发表了讲话，世界各地的新闻媒体对他的讲话做出了种种评论，他要求把所有那些评论都翻译出来呈给他看。读了那些评论之后，他传信给麦克阿瑟将军的司令部，说他感到很满意。外国人此前明显不理解这一点，即他为自己发表了那样的讲话感到高兴。

美国的政策也允许日本人得到某些满足。国务院、陆军部、海军部的联合指示明确指出："对劳工、工业和农业等组织的发展，要在民主的基础上，给予鼓励并表达关切。"日本的劳工组织有许多，是按照行业建立的。以前的农民联合会在 20 世纪 20 年代和 30 年代曾经很活跃，现在重新发出了自己的声音。对许多日本人来说，他们现在可以主动地改善自己的条件了，这证明，作为这场战争的结果，日本也还是赢得了一些东西的。一名美国的通信记者曾经写到过东京的一个罢工工人，那人抬头看着一名美国士兵，喜笑颜开地说："日本赢了，是吗？"今天日本的罢工跟以前农民的暴动有一些相同之处。农民们的要求总是：他们被迫承担的赋税和劳役妨碍了他们正常的生产活动。他们不是西方意义上的阶级斗争，他们并不企图改变体制本身。今天，日本各地的罢工没有使生产放慢。工人们最喜欢的罢工形式是："占领工厂，继续工作，通过增加生产，让管理层丢脸。在三井集团拥有的一家煤矿上，罢工工人们把所有管理人员赶出了矿坑，把日产量从 250 吨提高到 620 吨。在一次'罢工'期间，足尾铜矿的工人们也提高了产量，并把自己的工资翻了一番。"①

　　不管被大家所接受的政策表现出多少好意，对任何战败国的管理当然都很难。在日本，食物、住房和重建等问题非常尖锐。假如不用日本政府人员进行管理，这些问题至少会同样尖锐。在战争结束之前，美国管理人员非常害怕日军复员士兵的问题。如果不保留日本政府官员，那么这个问题带来的威胁会更大。但是，这个问题不容易解决。日本人自己也意识到了这个难题。去年秋天，他们的报纸煽情地说，士兵们已经受了苦，作出了牺牲，而战败的滋味对他们来说有多么苦涩啊！那报纸还乞求士兵们不要让这一事实妨碍他们的"理智判断"。被遣返的军人一般都表现出了明显理性的"判断"，但是，失业和失败把某些士兵扔进了旧式的秘密社团，去追逐国家主义的目标。他们很容易不满现状。日本人不再给予他们以前的特权位置。伤残军人以前常常穿着一身白衣服，人们在大街上遇见他们都要向他们鞠躬。哪怕是在和平时期，村子里的人们都会给被征入伍的士兵开欢送会，他回家时，还要开欢迎会，有酒，有点心，有跳舞的，还有演戏的，他则坐在重要位置。现在，被遣返的士兵不再享有这样的关注。家人会给他找个位置，如此而已。在许多城镇，他都会受到冷遇。如果我们知道，日本人这一行为上的变化有多么巨大，那我们就很容易想象：以前国家的荣耀是被托付给军人的，当被遣返的军人重新跟老战友们联合起来，回到往昔岁月时，他有多满足啊！他的有些战友也会告诉他，有些日本士兵比较幸运，他们已经而且一直在爪哇、山西和满洲里跟盟军作战，他为何要绝望？他也有机会再度去打仗的，他们会通知他。国家主义秘密社团在日本是很老很老的组织，他们洗刷了"日本的名声"。有些人感到：世道不平，有些事情还没人做，为了打抱不平，他们需要有所作为，这样的人极有可能成为这样的地下社团的候选分子。这些社团，诸如黑龙会和玄洋社，都带有暴力倾向；日本伦理观念是容许这些暴力倾向的，说那是在履行对自己名声的"情义"。如果取消了这种暴力倾向，那么，在未来的几年里，

————————

　　① 《时代》杂志，1946 年 2 月 18 日。

为了贬损对自己名声的"情义"，强调"义务"，日本政府还得继续长时间地努力。

日本政府需要做的，不仅是恳求国民做出"理性的判断"，它需要重建经济，给现在二三十岁的人一条生路和"合适的位置"。它需要改善农民的境遇。每当经济不景气，日本人都要回到他们的故乡农村，受累于债务和苛捐杂税，狭小的耕地无法养活更多的人口。工业也应该开始发展了，因为，日本社会强烈抵制小儿子们分得财产，其结果是，除了大儿子，其他人都得到城市里去寻找自己的运气。

毫无疑问，摆在日本人面前的，是一条艰难的漫漫长路。不过，如果在国家预算中，不需要再为重整军备付费，那么，他们就有机会提高国民的生活水平。在珍珠港事件之前的十年里，日本把全国收入的一半都花在了军备和军队上。像这样一个国家，如果去掉这些花费，并且逐步减少对农民的收费，那么，就有可能为一个健康的经济体打下基础。我们看到，日本农业产值的分配比例是：60% 给农户，40% 用于支付各种税金和租金。这与同样是水稻国家的缅甸和暹罗等国的情况形成了巨大的反差，按照那两个国家的传统分配比例，90% 要留给农户。日本的战争机器最终能够转动起来，其所需的费用靠的就是这样高的对农民的收费。

在接下来的十年时间里，跟需要军备的国家相比，不需要军备的任何欧洲或亚洲国家都将拥有潜在的优势，因为其财富可以用来建立一个健康而繁荣的经济体。在美国的亚洲和欧洲政策中，我们几乎没有把这种情形考虑进来，因为我们知道，在我们自己国家，无论是多么昂贵的国防开支，都不会导致我们破产。我们国家没有受到重创，而且我们不是以农业为主的国家。我们的严重问题是工业生产过剩。我们已经完善了规模生产和机械装备，如果不做军备、奢侈品生产、福利和研究设施等大项目，美国人就会找不到工作。赢利性的投资需要也很紧迫。这跟美国以外的情况迥然不同，甚至跟西欧的都不同。尽管有种种重建的需要，但是，如果德国不被允许重新武装，而法国计划建立庞大的军事力量，那么，在大约十年之后，德国就能奠定一个结实、繁荣的经济体的基础，而法国却不能。日本之于中国，也能取得类似的优势。军事化是中国目前的目标，而它的勃勃雄心得到了美国的支持。如果日本的预算中没有军事化这一项，如果它愿意，那么，不消多少年，它就不仅自己繁荣，而且还能使自己成为东方商贸体系中不可或缺的角色。它可以把自己的经济基础建立在和平的利益上，并能提高人民的生活水准。这样一个和平的日本将在世界各国中得到一个可敬的位置。如果美国继续利用其影响，支持这样一项计划，那将起到莫大的帮助作用。

美国不能做的——任何外国都不能做的——是下命令建立一个自由、民主的日本。这招从未曾在任何被统治的国家中灵验过。任何外国都不能命令别国的人民接受某种生活方式，因为那种生活是按照他的情形造成的，而别国的人民没有他的习惯和观念。我们无法通过立法让日本人接受被选出来的人的权威，而忽视那早已在他们的等级制中确立的"相应的地位"。我们无法通过立法让日本人接受人与人之间自由而轻松的接触方式（这些方式在美国是习以为常的），强制性的独立要求，每个人选择自己的配偶、工作、住房和义务的激情。然而，对于这方面的变化，日本人自己是非常清楚的，而且他们也认为这是必需的。自从投降之后，他们的公众人物一直在说，日本社会应该鼓励人们过自己的生活、相信自己的良知。他们当然没有明说，但任何日本人都知道，他们是在质疑"羞耻"在日本的作用，而且他们希望在自己的同胞中自由能得到新的发展，那是不再害怕被"世界"批评和放逐的自由。

不管日本人多么心甘情愿地接受，日本社会的压力对个人要求总是太多。社会要求他隐藏情绪，放弃欲望，代表家庭、组织或国家抛头露面。事实表明，日本人能够接受这样一种方针所需要的所有自我修炼。但是，他们的负担太重了，他们为了自己的利益不得不太多地压抑自己。由于不敢冒险去过一种心理负担不那么重的生活，他们曾被军国主义者引上歧途，那是一条让他们不断付出代价的漫漫长途。在付出了如此高昂的代价之后，他们变得自以为是，并且蔑视那些道德观念不是那么苛刻的民族。

通过承认穷兵黩武是一种"错误"、一个失败，日本人已经向着社会变革迈出了第一大步。他们希望能重新赢得和平国家的尊重。世界必须是一个和平的世界。如果苏联和美国把未来的几年用来扩充军备、准备开战，那么日本将利用他的一技之长加入到那场战争中。但是，承认这一实情，并不意味着就要怀疑一个和平的日本的内在可能性。日本的动机是随机应变的。如果环境允许，他会在和平的世界里寻求自己的位置。如果条件不允许，那他就会在军营似的世界里寻求自己的位置。

目前，日本人知道，军国主义是一盏已然熄灭的灯。他们将关注，它是否也会在别的国家熄灭。如果它不熄，那么日本人就有可能重新点燃他们的好战热情，炫耀他们能做出"巨大的贡献"。如果它熄了，那么日本人就有可能调整自己，以证明自己已经很好地汲取了教训：天皇帝国的美梦不是通向荣誉的康庄大道。

图书在版编目（CIP）数据

菊与刀 /（美）露丝·本尼迪克特著；北塔译. ——
哈尔滨：北方文艺出版社，2017.4（2017.9 重印）
ISBN 978-7-5317-3810-7

Ⅰ . ①菊… Ⅱ . ①露… ②北… Ⅲ . ①民族文化 – 研
究 – 日本 Ⅳ . ① K313.03

中国版本图书馆 CIP 数据核字（2017）第 039384 号

菊与刀
Ju Yu Dao

作　者 /（美）露丝·本尼迪克特　　　　译　者 / 北　塔

责任编辑 / 路　嵩　富翔强　　　　　　封面设计 / Amber Design 琥珀视觉

出版发行 / 北方文艺出版社　　　　　　网　址 / www.bfwy.com
邮　编 / 150080　　　　　　　　　　　经　销 / 新华书店
地　址 / 黑龙江现代文化艺术产业园 D 栋 526 室

印　刷 / 三河市金轩印务有限公司　　　开　本 / 880×1230　1/32
字　数 / 201 千　　　　　　　　　　　印　张 / 7
版　次 / 2017 年 9 月第 1 版　　　　　　印　次 / 2017 年 9 月第 2 次印刷

书　号 / ISBN 978-7-5317-3810-7　　　定　价 / 38.00 元